KB117226

직장인에서
직업인으로

직장을 넘어
인생에서 성공하기로
결심한 당신에게

직장인에서
직업인으로

김호 지음

김영사

직장인에서
직업인으로

1판 1쇄 발행 2020. 6. 1.
1판 5쇄 발행 2023. 7. 1.

지은이 김호

발행인 고세규
편집 박보람 디자인 조은아 마케팅 백선미 홍보 김소영
발행처 김영사
등록 1979년 5월 17일(제406−2003−036호)
주소 경기도 파주시 문발로 197(문발동) 우편번호 10881
전화 마케팅부 031)955−3100, 편집부 031)955−3200 | 팩스 031)955−3111

값은 뒤표지에 있습니다.
ISBN 978-89-349-9125-0 03190

홈페이지 www.gimmyoung.com   블로그 blog.naver.com/gybook
인스타그램 instagram.com/gimmyoung 이메일 bestbook@gimmyoung.com

좋은 독자가 좋은 책을 만듭니다.
김영사는 독자 여러분의 의견에 항상 귀 기울이고 있습니다.

이 도서의 국립중앙도서관 출판예정도서목록(CIP)은 서지정보유통지원시스템 홈페이지
(http://seoji.nl.go.kr)와 국가자료종합목록 구축시스템(http://kolis-net.nl.go.kr)에서
이용하실 수 있습니다. (CIP제어번호 : CIP2020020409)

직장인에서 직업인으로 옮겨가는 과정에서
처음 몇 년간은 친구로, 그 이후에는 아내로
(해결책은 딱히 주지 않았지만) 내 고민을 늘 들어주었던
은령에게

직업을 만들고 싶은 직장인에게

"자신에게 정말로 의미 있는 일을 하고 싶다는 목표를 세우고 절대 한눈 팔지 않고 목표에 매진하는 사람들이 여럿 있다. 그러나 시간 이 갈수록 꿈이 사라지게 그냥 내버려두는 사람도 많다. 우리는 잘 못된 판단에 근거해 일자리를 구한 다음 거기에 그냥 안주한다. 좋 아하는 일을 하면서 살 수 있으리라 기대하는 건 비현실적이라는 생각을 받아들이기 시작한다."

클레이튼 M. 크리스텐슨, 제임스 올워스, 캐런 딜론

오늘날 '직장인의 유통기한'은 얼마나 될까? 얼마 전 한 강연에서 70대 남성을 만나 이야기를 나누었다. 그는 놀랍게도 50년간 직장생 활을 하다 은퇴했다. 그것도 한 직장에서! 하지만 이 시대 직장인의 유통기한은 그 절반밖에 안 된다. 직장이란 내가 더 일할 수 있고(한국의 직장인이 주된 직장에서 나오는 평균 나이는 49세다),[1] 더 일할 필요가 있고(누구에게나 50대 이후에도 수입이 필요하다), 더 일하고 싶을 때(40~50대에 일하기 싫어서 직장생활을 그만둔 사람을 본 적은 없다. 여러분은 본 적 있는지?) 나오는 곳으로 이미 변했다.

사람으로 살아갈 수명은 늘어났지만 직장인으로 살아가는 수명, 직장인의 유통기한은 급격히 줄어드는 세상이다. 아직도 직장에서의 성공으로 삶에서 성공할 수 있다고 생각하는가? 혹시라도 그런 생각을 하고 있다면 하루빨리 그런 착각에서 벗어나기를 바란다. 이제 내 삶을 중심에 놓고 직장을 어떻게 활용해야 할지 고민해야 한다.

이 책을 읽고 있는 당신은 '직장인'인가, '직업인'인가? 직장에 다니는 사람을 직업인으로 생각하고 있다면, 혹은 직업이 있다는 것을 단순히 직장에 다닌다는 뜻으로 오해하고 있다면, 다시 생각해보길 바란다. 직장place of work은 남이 만들어놓은 조직이지만, 직업profession은 내 몸과 머리에 남는 개인기이며 누군가에게 도움이 되어 돈과 교환할 수 있는(팔 수 있는) 기술이다. 이제 자신을 '직장인'이 아닌 '직업인'으로 바라봐야 삶에서 진정 성공할 수 있다.

직장생활 20년 한다고 내게 직업이 저절로 생기지는 않는다. 국어사전에서 직장을 "사람들이 일정한 직업을 가지고 일하는 곳"이라고 정의해놓았는데, 현실적으로 따져보면 "사람들이 일정한 직책을 가지고 일하는 곳"이 맞다. 직장에 다니지만 자기만의 '직업'을 만들지 못하는 사람이 꽤 많기 때문이다. '통장 개수'(직장 경험)가 많다고 '현금'(직업)이 꼭 많은 것은 아니듯 말이다. 직장에 다니는 동안 자기만의 직업을 만들어야 한다.

직장은 계속 다니기 위해 있는 것이 아니다. 가능하지도 않다. 나오기 위해 있는 것이다. 지금 나오라는 이야기가 아니다. 다만 (밀려) 나오는 시점이 생각보다 빨리 닥쳐올 수 있다. 직장과 나는 계약관계다. 직장은 내게 정기적으로 돈을 주고, 나는 직장에 내 시간과 노동력을 주는 계약이다. 직장에서 번 돈으로 은퇴 후의 내 삶을 편안하게 살 수 있다고 생각하는 사람은 거의 없다. 직장은 많이 다녀야 20대 중반에 들어가 40대 후반에서 50대 초반에 나오는 곳이다. 30년? 다니기 힘들다. 이 말은 직장에 다니는 동안 직장에만 집중할 것이 아니라 자신 안에 개인기, 즉 직업을 만들어야 한다는 뜻이다. 직업을 만드는 것이 직장일을 느슨하게 하는 것도 아니고(오히려 그 반대가 더 많다), 역설적으로 자기 직업을 만든 사람은 직장에는 더 매력적이다. 직장은 나를 보호할 수 없지만(그럴 생각도 능력도 없다!), 직업은 내 삶을 보호할 수 있다. 직장에서 하던 일의 연장선상에서 직업을 만들든, 아니면 월급을 받는 안정된 시기 동안 자기만의 다른 직업을 만들든 그것은 각자의 상황마다 다르다.

그렇다면 직장인에서 직업인으로 갈아타려면 어떻게 해야 할까? 직장을 다니는 동안 직장을 제대로 활용할 수 있어야 하고 준비를 해야 한다. 일을 더하라는 말은 아니다. 직장을 다니는 목적과 태도에 대해서 다시 생각해보고 시간과 에너지의 배분을 바꾸자는 이야기다. 마치 똑같은 액수의 월급을 갖고 저축을 하지 않던 사람이 새로운 결심을 한 뒤 자신의 상황에 맞추어 일정 부분을 저축하듯 말이다. 퇴직을 코앞에 둔 시점에서는 갈아타기가 쉽지 않다. 직장이라는 '버스'에서 내리면, 자기에게 남아 있는 직업이 없기 때문이다.

직장을 다니는 동안 스스로를 직업인으로 만들고픈 직장인을 위해 이 책을 썼다. 이 책의 주제와 범위는 직장을 다니는 동안 자신의 직업을 어떻게 만들어야 하는지 궁금해하는 독자를 위한 것이다. 이는 선배로서 현재 한창 직장생활을 하는 직장인에게 꼭 해주고 싶은 조언이기도 하다. 지난 10여 년간 직장에 다니며 직업인으로 변화해 나가는 사람들을 만날 수 있었고(물론 실패한 사람들도 보았다), 그들의 고민을 접할 수 있었다. 따라서 이 책은 내 경험뿐 아니라 국내외 많은 직장인을 관찰하고 관련 자료를 분석한 보고서이기도 하다. 직장에 다니는 동안 직업인으로서 준비하는 것이 연금보다 훨씬 중요하기에, 그 과정에 대해 집중적으로 이야기하고자 한다.

이 책은 크게 2부로 나뉘어 있다. 1부에서는 '직장인에서 직업인으로' 변화하기 위해 주로 혼자서 해야 할 것을 다루었다. 직장인과 직업인이 어떻게 다른지(1장)에 이어 직장에 다니는 동안 직업인으로 변화하기 위해 우선적으로 필요한 다섯 가지를 다룰 것이다. 혼자만의 시간(2장), 과거(3장), 나의 욕망(4장), 나의 미래, 특히 끝 그림(5장), 내가 팔 수 있는 것(6장)이 왜 중요한지 살펴보고 어떻게 활용해야 하는지 썼다. 2부는 '직업인을 위한 직장 사용 설명서'로 직업인의 시각으로 직장생활을 바라보며 쓴 것이다. 매일 직장 내에서 업무를 하면서 직업인을 준비하기 위해 할 수 있는, 그리고 해야 할 것을 다루었다. 직업인이 되기 위해 어떻게 공부하고 성장할 것인지(7장), 직장 내 리더로 성장하기 위해서 어떤 평판을 만들지(8장), 조직에서 나를 어떻게 지켜야 할지(9장) 살펴볼 것이다. 마지막으로 언제, 어떻게 직장을 그만두거나 갈아타야 할지에 대해(10장) 이야기했다.

책을 쓰면서 여러분과 마주 보고 앉아 대화하고 있다고 상상했다. 초고를 완성한 뒤 소리 내어 읽어보다가, 만약 내가 실제로 독자 여러분과 이야기를 나눈다면 책에 쓴 내용 말고도 곳곳에서 잠시 멈추고 부연 설명을 할 것 같았다. 그래서 이런 설명은 괄호 안에 작은 글씨로 적어넣었다. 또한 여러분과 어느 날 대화를 마치고 헤어진 뒤 "다음번 만날 때까지 참고로 한번 읽어보시면 좋을 것 같아요"라고 이메일로 보낼 것 같은 글들은 '사이드 노트'로 만들어두었다. 독자 여러분이 이 책을 읽으면서 나와 여러 번에 걸쳐 코칭 대화를 나누고 이메일을 주고받는다고 상상하면 좋겠다.

직장인에서 직업인으로 변환²하는 것은 내 삶의 주인으로서 욕망을 솔직하게 찾는 작업이다. 개성이나 강점과는 큰 상관없이 조직이 부여한 직책과 역할에 익숙한 조직 의존형 인간에서 벗어나 나의 개성과 재능, 강점과 욕구를 찾아가는 과정이다. 사람마다 상황은 모두 다르다. 혼자 사는 사람, 누군가와 함께 사는 사람, 가족을 위해 수입과 시간의 많은 부분을 써야 하는 사람과 상대적으로 그렇지 않은 사람, 직장 내에서 현재 업무에 만족하는 사람과 그렇지 않은 사람 등등. 직장인에서 직업인으로 변화하는 과정도 마찬가지다. 자신의 상황에 맞는 길을 찾아가는 것이 중요하다. 이 책에서 다양한 사람의 사례나 의견을 소개하는 이유이기도 하다. 따라서 모든 사례에 독자들이 모두 동의할 필요는 없으며, 직장인에서 직업인으로 변화하는 데 도움이 되는 사례를 참고하여 자신의 상황을 바꾸고 개선하기 위해 필요한 아이디어를 얻으면 된다. 다만 상황이 다르더라도 직장인에서 직업인으로 변화하는 데 필수적이라 생각되는 10가지를 핵심 주제로 다루었으므로 이 책을 읽어나가면서 필수 요소들을 내 삶에서 어떻게 내 나름의 방식으로 구현할 수 있을지 생각해보기 바란다.

직업인으로 살면 직장생활에서 더 의미를 찾을 수 있다. 스스로에게 "넌 계획이 다 있구나"(2020년 제92회 아카데미 4관왕에 빛나는 영화 〈기생충〉에서 송강호가 아들에게 한 대사)라는 말을 하며 속으로 기뻐할지도 모른다.[3] 직업인으로 직장에도 더 오래 다니고(본인이 원한다면), 조직을 떠난다면 자기만의 기술로 또 다른 모험과 재미를 느끼며 살아가길 바란다. 직장이 직장인을 대하는 방식은 이미 바뀌었다. 이제 직장인이 직장을 대하는 방식을 바꿀 때다. 어떻게 바꾸어나갈지 함께 이야기해보자.

목공소 작업실 옆 책상에서

김호

차례

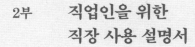

2부   직업인을 위한
        직장 사용 설명서

될지 고민하라 | 피드백 대신 피드포워드 | 대화를 충고로 착각하지 말라 | "나는 이미 충분히 많은 말을 하고 있다!" | 꼰대는 질문하지 않는다 | 회의를 즐기지 말자 | 당위가 아닌 필요의 문제, 성평등 사고와 언어 | 약점을 숨기지 말고 나눠라 | 제대로 사과하는 법 | 선물의 기술 | '어쩌다 마주친 그대'의 중요성

9장 조직으로부터 나를 지키는 법

때로는 좀 버릇없게 굴 필요가 있다 | 갑질은 스스로 멈추지 않는다 | 부당한 청탁을 당당하게 거절하기 | 여성, '결혼, 육아'라는 장벽 넘기 | 좋은 며느리, 좋은 사위가 될 필요는 없다

10장 이렇게 계속 달려도 될까?

"내가 원하는 균형이란 무엇인가?" - 워라밸의 재구성 | '노'라고 말할 수 있는 용기 | 흐름을 보려면 흐름에서 벗어나야 한다 | 퇴사, 나를 마주하는 시간 | 저점이 아닌 고점에서 옮겨라 | 직장과 직업이라는 버스 갈아타기 | 회사 밖은 지옥이 아니다 | 다수의 선택이 아닌 내 선택을 믿어라 | 내 인생의 특별한 순간은 오늘이다

1부

직장인에서
직업인으로

1장

나는 직장인일까? 직업인일까?

직업인의 마인드셋

"사장님들이 들으면 서운하겠지만, 사실 회사는 우리 것이 아니잖아요. 우리는 월급만큼 최선을 다해 일하면 됩니다. 그 이상을 해주다 보니 지치고 서운한 나머지 사직서를 품게 됩니다. 그러지 말고 월급만큼만 일하고 퇴근 후 자유로워지세요. 그러려고 직장인을 하는 거잖아요."

김유미, 〈채널 예스〉와의 인터뷰 중

각 장의 처음과 끝에 가상의 인물 보람과 호가 코칭 대화를 한다. 보람은 30대 중반 직장인으로 국내 대기업 홍보팀 과장으로 일하고 있다. 대학 졸업 후 홍보회사에서 일하다가 일반 기업을 경험하고 싶어서 옮긴 경우다. 친구이자 코치인 호와 함께 코칭 대화를 나누게 된다. 원포인트 코칭인 이유는 장마다 하나의 질문을 던지고 질문에 대한 답을 찾는 대화가 이루어지기 때문이다. 독자 여러분도 보람의 입장에서 호 코치(흔히 사람들이 나를 그렇게 부른다)와 대화를 나누어보기 바란다.

💬 호, 오랜만이야!

💬 보람! 반가워.

💬 튀김집에서 만나자고 해서 분식집이 아닐까 했는데 여기는 무슨 고급 일식집 같은데?

💬 맞아. 오늘 보람과 첫 코칭 대화를 시작하는 것이어서 한턱내려고. 실은 오늘 보람과 대화할 주제가 이 튀김집과도 연결이 되거든. 여기 셰프는 특급 호텔 일식집에서 일하다 몇 년 전 튀김 전문집을 열었어. 열 자리도 안 되는 작은 식당이라 예약이 필수야.

💬 예약하는 튀김집은 처음인데?

💬 그렇지? 여기는 메뉴가 딱 두 가지밖에 없어. 특별 메뉴로 주문할까? (카운터에 나란히 앉아서 주문을 한다) 이번 장부터 한 가지 중심 질문을 놓고 짧은 대화를 나눌 거야. 보람 같은 직

장인에게 도움이 되면 좋겠어. 1장에서 내가 던지고 싶은 원 포인트 코칭 질문은 이거야.

직장인으로서 나의 정의와 별도로

직업인으로서 나를 어떻게 정의할 수 있을까?

💬 보람이 대기업 홍보팀 과장으로 잘 지내고 있는 건 잘 알고 있어. 이게 직장인으로서 보람의 모습이겠지. 그렇다면 직업인으로서 보람은 어떻게 스스로 정의하고 있어?

💬 아마도 호는 자신의 직업을 코치라고 규정하겠지? 그렇다면 나는 홍보인이 내 직업이 아닐까?

💬 자신이 현재 하고 있는 일로부터 출발한 것은 좋아. 그런데 보람에게 '홍보인'이라는 것은 아직은 이 책에서 말하는 직업은 아닌 상태일 가능성이 커. 왜 그런지 1장을 읽어보고 다시 이야기해보자.

○

‘내가 원하는 것이 무엇인가?’에 대한 답을 명확하게 알고 있는가? 이 질문이 이 책에서 가장 중요한 출발점이다. 주변 사람들이 내게 무엇을 기대하는지 아는 것은 참고 사항일 뿐이다. 그보다는 나 스스로가 내게 원하는 것이 무엇인지에 대해 먼저 답하는 것이 중요하다. 그것이 지금 우리가 발견해야 할 가장 중요한 메시지다.

자신이 무엇을 원하는지 어떻게 찾을 수 있을까? 줌아웃zoom-out해서 자신을 바라봐야 자신이 원하는 것을 찾을 수 있다. 직장이라는 틀 안에서 나의 삶을 바라봐서는 답이 나오지 않는다. 다니고 있는 직장에서 내가 가고 싶은 부서나 직책이 어디인지만 살피는 걸로는 역시 답을 발견하기 힘들다. 직장은 내 삶의 전부도 아니고, 내 세상을 대표하는 구조도 아니기 때문이다.

직장인에게 직장은 20~40대 삶에서 깨어 있는 시간 대부분을 차지한다. 대부분의 직장인은 무작정 직장에서 주어지는 바쁜 일정과 과중한 업무에 지쳐 '열심히'(여기에 작은따옴표를 한 것은 '열심히'가 생각만큼 내 삶에 크게 긍정적으로 작용하지 않는 경우가 많기 때문이다) 산다. 이런 일정을 소화하고 업무를 완수하면 상사에 칭찬을 받기도 하고, 보너스를 받기도 한다. 이때 직장인은 자신의 존재감을 느낀다. 이처럼 깨어 있는 시간의 대부분을 직장에서 보내는 상황에서 사람들은 승진과 연봉 인상이야말로 자신이 삶에서 원하는 것이라고 착각하기 쉽다. 하지만 어느 순간 직장이 자기 삶에서 사라지게 되면 그때야 비로소 자신이 무엇을 위해 그렇게 노력해왔는지 공허감을 느낀다. 그리고 직장을 떠나 할 수 있는 것이 거의 없는 자신을 발견하게 된다. 이런 상황을 겪지 않으려면 생각을 전환할 필요가 있다. 직장에서의 성공을 내 삶의 목표로 삼을 것이 아니라 내 삶에서 성공하기 위해 직장을 어떻게 활용할 수 있을지 말이다.

매일 서울 지하철 9호선을 타고 출퇴근을 하는 10년 차 직장인 김유미 씨의 사례를 들여다보자. 그는 무기력하고 우울했던 직장생활을 탈피하기 위해 여러 가지를 시도했다. 스스로에게 그동안 하고 싶었지만 핑계를 대면서 하지 못했던 것들이 무엇인지를 물은 끝에 그림을 배우고 싶다는 욕망을 찾아냈다. 자신의 욕망이 명확해지자 의사결정과 행동도 이에 따라 변화했다.

그는 하루를 '2시즌제'로 살았다. 자신의 욕망이 직장에서 충족될 수 있는 상황이 아니라면, 적절한 월급 외에 자기만의 시간을 얼마만큼 확보할 수 있는 직장인지가 중요해진다. 그림을 그리기 위해 하루를 2시즌제로 살면서 김유미 씨는 정시 퇴근하는 직장인지가 중요했고, 직장을 옮길 때도 이를 가장 가장 중요하게 고려했다.

저녁 7시부터는 화실에서 그림을 그리기 시작한 뒤 김유미 씨는 5년 동안 무려 600여 점을 그렸다. 한국전업미술가협회에 작가로 이름을 올렸고, 협회 여성작가전에 초대받았다. 자신의 경험을 정리하여 책을 쓰고 강연을 하기도 했다. 그에게 직장은 미술이라는 자신의 욕망을 충족하기 위해 필요한 돈을 벌어다 주는 수단이다. 자신의 삶을 중심에 놓고 직장을 활용한 좋은 사례다.

김도엽 대표는 카페에서 아르바이트로 시작한 커피 일이 너무 재미있어서 20대 초반 이후 이 일을 10년 넘게 지속해오고 있다. 중간에 다른 일도 해봤지만 커피 만들 때 가장 재미를 느끼는 자신을 발견했다. 그는 실패를 하더라도 20대에 빨리 하는 것이 좋겠다는 생각에 20대 후반에 독립하여 카페를 열었고 다행히 30대에 접어든 지금도 운영 중이다.

그의 삶에도 우리 모두와 마찬가지로 불확실성이 있고 불안한 마음도 한편에 있을지 모른다. 하지만 그에게는 비교적 확실한 것 한 가지가 있다. 형태는 달라질 수 있지만 커피 관련 일을 오랫동안 하고 싶다는 바람이다. 내가 이 카페를 방문했을 때는 마침 아내와 시애틀과 포틀랜드 여행을 하며 온갖 맛있는 커피로 입맛을 다진 직후였기에 커피에 대한 기대 수준이 내 삶에서 가장 높을 때였다. 그럼에도 소박한 카페에서 그가 시간과 정성을 들여 만든 커피는 내 기대를 훨씬 뛰어넘는 맛이었다. 그는 요즘에는 직접 커피 원두를 볶기 시작해 자신만의 커피를 발전시켜 나가면서 디저트와 간단한 식사류도 익히고 있다. 내가 두 번째로 카페를 방문했을 때 그는 한창 수프 메뉴 개발 중이었고, 세 번째에는 새로운 병 음료를 내놓았고 반응도 좋았다.

김유미 화가는 현실적으로 직장에서 하는 일과 자신이 하고 싶은 일이 다를 경우 직장인이 시도해볼 수 있는 삶의 방식을 보여준다. 김도엽 대표는 직업적 욕망이 20대 초반부터 매우 명확했고, 살아오면서 그에 맞는 의사결정 - 자퇴와 퇴사, 창업 등을 포함 - 을 해왔다. 그렇기에 30대 초반에 이미 자신의 분야에서 10년 넘는 경력을 쌓을 수 있었다.

커리어 때문에 불안하고 괴로운 마음을 호소하는 직장인이 많다. 이런 마음의 밑바닥을 내려가 보면 자신의 직업적 욕망을 제대로 알지 못하거나 생각해볼 기회가 없었던 경우가 대부분이다. 욕망이 명확해야 삶과 직업에서 목적이 뚜렷해지고, 목적이 뚜렷해야 그에 맞는 의사결정을 해나가며 살 수 있다.

"지금 나는 잘 살고 있는 걸까?"

'어떻게 사는 것이 잘 사는 것일까?'라는 의문이 들 때가 있다. 답은 사람마다 다르다. 각자 삶에서 원하는 것도, 겪게 되는 상황도 다르기 때문이다. 직장생활도 마찬가지다. '이렇게 직장 다니는 것이 잘 하는 것일까?'라는 의문에 대한 답도 사람마다 다르다.

우리는 종종 전략(수단)과 목표(목적)를 혼동한다. 직장생활이나 승진, 높은 연봉은 모두 수단에 속한다. 돈은 그 자체가 목적이라기보다는 읽고 싶은 책이나 경험을 사고, 가족과 가고 싶은 여행을 갈 수 있게 해주며, 아이들에게 더 좋은 교육의 기회를 줄 수도 있고, 때로는 시간을 절약하기 위한 수단이 되기도 한다. 이는 목표와 연결될 때 의미가 있다. 물론 목표는 삶의 지점(예를 들어 나이)이나 상황(예를 들어 삶에서 갑자기 마주하게 되는 기회나 위기)에 따라 때로는 바뀔 수 있다. 하지만 자기 삶의 목표 없이 그저 직장에서 승진을 위해 열심히 일하는 것은 결국 공허함과 만날 뿐이다. 돈을 벌고, 승진을 해서 나는 내 삶에서 무엇을 이루려고 하는 걸까?

그것이 개인적 삶이든 직장생활이든 잘하고 있는지를 스스로 판단할 수 있으려면 자신이 삶이나 직장생활에서 원하는 것, 즉 어디로 가고 싶은지 방향을 알고 있는 것이 가장 중요하다. 나는 이를 삶의 욕망이나 직업적 욕망이라 부른다. 물론 내가 가고 싶은 방향으로 가다 보면 생각지도 않은 기회를 만나게 되고 다른 방향으로 접어들 때도 있다. 하지만 방향을 틀 때도 우리는 그 기회가 보장하는 돈이나 직책이 내가 원하는 전부라고 착각해서는 안 된다. 설사 중간에 바뀌더라도 내 삶의 욕망과 목적에 대해 생각하면서 오늘을 보내는 것이 중요하다

코치·컨설턴트 Coach and Consultant	리더십과 조직문화, 영향력과 위기 대응 분야에서 주로 조직의 의사결정자에게 코칭을 하고 컨설팅을 한다(컨설팅보다는 코칭에 더 욕망을 갖고 있다)
디자이너·퍼실리테이터 Designer and Facilitator	고객이 서로 더 잘 소통하고 연결되며 서로에게 배울 수 있도록 워크숍을 디자인하고 진행하는 전문가
읽고 생각하는 사람 Reader and Thinker **쓰고 옮기는 사람** Author and Translator	살아 있는 동안 내 기준에 맞는 책을 골라 읽고, 생각하고, 글로 표현하는 사람. 나의 관찰과 생각을 글로 옮기고, 다른 나라에서 영어로 쓰인 좋은 생각을 우리말로 옮기는 사람
도움이 되는 사람 Helper	직업적 기술과 경험을 활용하여 사회에 도움이 될 수 있는 사람
프로듀서 Producer	콘텐츠를 기획하고 만드는 사람
독립 연구자 Independent Researcher	학교나 연구소에 소속된 사람은 아니지만, 독립적으로 내가 흥미를 느끼는 주제에 대해 연구하고, 때로는 출판하는 사람
만들고 연주하는 사람 Maker and Player	나무를 이용해 나를 표현하고 의미를 담거나 유용한 것을 만드는 사람(목수), 그리고 악기(피아노)를 연주하는 사람
여행하고 맛보는 사람 Traveler and Taster	가보지 못한 곳은 갔지만 더 보고 싶은 지역을 여행하고, 그 지역의 음식과 음료를 맛보는 사람

내 삶의 여덟 가지 욕망

는 말이다. '삶에서 내가 원하는 것이 무엇일까?'에 대한 답을 할 수 없다면 '삶을 잘 사는' 것인지 혹은 '직장생활을 잘하는' 것인지 답하기 어렵다.

예를 들어, 직업적으로 내 목표는 '소통을 보다 잘하고 싶은 개인이나 조직에 최고의 도움을 줄 수 있는 전문가'가 되는 것이다. 그렇기 때문에 일을 시작할 때 고객이 정말로 소통을 잘하고 싶어서 프로젝트를 하려는 것인지가 중요한 판단 기준이 된다. 고객이 정말 원하는 것이 아니라 어쩔 수 없는 다른 이유 때문에 억지로 한다는 결론에 이르면 프로젝트를 아예 맡지 않거나 중간에 그만두기도 한다.

삶에서 내가 원하는 것은 '시간 부자(time poor가 아닌 time rich)', 즉 나에게 주어진 시간을 비교적 자유롭게 쓰면서 내 삶의 여덟 가지 욕망[4]을 충족하는 것이다.

내가 독립하여 1인 주식회사로 10년 넘게 일해오고 있는 이유이자 돈을 더 벌 수 있어도 조직으로 다시 돌아가지 않는 이유이기도 하다. 목표인 삶의 여덟 가지 욕망을 충족하기 위해서는 때론 돈을 더 벌 수 있는 기회를 줄여야 할 때도 있다.

"이번에 승진이 누락되면 어쩌지?"

삶이나 직업에서의 욕망은 사람마다 다르다. 여기에서 강조하고 싶은 내용은 '직장 승진'과 같은 수단을 삶이나 직업에서 자신이 원하는 목표로 착각하고 있지는 않은지 생각해보기다. 승진하여 임원이 되더라도(다니고 있는 직장 내에서 임원으로 승진한 사람이 평균 몇 년 동안 임원을 하는지 살펴보길 바란다) 이는 직장을 떠나는 순간 더는 목표가 될 수 없으며 승진은 수단일 뿐이기 때문이다. 삶이나 직업에서 원하는 목표는 직장에 다니든 나오든 지속적으로 추구할 수 있는 것이어야 한다. 직업을 직장 다니는 동안만이 아니라 그 이후까지 확장하는 것은 개인에게는 커다란 패러다임의 변화다. 또 한편으로, 목표는 영원히 도달할 수 없는, 항상 미완성의 상태일 수 있는 것이어야 한다. '어제보다 더 나은 코치나 목수가 되는 것', '○○ 분야에서 더 전문적이 되기 위해 노력하는 것'과 같은 목표가 그렇다. 심리학자 하이디 그랜트 할버슨 박사Heidi Grant Halvorson는 성과목표(우리 회사의 영업·마케팅 담당 임원이 되겠다)보다는 향상목표(더 나은 영업·마케팅 전문가가 되는 방법을 배우고 싶다)를 가지도록 제안한다.[5] 성과목표는 자신을 자주 과시하려는 욕망과 연결되며 상당한 스트레스를 동반한다. 반면 향상목표는 일이 잘 되지 않을 때가 있더라도 과정으로부터 배우려고 하며 즐기게 되고, 스트레스에 훨씬 유연하게 반응할 수 있다(이에 대해서는 7장에서 경쟁과 성취의 차이에 대해 다룬 것을 참고하기 바란다). 오래전 철학자 도올 김용옥의 강연을 들었던 적이 있다. 기억나는 한마디. "목적이란 말은 과녁的을 바라본다目는 뜻이다." 많은 사람이 목적을 '과녁' 자체로 본다. 대기업 임원, 넓은 아파트, 고급 자동차 등. 하지만 진정한 목적은 과녁 자체thing가 아닌 과녁을 바라보는 행위doing다. 20대에 들었던 인상적인 이 말은 그 이후 내 삶에 많은 영향을 끼쳤다.

위생 요인과 동기부여 요인

'파괴적 혁신' 이론으로 유명한 클레이튼 크리스텐슨Clayton M. Christensen은 동기 이론의 전문가인 프레더릭 허즈버그Frederick Herzberg의 이론을 인용해 위생 요인과 동기부여 요인을 설명한다.[6]

만족과 불만족은 서로 다른 기준을 갖고 있다. 예를 들어, 우리는 연봉이 높으면 삶이 만족스럽고 낮으면 불만족스럽다고 생각하면서 만족과 불만족을 하나의 축에서 생각하지만, 사실은 그렇지 않다는 것이다. 위생 요인은 불만족을 좌우하는 것으로 지위, 보상, 고용안정이나 직무 조건 등이 해당한다. 이들이 충족되지 못하면 불만족스럽지만, 충족된다고 해서 만족하고 동기가 부여되는 것은 아니다. 우리는 물론 이러한 조건 등이 충족되도록 요구하고 노력해야 하지만, 이러한 조건이 삶의 만족을 만들어내는 데는 한계가 있다.

그럼 동기부여 요인은 무엇일까? 일에서 의미를 찾고, 도전적인 과제나 책임을 맡는 과정에서 전문가로 성장하며 인정받는 것 등이 해당한다. 당장 회사 내부의 상사나 임원을 생각해보면 이들은 나보다 보상이나 지위 같은 위생 요인이 높지만 그들 사이에도 동기부여에는 큰 차이가 나며, 나보다 동기부여가 낮은 사람도 찾을 수 있다.

이 이론이 우리 삶에 주는 중요한 교훈은 돈이나 직책과 같은 위생 요인만을 우선순위에 두고 직장생활을 하다 보면 우리는 삶에서 의미와 만족을 잃을 수 있다는 것이다.

나의 '유통기한'을 늘리는 법

직장생활을 하다 보면 종종 의문이 들 때가 있다. '직장인으로서 내

수명은 얼마나 될 것인가?'와 같은 물음 말이다. 이 질문에 대해서는 참고할 만한 답변이 이미 존재한다. 내가 우리나라의 평균적인 직장인이라면 주된 직장에서 나오는 - 자발적 사퇴이든 자발적 의지를 가장한 사퇴이든 - 나이는 49세다.[7] 이 책을 읽는 독자가 만약 49세가 넘은 직장인이라면 그분은 평균적인 대한민국의 직장인보다 운이 좋은 사람이다.

이제 위의 질문에서 한 글자만 바꾸어보자. "직업인으로서 나의 수명은 얼마나 될 것인가?" 직장인과 직업인은 완전히 다른 개념이다. 앞서 말한 것처럼 은행에 개설한 통장이 있는 것과 통장에 현금이 충분히 있는 것은 똑같지 않다. 통장 개수와 현금 액수 중 어느 것이 더 중요할까? 저축해놓은 현금 액수가 개설해놓은 통장 개수보다 더 중요하듯 남이 만들어놓은 직장에 다니는 햇수보다 더 중요한 것은 경험과 실험을 통해 만들어놓은 직업, 즉 개인기다.

직장생활의 목표에 따라 두 직장인의 의사결정은 달라지게 된다. 예를 들어, A는 회사에서 임원이 되어 많은 연봉을 받는 것을 목표로 직장생활을 한다. 반면 같은 회사에서 일하는 B는 자기가 일하는 마케팅 분야에서 지속적으로 보다 나은 전문가가 되고자 한다. 두 사람의 의사 결정은 다른 방향으로 흘러가게 된다. A는 기업 내부에서 자신의 경쟁자를 이기는 데 집중하거나 경쟁에서 밀리면 자신을 임원으로 승진시켜 줄 다른 기업을 찾게 된다. 보통은 그 기업에서 임원이 될 가능성이 없다는 것을 확신하기 전까지는 그곳을 떠나기 힘들다. 반면 B는 작년보다 더 나은 마케팅 전문가가 되고 싶기 때문에, 그 과정에서 경쟁을 할 때도 있지만 누군가를 이기는 것이 가장 중요한 목표는 아니다. 명함을 주고받을 때 더 알아주는 기업이 아닐지 모르지만, 자신의 마케팅 경험을 더 풍부하게 만들어줄 수만 있다면 새로운 기회를 찾아 모험을 떠나기도 한다. A는 임원이 되기 위해 꼭 필요한 것이 아니면 교육이나 성장에는 큰 관심이 없다. 반면 B는 자신의 전문성을 성장시켜 줄 교육이나 성장 기회에 큰 관심을 갖고 시간을 쓰고, 때론 자기 돈을 투자하기도 한다. A의 목표가 단기간의 목표일 수밖에 없는 이유는 직장에 다닐 수 있는 기간이 얼마 되지 않기 때문이다. 반면 B의 목표는 소속된 직장을 떠나서도 장기간에 걸쳐 꾸준히 발전시켜 나갈 수 있다.

직장인은 누구나 소득이 높아지기를 바란다(적어도 아직까지 살면서 그렇지 않은 직장인을 본 적이 없다). 소득의 정의를 직장에서 회사가 주는 연봉으로만 생각하면서 높은 직책과 그에 따른 연봉 인상에만 기대하는 경우, 자신의 전문성을 만들지 못하고 관리자로만 지내다 나오게 되면 조직을 떠나는 순간 소득은 급격히 떨어진다. 경영학자인 조동성 교수는 코로나 사태 이후 재택근무와 디지털 업무 환경이 가속화되면 실무자와 최종 결재권자의 거리가 가까워지게 되고, 수평적 조직이 자리 잡는 과정에서 중간관리자가 '몰락'하게 될 것이라고 예측한다.[8] 하지만 소득의 정의를 조직에서 받는 급여뿐 아니라 조직을 떠나서도 유지할 수 있는 자기만의 기술이나 가치로 잡으면 직장 다니는 목적이나 태도가 달라진다. 자신의 '몸값'을 직장에서 주는 월급으로만 환산하기보다는 조직을 떠나서도 돈을 만들어낼 수 있는 기술로 생각하는 것이 커리어의 '유통기한'을 늘리는 데 훨씬 더 중요하다. 직장에서 안정적으로 월급을 받는 동안 자기만의 직업을 만들어간다. 그래야 직장을 떠나서도 자기만의 직업으로 다른 조직을 위해 사용하거나 자기만의 사업을 하며 자신의 가치를 유지할 수 있다.

2014년 나는 한 일간지에 "직장 다닌다고 직업 생기지 않는다"라는 글을 기고한 적이 있다.[9] 이 말의 핵심은 직장 다니는 동안 자기만의 직업을 만들어야 한다는 뜻이다. 그래야 자신이 원할 경우 직장생활을 더 오래할 수 있고, 직장을 나와서도 자기만의 가치(쉽게 말하면 돈을 버는 능력)를 유지해나갈 수 있다. 직업을 만들려면 단순히 앞으로 무엇이 유망할 것인가가 아니라 자기만의 직업적 욕망이 무엇인지를 아는 데서 출발해야 한다. 그 이후 직업을 만들어가는 과정에서 세상이 내가 가진 기술 가운데 무엇을 돈을 주고 살 의향이 있는지도 고려하게 된다. 이 책은 직장 다니는 동안 자기만의 직업적 욕망을 찾아내고 만들어가기 위한 직장인을 위해 쓴 것이다. 다른 말로 표현하면 직장인으로 지내면서 직업인으로 변화하고 싶은 사람을 위한 '내 욕망을 찾기 위한 가이드'와 '직장 사용 설명서'가 결합된 책이다.

내 인생을 고민할 시간이 없다고 느낄 때

"신제품 출시를 위해 주말도 없이 일하던 때였습니다. 그날도 주말에 직장에서 일을 하다가 퇴근한 후 아파트 베란다 너머로 지는 해를 바라보는데 갑자기 이런 생각이 들었어요. '직장을 위해서는 야근과 주말 근무까지 하는 내가 내 인생의 전략을 만들기 위해 과연 며칠이라도 집중해서 고민해본 적이 있었나?'" 한 글로벌기업의 임원은 내게 이렇게 고백했다.

기업은 새로운 제품을 출시하거나 잘 안 팔리는 기존의 제품을 콘셉트를 바꾸어 새롭게 내놓기 위해 많은 자원을 들여 조사하고, 브레인스토밍과 고민을 하여 기획하고 실행하는 데 상당한 노력을 기울인다. 여기에는 뚜렷한 목표가 있고, 성공을 측정하는 명확한 기준이 있으며, 목표를 성취하기 위한 확고한 전략이 있다. 이런 노력을 해도 성공과 실패 사이를 왔다 갔다 한다. 우리 삶이 때로 성공하기도 하고 그렇지 않기도 한 것처럼.

이처럼 조직에서 자신이 담당하는 제품이나 서비스에 대해서는 다양한 과정과 많은 자원을 들여 기획과 실행을 하는데, 왜 우리는 자신의 삶이나 커리어에 대해서는 이런 노력을 기울이지 않는 걸까? 신제품 출시를 위해서는 기획서를 수십 페이지나 쓰면서 내 삶이나 커리어를 위해서는 왜 기획서를 쓸 생각조차 하지 않는 걸까? 제품과 사람은 달라서일까? 자기의 커리어란 제품처럼 시장에서 평가받는 것이고, 커리어를 만들어가기 위해서는 뚜렷한 목적이 있어야 하고, 이를 향해 나아가기 위한 나름의 전략이 있어야 하고, 전략을 시장에서 실행하기 위해 지속적으로 여러 실험을 하며 자기만의 길을 찾아가야 하는데 말이다. 내 삶과 직업을 위한 기획서는 내 평생 가장 중요한 기획서가 아닐까? 난 그렇게 생각한다. 평생에 걸쳐 다듬고 개선해나가야 하는 그런 중요한 기획서 말이다.

기업은 직장인을 활용하는 방법을 너무나 잘 알고 있다. 일 잘하는 30~40대에 집중적으로 쓰고, 부담스러운 50대가 되면 여러 가지 방법으로 내보내는 것이다(주변에서 '명퇴'를 '명예롭게' 하신 분 있으면 내게 알려주길 바란다). 2019년 40대와 50대 장년층의 비자발적 퇴직자는 49만 명으로 2014년 이후 5년 만에 최대치를 기록했다.[10] 한 금융기관의 보고서에 의하면 우리나라 직장인들은 50세 전후로 생애 주된 직장에서 퇴직하지만 국민연금을 받을 때까지 10여 년간 '수입의 공백'이 발생한다. 이 보고서는 "퇴직은 했으나 평안한 은퇴를 맞이하기까지 갈 길"은 멀다고 썼다.[11] 이것이 직장인 대부분이 겪는 현실이다. 이제 직장인도 기업이 우릴 활용하듯 직장을 잘 활용하는 방법을 알아야 한다.

이 책을 쓰기 위해 전문가[12]에게 의뢰하여 다양한 직장인 – 여성과 남성, 워킹맘과 솔로, 공무원과 사기업 직장인 등 – 의 고민을 보다 체계적으로 들어보았다. 또 내가 직접 다양한 직장인을 만나 인터뷰하고 관련 자료를 검토해보기도 했다. 그 결과, 직장인들의 상황은 모두 다르지만 고민의 지점은 한 곳으로 모였다. 이제 직장이 나를 보호해주지 않는다는 사실도, 나만의 개인기를 만들어 직장을 계속 다니든 아니면 언젠가 나오든 경제생활을 지속할 수 있어야 한다는 사실도 알겠는데, 무엇을 어떻게 해야 할지를 모르겠다는 것이었다. 이 책은 그러한 직장인의 고민에 대한 코칭 노트이자 직장인이라면 갖게 되는 의문에 대한 생각을 정리한 것이다. 코칭이란 답변을 대신 알려주는 것이 아니라 고객이 스스로 답변을 찾도록 도와주는 작업이다. 따라서 이 책은 당신에게 당장 퇴사하여 어떤 기술을 배우는 것이 유망하다든지 하는 섣부른 해답을 내놓지 않는다. 가능하지도 않다. 각자의 상황도, 각자의 욕망도 모두 다르기 때문이다. 다만 독자 여러분이 자기의 답변을 찾기 위해 어떤 과정을 거쳐야 하는지 옆에서 차근차근 도움을 줄 것이다. 이제 여러분이 가장 궁금한 질문, 도대체 어디에서부터 시작해야 할지에 대해서 이야기를 풀어가려 한다.

Side Note 2 | **회사가 장기근속 한 나보다 이직했다 돌아온 직원에게 더 높은 연봉을 주는 이유**

"이 회사를 위해서 지난 10년 동안 일해왔는데, 이제 저희 부서는 찬밥이 되고 신설 부서가 그 중심이 되더군요. … 큰 충격이자 회사에도 실망했습니다…."

다양한 기업과 여러 상황에서 일하다 보면 회사 내부의 구조(혹은 부서의 중요도)가 바뀌거나, 일하던 회사가 국내외 다른 기업에 합병되거나, 분사되는 과정에서 직원들은 피해자가 되어 상실감을 느낀다. 인원이 줄어들거나 해고되는 것이 아니라 고용이 그대로 승계되는 상황에서 말이다. 물론 그런 심정 자체는 자연스럽다. 그리고 그 과정에서 불공평한 대우를 받는다면 이에 대해 문제를 제기하는 것도 필요하다.

하지만 여기에서 우리가 한 가지 기억해야 하는 기업의 특성, 특히 변화가 빨라지고 많아지는 이 시대에 더욱 두드러지는 특성이 있다. 기업은 지금까지 잘해온 사람이나 부서보다는 미래에 잘할 사람이나 전망이 좋은 부서에 더 투자를 하기 마련이다. 만약 내 돈을 투자한다면 당연히 과거보다는 미래 가치에 주목하여 투자할 것이다. 그러니 '이 회사를 위해서'라는 부분에 대해서 다시 생각해보자. 나는 정말 이 회사만을 위해서 일한 것일까? 그것이 나의 이익에도 부합했기 때문이 아닐까? 이 회사보다 더 좋은 기회가 있는데도 내가 가지 않은 것일까? 내가 다른 곳으로 가지 못하도록 회사가 압력을 행사했는가?

21세기의 기업은 '차갑다'(어쩌면 예전에도 차가웠지만 안 그런 척했는지도 모른다). 단순히 열심히 일하는 사람을 기업은 원하지 않는다. 미래 가치를 만들어줄 수 있는 사람을 찾는다. 그리고 기업은 매년 월급이나 상여금을 주는 것으로 그해, 즉 과거에 일한 것에 대한 보상을 모두 마쳤다고 생각한다(그렇기 때문에 나는 누군가가 포상 휴가를 받으면 절대 미루지 말고 바로 다녀오라고 권한다).

한 직장에서 오랫동안 일하는데, 누군가 다른 기업에 갔다가 돌아오면서 더 많은 연봉을 받는 경우가 있다. 인간적인 정으로 보면 오히려 묵묵히 일해온 나를 더 잘해주어야 하는데 말이다. 하지만 기업의 입장에서는 다른 조직에 가서 한 경험이 미래에 도움이 될 거라고 판단하기에 돈을 더 주어서라도 데려온 것이다. 요즘은 많이 줄어들었지만 회사에서 하는 말(정확히 말하면 거짓말) 가운데 직장인이 믿지 말아야 할 것이 있다. '가족 같은 회사'와 '사장 마인드로 일하라'라는 것이다. 회사는 가족이 아니다. 계약관계이고 내 시간과 노동력을 돈과 맞바꾸는, 기본적으로 '드라이한' 관계다. 회사와 나의 관계는 결혼이라기보다는 언제 끝날지 모르는 마감 기한을 가진 계약 연애와 같다. 계약 기간에는 기여를 하고, 더 좋은 기회가 생기면 떠나는 것이다. '사장 마인드'는 사장이 발휘하면 된다. 만약 사장 마인드를 발휘하고 싶다면 직장에서 발휘하지 말고, 자신의 직업을 만드는 데 발휘하기 바란다.

경영학자에게 존경받는 경영학자 피터 드러커Peter Drucker는 이런 말을 했다. "모든 기업은 현재 하고 있는 일을 그만둘 준비를 해야만 한다"고.[13] 기업만 그럴까? 모든 직장인은 현재 다니고 있는 직장을 그만둘 준비를 해야 하는 것 아닐까?

직장인으로서 나의 정의와 별도로
직업인으로서 나를 어떻게 정의할 수 있을까?

💬 보람은 아까 자신의 직업을 홍보인이라고 말했지. 자신이 현재 하고 있는 일에서부터 시작한 것은 좋은 출발이야. 어떤 직장인은 자신이 속한 조직과 자신이 맡은 직책을 자신의 직업처럼 생각하고 자부심을 느끼면서도 정작 자신이 하는 일, 예를 들어, 홍보에 대해서는 그만큼의 자부심을 갖지 못하는 경우도 있거든. 다행스럽게도 보람은 홍보인으로서 자신의 역할에 대해 자부심도 있고, 열정도 있지. 좋아하는 것과 직장에서 맡은 역할이 일치하거든. 여기에 진정한 직업으로 만들기 위해 앞으로 생각할 점 두 가지만 말할게.
첫째, 우리나라에 홍보인이 몇 명이나 될까?

💬 잘은 모르지만 수만 명은 되지 않을까?

💬 맞아. 홍보인을 어떻게 규정하느냐에 따라 숫자는 천차만별일 거야. 기업체 홍보팀과 홍보회사에 있는 사람만으로 하느냐, 광고 인력, 각종 프로모션 인력까지 하느냐에 따라 다 다르겠지만 어떤 기준으로 하더라도 굉장히 많은 사람이 이 직종에서 일하고 있을 거야. 그래서 '어떤' 홍보인이 내 직업일지를

36

생각해보면 좋을 것 같아. 내 경우에는 코치지만 차별화를 위한 몇 가지 포인트가 있어. 나는 정확히 말하면 기업체 임원을 위한 커뮤니케이션 코치Executive Communication Coach야. 주 고객 대상(임원)과 분야(커뮤니케이션)를 좁힌 것이지. 코치를 하는 분들은 인사HR 경험이 많지. 하지만 나는 인사 분야에서 일한 적은 없어. 홍보회사와 기업의 홍보팀에서 10년간 일한 뒤 독립했거든. 이 커리어는 코칭 일을 시작할 때 불리한 점일 수도 있겠지만, 나는 오히려 내가 자신 있는 커뮤니케이션 분야에서 접근하는 코칭으로 시작했어. 내가 지금 하고 있는 리더십·조직, 설득·영향력, 위기 대응 등의 분야는 모두 커뮤니케이션의 시각에서 접근한 거야. 독립을 하면서 커뮤니케이션 코칭 영역에서 앞서가려고 노력한 거지. 사과와 거절, 질문 등 커뮤니케이션 분야의 책을 계속 쓰는 것도 그런 이유야. 보람은 더 구체적으로 관심 있는 분야가 있어?

💬 음, 나는 요즘 CSR이라고 기업의 사회적 책임에 대한 분야에 관심이 있긴 해.

💬 바로 그거야. 자, '보람의 직업 = CSR 분야 홍보 전문가'라고 정한다면, 보람이 생각해봐야 할 것은 향후에 업계에 종사하는 사람들이 'CSR 홍보'란 주제를 놓고 고민할 때, 보람의 이름을 떠올리게 하는 것이 목표가 되어야 해. 달리 말하면 'CSR

홍보 전문가 = ?'의 공식에서 물음표 자리에 보람의 이름이 들어가도록 만들어야 해. 커리어 개발을 커뮤니케이션 관점에서 바라보면 자신이 정한 직업 분야를 사람들이 이야기할 때 내 이름을 떠올리게 하는 거야. 그러기 위해서는 '홍보인'을 나의 직업 브랜드로 삼는 것은 너무 무모하겠지?

💬 그럼 직업인이 된다는 것은 유명인이 되어야 하는 걸까? 그런 뜻은 아니겠지?

💬 좋은 질문이야. 물론 전혀 아니야. 내 이름을 떠올려야 하는 사람은 내 타깃이 되는 고객층이면 충분해. 대중에게 이름을 알릴 필요도 없고. 그런데 가장 중요한 고객은 지금 보람이 기업에서 함께 일하고 있는 동료나 외부 업체 사람이 될 거야. 그들 사이에 보람이 어떤 직업적 성과와 평판을 만드느냐가 향후 직업을 만들어가는 데 중요한 요소가 되지. 오해하지는 마. 직장에서 말 잘 듣는 사람이 되라는 게 아니라 전문가로서 성과와 평판을 만들어가야 한다는 의미야.

💬 갑자기 직장 내에서 내가 어떻게 인식되고 있을지 궁금해지네. 동료를 바라보는 내 관점도 변하게 될 것 같아. (보람이 노트에 적는다) 두 번째는 뭐지?

💬 두 번째는 보람이 언젠가 소속된 회사를 떠났을 때, 즉 자랑스럽게 다니고 있는 회사의 이름과 직책이 없어졌을 때, 얼마를

벌 수 있을지 생각해보는 거야. 예를 들어, 가능하다면 현재 받고 있는 연봉만큼 벌 수 있으면 좋겠지. 당장은 안 되더라도 3년 이내에는 가능하도록 목표로 잡는 게 좋을 것 같아. 이런 생각을 하면서 직장을 다닌다고 생각해봐. 프로젝트 하나하나 하는 것들이 달라질 거야. 내가 처음 독립했을 때, 지금도 그렇지만 1인 기업의 이름을 누가 알아주겠어. 하지만 내가 일했던 직장은 기업 커뮤니케이션 분야에서는 세계 최대의 컨설팅 회사였거든. 당시 내가 걱정했던 것은 이런 거였어. 과연 내 고객들은 내가 세계적인 회사에 있었기 때문에 나를 고용했던 것일까? 내가 그 회사를 떠나서 독립했을 때도 과연 나의 가치를 보고 고용해줄까? 정말 떨렸지. 다행히도 고객들은 지난 10년 넘게 나를 꾸준히 반복해서 찾아주었어. 만약 직장 다닐 때 내가 가진 기술(개인기)로써 고객에게 만족감을 주지 못했다면, 기술은 없이 그저 직책만 높은 관리자로 인식되었다면 과연 내가 직장을 떠나 직업인으로 10년 넘게 살아올 수 있었을까? 한 가지 더, 내가 10년 동안 계속해서 내 기술을 업데이트하지 않았다면 점차 수입은 줄어들었을 거야.

💬　휴…. 그건 정말 뭐라고 자신할 수가 없네. 일을 주는 사람이야 한둘 있겠지만, 3년 내에 독립해서 내 연봉을 만들 수 있을까? 그건 자신 없는데…. 근데 호와 이야기를 나누다 보니 직

업인으로 떠오른 사람이 있어.

💬 누군데?

💬 반려견 행동 전문가 강형욱 씨.

💬 맞아. 좋은 사례를 들었어. 그분의 소속이 어디인지는 중요하지 않지. 자기만의 전문성으로 직업을 확실하게 만든 사람이니까. '반려견 전문가 = ?'라는 공식을 생각해보면 많은 사람이 그분을 떠올리지. 하지만 우리가 그분만큼 유명해져야 하는 건 아니니까, 너무 부담 갖지 말자고.

💬 참, 아까 이번 장 주제와 이 식당이 연결된다고 하지 않았어?

💬 맞다! 잘 생각해봐. 여기는 바bar 형태로 만든 고급 튀김 전문집으로는 거의 최초로 문을 열었어. 셰프의 과거 직장은 호텔 일식집이었지. 우리나라에 일식 요리사가 얼마나 많겠어. 이분은 그중에서도 튀김 전문으로 자신의 개인기를 만들어 차별화된 직업을 만들어냈지. 누가 회 정식도 아니고 튀김 정식을 10만 원이나 주고 먹으리라 생각했겠어? 하지만 이제 고급 튀김집 하면 저 셰프를 떠올리게 되었지. 다니던 직장을 나왔다고 해서 저분이 갑자기 돈을 하나도 벌지 못했을까? 아니지, 자기 사업으로 이렇게 수입을 얻고 있잖아. 직장인이 아닌 직업인이었기에 이런 독립이 가능했던 거지.

💬 그렇구나…. 나는 어느 세월에 내 이름을 알릴 수 있을까?

💬 지금 당장 걱정할 필요는 없어. 우선 자신의 직업이 정말 자신이 하고자 하는 직업적 욕망, 살고자 하는 삶의 욕망과 연결되는지, 또 그런 것을 찾으려면 어떻게 해야 하는지 2장부터 차근차근 살펴보자.

2장

성장을 위해
나에게 투자하기

"육아하면서 제일 힘들었던 것이 극단적인
타임 푸어의 삶을 살아야 하는 것이었어요.
저는 사실 혼자 밥도 잘 먹고(심지어 술도!),
쇼핑도 혼자 하고, 여행도 혼자 할 정도로
혼자만의 시간이 꼭 필요한 사람인데, 아이
가 태어나고 초등학교 3학년 정도까지는 그
런 시간을 갖는 게 너무 힘들었던 것 같아
요… 저에게 개인 시간을 갖는 것은 단순히
쉬기 위한 것이 아니라 그냥 생활인이 아닌
정서적인 인간이라는 존재감을 확인하기 위
한 것이어서 좀 열심히 개인 시간을 챙긴 편
이고요. 스트레스를 꼭 풀어야 할 때는 혼자
공연을 보러 가기도 했어요."

김서현 상무, 에델만

💬 오늘은 말로만 듣던 최인아책방에서 이렇게 만났네.

💬 맞아. 내가 좋아하는 공간이기도 해. 이곳에서 강연을 한 적도 있지만, 강연을 들으러 오기도 해. 참가비를 내면 저자들과 직접 만나서 이야기를 들어볼 수 있거든. 카페도 있어서 오늘 여기에서 만나자고 했어. 어떻게 지냈어?

💬 휴… 몇 가지 마감할 것이 있어서 정신없이 보냈어. 지난번 직업인으로서 나를 생각해보라고 했는데, 늘 마음은 있지만 직장에서는 급한 일이 많으니 아직 제대로 생각해보지 못했어.

💬 괜찮아. 너무 서두를 필요는 없어. 직업인에 대한 생각을 정리하는 데는 꽤 시간이 걸려. 우리가 10번 만나는 동안에 정리해보겠다고 차분하게 생각하면 좋을 듯해. 그럼 코칭을 시작해볼까? 이번 장의 핵심 질문은 혼자만의 시간에 대한 거야.

지난 2주 동안 나를 위해서
의도적으로 혼자만의 시간을 만든 적이 있는가?

💬 보람도 방금 이야기했지만, 직업인으로서 자신을 돌아보는 데 가장 큰 장벽이 급하고 바쁜 일들이야. 언젠가 보람과 같은 홍보 인력은 기업 내부에서 워낙 바빠서 '교육 면제'를 받고 산

다는 기사[14]를 읽은 적이 있어. 슬픈 이야기지. 일정 부분 어쩔 수 없다고 하더라도, 자기 혼자만의 시간을 확보해야 해. 10분마다 메시지나 이메일 확인하지 않고 여유롭게 생각할 수 있는 시간 말이지. 보람은 지난 2주 동안 자기만을 위해서 의도적으로 혼자만의 시간을 만든 적이 있어?

💬 음… 2주라. 혼자만의 시간이 있기는 했어. 약속 장소에 먼저 도착해서 기다리는 시간이라든지, 외근을 나갔다가 혼자 차 마시는 시간. 하지만 그게 의도적인 시간은 아니었던 것 같고, 시간도 많아 봐야 30분 내외 정도였어.

💬 그래, 대다수 직장인의 삶도 비슷할 거야. 직장인에게 왜 혼자만의 시간이 필요한지, 어떻게 그 시간을 만들 수 있는지 2장을 읽고 다시 이야기해보자.

○

"도대체 어디에서부터 시작해야 할지 모르겠어요…." 나이나 경력이 얼마가 되었든 커리어에 대한 고민을 하다 보면 어디에서 시작해야 할지 난감할 때가 있다. 이럴 때 내가 제일 먼저 물어보는 질문이 있다. 가장 최근에 의도적으로 자신을 위해서 혼자만의 시간을 가져본 적이 언제인지? 혼자만의 시간을 갖는 것에 대한 필요성을 느끼는지? 그리고 한 주, 한 달, 한 해 동안에 그런 시간을 얼마나 자주 어떻게 만드는지?

이런 질문으로 시작하는 이유가 있다. 많은 사람이 무언가 해보겠다는 의도만 갖고 고민을 한다. 우리가 무슨 일을 하려면(아직까지는 의도의 상태다) 그 일을 하기 위한(의도를 실행으로 바꾸기 위한) 자원부터 확보해야 하는데, 가장 기본이 시간을 확보하는 것이다. 예를 들어, 내가 이 책을 쓰겠다는 의도만 갖는 것으로는 아무것도 이루어지지 않는다. 책을 쓰기 위해서는 시간이라는 자원을 확보해야 한다. 책을 쓰는 기술은 그다음 문제다. 아이디어를 찾아내고, 자료 조사를 하고, 생각을 하고, 글을 쓰는 데는 시간이 상당히 들어간다. 의도적으로 혼자만의 시간을 만들지 않으면 책을 완성할 수 없다. 이 말은 의식적으로 꼭 필요하거나 책을 쓰는 것보다 중요하지 않은 모임이나 요청 등을 거절할 수 있어야 자기가 의도하는 일을 실행할 수 있다는 말이다. 책을 쓰고 싶다는 의도나 기술을 갖고 있는 것만으로는 일이 실행되지 않는다.

직장에서 주어지는 모든 일은 급하고, 우선적으로 처리해야 할 일과 이메일, 문자 등으로 직장인은 정신이 없다. 바쁜 상황에서 우리의 시각은 좁아진다. 그렇기 때문에 장기적 전략에 대해 논의하는 기업의 워크숍을 사무실과는 떨어진, 가능하면 경치도 좋은 곳에서 며칠간의 시간을 확보해서 하는 것이다. 기업의 워크숍과 마찬가지로 자신이 삶에서 무엇을 원하는지, 직장이 아닌 직업적 욕망이 무엇인지에 관한 고민은 장기적인 생각이 필요하다. 확장된 시각으로 자신의 삶을 돌아보고 계획하고 싶다면 그런 상황을 만들어야 한다. 이를 위해서는 의도적으로 혼자만의 시간을 가질 필요가 있다.

마이크로소프트 창업자 빌 게이츠Bill Gates는 1년에 일주일씩 두 번의 '생각 주간Think Week'을 갖는다. 그는 자기만의 시간을 의도적으로 만들어, 직원은 물론 가족과 테크놀로지로부터 떨어져서 미래에 대한 생각을 하거나 새로운 아이디어를 찾아본다. 모든 직장인이 이런 시간을 2주씩 가질 수는 없겠지만 자신의 상황에 맞추어 며칠, 아니 하루만이라도 이런 의도적인 혼자만의 시간을 가져볼 수 있지 않을까?

이런 시간을 갖기 가장 힘든 사람 중에는 워킹맘이 있다. 직장생활 17년차로 컨설팅 회사에서 일하는 워킹맘 김서현 상무. 남편과 육아를 공동으로 담당해도 어린아이는 엄마를 더 찾고, 이는 결국 워킹맘에게 혼자만의 시간을 갖기 힘든 요인으로 작용한다. 그럴수록 김 상무는 혼자만의 시간 확보에 적극적이어서 주말에 쉬거나 가족 여행을 가더라도 남편과 의논하여 개인 시간을 가졌다. 전화가 안 터지는 힐리언스 선마을에서 홀로 시간을 보내기도 하고, 해외 파견 기회를 이용해 혼자 살아보기도 했다.

두산그룹에서 교육팀장을 맡고 있는 진동철 부장은 출근 시간보다 일찍 나와 회사 부근 카페에서 혼자만의 시간을 갖는다. 이 시간에 그는 일기를 쓰고 관심 있는 분야의 책이나 글을 읽고 정리를 한다. 사실 일기 쓰기는 그의 오래된 습관이기도 하다. 고등학교 1학년 때부터 50대를 바라보는 지금까지 총 33년째 쓰고 있고, 지금까지 쓴 일기장이 36권이다. 하지만 그렇다고 주눅 들어 일기 쓰기를 포기하지 말기를. 나 역시 성인이 될 때까지 일기를 쓴 적이 없다. 하지만 2008년부터 지금까지 써오고 있다. 사실 일기를 중간에 그만두지 않은 데는 진동철 부장이 오래전 내게 해준 조언이 도움이 되었다. "일기? 매일 못 쓰면 어때요. 그냥 생각날 때마다 기록하면 돼요."

실제 그도 6개월간 일기를 쓰지 못한 적이 있다고 한다. 그가 추천하는 일기 쓰는 법[15]은 '잠깐 안 하더라도 아무 일 없다는 듯이 쓱 하기'다. 일기를 쓰기로 결심하고 며칠 쓰다가 한동안 못 쓰더라도 괜찮다. 몇 개월 지나서 일기 생각이 나면 그냥 쓰라는 것이다. 이 조언 덕분에 10년 넘게 쓰고 있다. 진동철 부장은 주말에도 카페에 가서 자기만의 시간을 갖는다. 그에게 이 시간은 그날 경험한 것을 돌아보고, 배우는 성찰의 시간이다. 그는 캘린더에 일정을 미리 박아놓고 의도적으로 이런 시간을 갖는다. 어떤 새로운 일을 시작하면 그 일이 끝나는 날 근처에 미리 성찰을 위한 시간을 표시해놓는다. 그는 혼자 생각하고 기록할 수 있는 조용한 공간을 찾는다. 그는 출근 전이나 퇴근 후 주변 카페를 이용하지만, 걷거나 뛰는 동안에도 돌아보는 시간을 가지라고 추천한다. 진 팀장은 이런 시간을 꼭 기록해두라고 추천하는데 나도 이에 동의한다. 그는 친구나 팀원과 함께하는 시간도 좋아하지만, 혼자서 자신의 생각을 정리하고 미래를 준비하는 시간을 더없이 즐긴다. 그만의 삶을 줌아웃zoom-out하는 방식인 것이다.

사람마다 상황에 맞게 자신의 삶 속에서 의도적인 혼자만의 시간을 만들어볼 수 있다. 작은 노력으로 실천할 수 있는 방법에서 시간과 비용을 투자하는 방법까지, 구체적인 세 가지 방법을 살펴보자.

나와의 선약 잡기

어느 날 친구에게서 연락이 왔다고 치자. 모임이 있는데 저녁 식사를 함께하자고 한다. 그러면서 다음 주 언제 저녁 시간이 좋겠는지 당신에게 묻는다. 이제 당신은 어쩌면 꼭 원하는 모임도 아니고 계획에도 없던 모임을 위해 수첩이나 휴대전화를 꺼내 일정표를 볼 것이다. 다음 주 일정표는 어느 요일 저녁 시간이 '비어 있는지'('비어 있는' 시간이라고? 사실 그런 시간은 세상에 없다. 실은 이런 시간이 당신을 위한 시간으로 쓸 수 있는 소중한 자원이다) 알려줄 것이다. 친구는 당신의 일정 중 비어 있는 시간에 만나자고 한다. 당신은 엉겁결에 그렇게 하겠다고 할지도 모른다. 이렇게 '어…' 하다가 만들어지는 일정이 얼마나 될까? 여러분은 이런 상황에서 어떻게 반응하는가? 내가 약속이 없으면 아무에게나 그 시간을 주어도 되는 것일까?

물론 다행히 전화한 그 사람이 꼭 만나고 싶은 사람이라면(보통 그런 사람은 내게 먼저 전화하는 경우가 드물다) 일정을 억지로 비워내서라도 만나야 할 것이다. 하지만 이렇게 만나는 사람 가운데 정말로 내가 만나고 싶거나 만나야 할 이유가 있는 사람은 얼마나 있을까? 어린 시절부터 친한 친구라면 별 이유가 없이도 만날 수 있다. 그런 친구와는 김떡순(김밥, 떡볶이, 순대)이나 치맥(치킨과 맥주)을 하며 걱정을 나누고 대화를 하면서 삶의 즐거움을 느낄 수 있다. 여기에서 내가 말하고 싶은 것은 어떤 모임에 나가거나 누군가와 약속을 하기 전에 '정말 자신이 만나고 싶은지?'를 스스로에게 물어보자는 것이다. 그래야 의도적으로 혼자 있는 시간을 만들 수 있기 때문이다.

방송사 피디이자 동시통역사(그는 어학연수도 다녀온 적이 없는 공대 출신이다)이면서 베스트셀러 저자이기도 한 김민식 피디는 어떻게 1년에 책을 200권이나 읽고, 매일 아침 글을 쓰고(블로그), 책을 펴내고 여행광이면서 아내와의 가사와 육아 분담률도 절반 이상일 수 있는지를 묻는 질문에 "50대 남자 대부분이 하는 걸 하지 않는 것"이 비결이라고 답했다. 술·담배·골프를 하지 않고, 방송사 피디인 그가 텔레비전도 거의 안 보고, 회식이나 동창회에도 나가지 않으며, 그 대신 잠은 매일 일곱 시간 이상씩 잔다.[16]

우리는 돈을 쓰는 데는 비교적 엄격한 잣대를 들이대면서도 시간을 쓸 때는 그렇지 않다. 물건을 살 때, 내가 어렵게 번 돈을 쓸 만한 가치가 있는지 따져보게 된다. 부자든 가난한 자든 돈을 아끼려고 하며, 저축이나 보험을 들기도 한다. 누군가에게 돈을 함부로 빌려주거나 그냥 주지 않는다. 그런데 왜 시간은? 돈은 잃어버리면 나중에 다시 벌 수도 있다. 돈은 미래를 위해 저축해놓을 수도 있고, 위험할 때 쓰기 위해 보험을 들어놓을 수도 있다. 하지만 시간은 성격이 완전히 다른 자원이다. 일단 쓰고 나면 다시 벌어들일 수 없고, 미래를 위해 저축하거나 보험을 들 수도 없다. 그냥 모든 사람에게 24시간씩 주어진 것이다. 그런데 자기에게 주어진 시간을 우리는 큰 고민 없이 남이 원하는 대로 쓰곤 한다. 조금만 생각해보면 우리가 시간에 대해 얼마나 '너그럽게'(작은따옴표를 한 이유는 그게 진짜 너그러운 것이 아니기 때문이다. 특히 나 자신에게 말이다) 생각하는지 알 수 있다.

자기만의 시간을 갖기 위해서는 적절하게 거절할 수 있어야 한다.

우선 원칙을 정할 필요가 있다. 예를 들어, 목요일과 금요일 저녁을 자기만을 위한 시간으로 잡아놓았다고 치자. 일정표에도 1년 치 목요일과 금요일을 모두 표시해둔다. 이제 누군가 연락이 와서 목요일 저녁에 시간이 되는지 물어볼 때 당신의 마음은 흔들릴 수 있다. '어차피 나와의 약속인데, 이날만 예외로 하자.' 클레이튼 크리스텐슨의 《당신의 인생을 어떻게 평가할 것인가》에 보면 "자신이 세워놓은 원칙을 98%의 시간보다 100%의 시간 동안 지키기가 (오히려) 더 쉽다"라는 말이 나온다. 자기와의 시간을 자기가 먼저 허물기 시작하면 금방 흐지부지된다. 정말로 누군가와 보고 싶다면 목, 금을 피해서 일정을 찾아보면 된다. 누군가가 목요일이나 금요일 저녁에 시간이 되느냐고 물으면 "그날은 이미 일정이 있습니다"라고 말하면 된다. 무슨 일정이냐고 따지는 사람은 거의 없으며, 만약 그런 사람이 있다면 경계해야 한다. 내 시간은 기본적으로 내가 결정하는 것이고, 내가 특정한 날짜에 누군가를 만날 수 없다는 사실을 해명할 필요도 없기 때문이다. 회식이나 각종 모임에 나가도 겉도는 이야기를 한다고 느낀 적이 있다면 이제 자기만의 시간을 의도적으로, 그리고 주도적으로 갖도록 노력해보자. 그 첫 단계로 일정표를 펴고 자신의 상황에 따라 한 달에 하루든 일주일에 며칠이든, 혹은 매일 특정 시간이든 자기만을 위한 시간을 확보해보자. 내 시간을 주인인 나를 위해 더 쓸 수 있도록 미리 '찜'해두자.

나 자신에게 투자하기

"자비로 출장을 가보자"라고 말하면 '이 사람이 미쳤나' 생각할 것이다. 자비로 출장을 가라니. 물론 직장을 위한 출장 비용을 사비로 충당하라는 것이 아니다. 직장이 아닌 직업, 자기 삶을 위한 출장을 스스로 만들어보는 것이다. 내가 2007년 창업을 하고 제일 처음 시작한 일은 미국의 인플루언스앳워크INFLUENCE AT WORK라는 회사에 가서 설득의 심리학 트레이닝 프로그램을 한국에 도입하는 것이었다. 이곳은 우리에게는 《설득의 심리학》으로 친숙한 사회심리학자 로버트 치알디니Robert Cialdini가 설립한 컨설팅 기관이다. 물론 이 프로그램을 도입하기 위해 내가 받은 공인 트레이너 인증 교육과정의 비용은 사업 자금(=전 직장 퇴직금)에서 나갔다. 하지만 내가 이 프로그램을 한국에 들여오기로 생각하기 시작한 시점은 그보다 2년 전이다. 당시 회사에 다니고 있던 나는 휴가를 내고 미국으로 가서 자비로 이 프로그램에 참여했고, 관심을 갖게 되었다. 직장에 다니던 시절 나는 국내외 교육 프로그램을 골라 혼자서 자비로 출장을 만들어 다녔다. 물론 휴가를 희생해야 하는 경우도 있었지만 당시 업무에서 벗어나 내가 평소 관심을 갖고 있던 주제와 관련된 콘퍼런스에 다니곤 했다. 자비로 출장을 간 프로그램은 회사 업무에도 도움이 되었다. 왜 회사 업무에 도움이 될 교육을 자비로 출장을 가는지 의아해할 수 있다. 물론 그런 교육을 회사에서 지원받을 수 있다면 최상이다. 일단 비용은 물론이고 휴가를 쓰지 않고 업무의 연장으로 다녀올 수 있기 때문이다. 하지만 교육비를 넉넉하게 제공하는 회사는 그리 많지 않다. 내가 자비로 출장을 간 것은 회사를 위해서가 아니었다. 나의 성장을 위해서였다. 이러한 나의 직업적 성장은 당연히 회사(직장)에도 도움이 된다. 그것은 부수적인 긍정효과다. 그러한 자비 출장을 통해 직업적으로 성장한 부분은 직장을 떠나서도 내 안에 남게 된다.

사업을 시작하고 나서도 거의 매년 1회 이상씩 교육을 다녀오고 있다. 물론 이제는 자비가 아니라 1인 기업의 비용으로 출장을 간다. 내경우 가능하면 해외를 가서 익숙하지 않은 환경, 익숙하지 않은 사람들과 만나 교육을 받거나 토론하면서 재충전을 하고 돌아보며 새로운아이디어를 만들곤 한다. 꼭 해외를 나가야 하는 것도 아니고 국내에서도 자신의 관심사에 따라 자기만의 출장을 기획할 수 있다. 자기만의 출장이란 직장에서 준 목표가 아닌 자기의 직업적 성장을 위해, 혹은 자기만의 직업을 찾기 위해 직접 기획하고 비용을 들여서 익숙한공간과 환경을 떠나 무엇인가를 배우거나 생각하는 시간을 뜻한다.

Side Note 3   **혼자만의 워크숍을 하는 법**

기업에서 마케터로 일하다가 30대에 독립하여 〈월간 서른〉을 운영하고 있는 강혁진 대표. 그는 연말 연초가 되면 한 해를 돌아보고 새해를 준비하는 나 홀로 워크숍을 떠난다. 예를 들어 제주에서 4박 5일을 보내며 자신이 지난 한 해 이룬 것, 잘한 것, 생각만큼 하지 못해 아쉬운 것들을 글로 정리하기도 하고, 그 지역 서점에서 책을 읽기도 하고, 새해의 계획을 세우기도 한다.

강혁진 대표와의 인터뷰

– 언제부터 혼자만의 워크숍을 가기 시작했는지?
제주도는 직장생활을 시작한 이후 종종 혼자 여행으로 가곤 했다. 짧게는 2박 3일, 길게는 일주일 정도. 그리고 직장을 그만두고 17년 말, 18년 말, 20년 초 이렇게 총 세 번의 나 홀로 워크숍을 진행 중이다.

– 이유는?
직장을 다니던 중 김호 대표의 《쿨하게 생존하라》(쑥스럽지만 그의 대답을 그대로 옮긴다. 그는 반디앤루니스와의 인터뷰에서 인생 책으로 이책을 꼽기도 했다. 내가 책을 쓰는 이유 중 하나다. 누군가에게 긍정적 영향을 줄 수 있기 때문이다)를 읽은 뒤로 혼자만의 시간이 필요하다는 생각에 깊게 공감했다. 직장을 그만둔 뒤로는 혼자 일하게 되면서 더욱 생각할 시간이 필요했다. 직장을 다니면 주변 동료에게 자의로나 타의로나 내 생각과 의견을 이야기하고 공감, 질문 등의 피드백을 받으면서 생각을 정리하고 계획을 세우게 된다. 하지만 혼자 일하게 되면 누구에게 내 생각과 아이디어를 이야기할 일도 없게 된다. 그럴 때는 스스로에게 질문하고 답을 찾는 시간을 가질 필요가 있다. 그런데 일상생활을 하면서는 생각을 길게 이어가기가 쉽지 않았다. 그래서 혼자만의 시간이 필요하다고 생각했다.

– 3박 4일에서 4박 5일, 이후에는 일주일 정도를 생각하던데, 그중에서 가장 중요한 활동은 무엇인가?
워크숍에서 하는 일은 크게 두 가지다. 지난 한 해 회고하기, 다가올

한 해의 주요 계획 세우기다.

❶ 지난 한 해 회고하기

지난 한 해를 회고하는 것은 나의 성과와 과오를 정리하기 위해서다. 잘한 점은 무엇이고 부족한 점은 무엇이었는지 정리하는 것은 앞으로 내가 어떤 일을 해나가야 할지 방향을 정하는 데 큰 도움이 된다. 스티브 잡스Steve Jobs가 이야기한 '커넥팅 더 닷츠Connecting the dots'의 개념에 빗대어 보자면, 1년간 뿌려놓은 많은 점을 하나로 이어보는 시간이라 할 수 있다. 1년간 바쁘게 살다보면 자신이 어떤 궤적을 그려왔는지, 어떤 길로 걸어왔는지 스스로 객관적으로 보기 어렵다. 하지만 1월부터 12월까지, 내 휴대전화의 사진과 페이스북을 들여다보면 1년간의 큰 흐름이 보인다. 과거에 연연한 것이 아닌 더 나은 도약과 성장을 위해 한 해를 정리하려 한다.

❷ 다가올 한 해의 주요 계획 세우기

올 한 해 동안 할 일들을 리스트업 하고 실천 계획을 세운다. 다만 내가 결정할 수 없는 요소, 월 수입 000원 벌기, 책 00권 팔기 등은 계획으로 삼지 않는다. 수입 000원, 책 00권과 같은 건 내가 한 일들에 따라 발생할 수 있는 결과이지, 내 의지로 달성할 수 있는 것은 아니다. 따라서 연간 유튜브 영상 00개 업로드 하기, 몸무게 00kg 감량하기, 〈월간 서른〉 콘퍼런스 개최하기 등의 구체적인 '액션'을 목표로 삼는다. 그리고 나 홀로 워크숍에서 정리하는 한 해의 주요 계획은 사실 연중에 틈틈이 에버노트에 정리한 메모를 참고한다. 순간순간 '내년엔 이런 걸 해봐야겠다'는 생각이 든 아이디어를 메모하는데, 이 내용을 모았다가 나 홀로 워크숍 때 선별해서 정리한다.

- 직장인 가운데 자신의 시간과 돈을 들여 혼자만의 워크숍을 하고 싶

은 사람에게 조언하고 싶은 것이 있다면?

이번 나 홀로 워크숍을 하는 기간에 우연히 나 홀로 워크숍을 왔던 지인을 만났다. 나 홀로 워크숍이 처음이라는데 책을 5~7권 정도 가져왔더라. 너무 무리한 것이다. 무언가 얻어가야겠다는 강박이 있었던 것 같다. 나 홀로 워크숍에서는 일상과 조금 다르게, 천천히 그리고 깊게 생각하고 지내면 좋을 것 같다. 무언가를 '해야겠다!'는 생각보다는 최대한 '하지 않겠다!'는 생각을 가지면 좋겠다.

누구에게나 취약성이 있다

의도적인 혼자만의 시간을 갖는 중요한 목적은 자신을 바라보고 이해하기 위해서다. 이를 위해 때로는 전문가를 만나 대화하는 것도 시도해볼 수 있다. 나는 직업적으로 고객과 만나 코칭을 하지만, 동시에 나 역시 코치를 두고 정기적으로 대화하며 내 마음에 있는 힘든 점, 나를 돌아보는 시간을 갖는다. 물론 자신의 고민을 전문가에게 털어놓는다는 것에 부담을 느낄 수 있다. 그 부담은 크게 두 가지인데, 하나는 상담받는 것 자체에 대한 부담, 다른 하나는 비용에 대한 부담이다. 그렇다면 이런 경험이 있는지 생각해보자. 누군가와 나의 고민을 놓고 대화를 나눴는데, 상대방이 내게 뾰족한 조언이나 해결책을 준 것도 아니고, 그저 내 이야기에 관심을 보이고 가끔 질문을 하면서 들어주었다. 그런데 대화를 마칠 때쯤 마음의 부담은 줄어들고, 머릿속에서 무언가 정리가 된 듯한 느낌을 가진 적이 있지 않은가. 전문가와의 상담이란 이와 유사하다. 내 마음속에 엉켜 있는 생각을 스스로 끄집어내어 이야기하면서 정리하도록 도움을 주는 것이다. 만약 상담이나 비용에 대한 부담이 있다면 자기 고민을 글로 써보는 것도 도움이 된다. 이때 '나는'이라고 일인칭 시점으로 쓰기보다는 '김호는'과 같이 삼인칭 시점으로 쓰다 보면 보다 거리를 띄우고 바라보게 되고, 자신의 생각이나 감정을 정리하는 데 도움이 될 수 있다.

전문가를 만나고 싶다면 공신력 있는 기관에서 제공하는 상담 프로그램 등을 찾아볼 수 있다. 혹시 비용이 부담된다면 우선 직장에서 제공하는 상담실도 고려해볼 만하다. 만약 직장인으로서 대학원을 다니고 있다면 학교에서 운영 중인 상담실은 거의 무료다. 나 역시 대학원에 다닐 때 무료로 상담을 받아본 적이 있다. 그 밖에도 좀 더 가볍게 전문가와 대화를 시작할 수 있는 곳도 많다. 예를 들어, 이 책을 쓰고 있을 때 동네 서점인 최인아책방에서 전문가를 초빙하여 예약제로 마음 상담 프로그램을 운영 중이었는데, 30분에 5만 5000원, 60분은 9만 9000원이었다.

내 경우에는 30대 중반에 외국계 기업의 대표를 맡으면서 경영상의 스트레스로 상담을 받기 시작했는데, 큰 도움이 되었다. 지금도 한 달에 한 번은 미국에 있는 심리 상담 전문가와 영상 통화로 상담을 받고, 미국 출장길에 따로 만나기도 한다. 이러한 상담은 처음에는 간단한 심리진단 등을 해본 뒤 그 결과를 놓고 몇 차례 받아보는 것으로 시작할 수 있다. 상담을 받을 때는 상대방의 기술 못지않게 서로 대화가 잘

되는지, 내 마음이 편한지도 중요하다. 따라서 상담 전문가와는 1회나 2회 정도 소규모로 먼저 경험을 해본 뒤 결정하는 것이 좋다.

상담 전문가와 대화를 하면서 우리가 마주하는 것 가운데 취약성 vulnerability이 있다. 개인적으로 내가 사랑하는 단어이기도 하다. 누구인들 취약성이 없으랴. 이에 대한 연구로 유명한 브레네 브라운Brené Brown의 말처럼 멘탈이 강하다는 것은 자신의 취약성을 마주하고, 이를 누군가에게 드러내며 도움을 요청할 수 있는 상태다. 멘탈이 약한 사람은 취약성이 없는 상태가 아니라 그것을 감추려 하거나 마주하기를 회피하는 사람이다.[17]

상담 전문가와의 대화는 결국 나 자신과 대화를 하도록 도와주는 역할을 한다. 전문가가 아니더라도 이야기를 잘 들어주는 친구와 대화를 해보는 것으로 시작해도 좋다. 경쟁으로 가득한 직장과 사회생활에서 살아남으려면 우리 모두 자신의 잘못이나 약점을 마음 놓고 털어놓을 수 있는 사람이 필요하다. 그 대상은 고해성사에서 들은 이야기의 비밀을 절대로 털어놓지 않는 가톨릭 신부일 수도, 내가 신뢰하는 선배일 수도, 친구나 파트너일 수도 있다. 그것이 누구든 우리는 자신의 취약성을 드러낼 수 있고, 고민을 들어줄 수 있는 사람이 꼭 필요하다. 이런 사람들을 뭐라 불러야 할까? 멘토mentor? 왠지 "그 문제? 이렇게 하면 돼"라고 허접한 충고를 할 것 같은 생각이 든다. 그보다는 '리스너listener'가 좋겠다. 내 이야기에 집중해줄 수 있고, 그 어디로도 말이 새어나갈 염려가 없는 그런 사람. 내게 그런 리스너는 누구인지 생각이 났는가? 그렇다면 다행이다.

진정한 리스너는 거울의 역할을 수행하면서 내가 나를 마주할 수 있도록 도와준다. 내가 보지 못하는 나의 모습을 비춰준다. 나에 대해 내가 제일 잘 알 것 같지만, 사실 내 약점은 다른 사람의 눈에 더 쉽게 보이기도 한다. 생각해보라. 내가 여러 사람과 함께 이야기를 나누고 있을 때 내 모습을 똑바로 보지 못하는 유일한 사람은 나밖에 없다. 리스너가 거울이 된다는 것은 내게 '지적질'을 한다는 의미가 아니라 판단은 유보한 채 있는 그대로의 내 모습을 바라볼 수 있도록 도움을 준다는 의미다. 거울은 내 모습을 비춰줄 뿐 판단하지는 않는다. "거울아 거울아, 누가 이 세상에서 제일 예쁘니?"라고 물어봐야 거울은 대답하지 않는다. 나를 뒷담화의 소재로 삼는 사람은 흔해도 있는 그대로 내 모습을 전달해주는 사람은 드물다.

살면서 내 곁에 진정한 리스너가 한 사람이라도 있는 것은 큰 행운이다. 가족은 종종 지적꾼이 될지는 몰라도 리스너와는 거리가 먼 경우가 많다. 내가 신뢰하고 이야기를 나눌 수 있는, 그리고 대화를 통해 나 자신을 더 잘 이해할 수 있도록 도와주는 리스너는 삶을 살아가는 데 큰 도움이 된다.

지난 2주 동안 나를 위해서
의도적으로 혼자만의 시간을 만든 적이 있는가?

💬 2장을 읽고 어떤 생각이 들었어?

💬 음, 쉽지 않겠지만 나만의 방식을 찾아서 한번 시도해봐야겠
다는 생각?

💬 자, 그럼 우리 한 걸음 더 들어가 이야기해볼까? '시도해봐야
겠네'라는 마음은 좋은 출발이야. 하지만 구체적으로 '언제,
어디서, 어떻게' 할지 생각해봐야 해.

혼자만의 시간을 확보하는 데는 두 가지 방식이 있어. 하나는
자주 정기적으로 자기만의 시간을 확보해서 생각하는 기회를
갖는 거야. 이런 경우 30분이든 한 시간이든 비교적 짧은 시
간을 갖더라도 자주 생각할 기회가 있기 때문에 그 생각이 이
어지고, 모아질 수 있어. 또 하나는 '두루마리 시간', 즉 휴지
를 길게 둘둘 만 것처럼 비교적 긴 시간을 확보해서 생각하는
거야. 박경리 작가는 "작가는 두루마리 시간이 필요하다"라고
말한 적이 있어.[18] 아주 인상적인 말인데, 직업을 찾기 위해서
는 이렇게 집중적으로 생각해보는 시간이 필요해. 특히 일상
에서 그런 시간을 못 갖는 사람이라면 더더욱. 잠깐 가족과 떨

어져 혼자만의 시간을 며칠 동안 보낸다든지, 그게 안 되면 어느 날 반차를 내고 혼자 생각해보는 거지. 보람은 언제쯤 혼자만의 '두루마리 시간'을 가질 수 있을 것 같아?

💬 (휴대전화의 일정표를 살핀다) 다음 주 금요일은 오전 근무만 하는 날이야. 그날 오후를 써볼 수 있을 것 같아.

💬 좋아. 그럼 지금 캘린더에 그 시간을 먼저 잡아볼까?

💬 잠깐만…. (캘린더에 금요일 2시부터 7시까지 다섯 시간을 잡는다) 근데 혹시 내가 혼자서 보내기 좋은 공간으로 호가 추천하고 싶은 곳이 있어?

💬 음, 그래서 오늘 이곳으로 오자고 한 거야.

💬 여기 책방에?

💬 지금 우리가 있는 서점은 4층인데, 한 층을 내려가면 '혼자만의 서재'라는 공간이 있어. 비용이 약간 들기는 하지만 거기에 있는 책들을 자유롭게 읽을 수 있고, 무엇보다 창가에서 다리를 쭈욱 뻗고 앉아 이런저런 생각을 하기는 딱 좋은 공간이야. 아니면 요즘은 조용한 카페가 많으니까, 편안하게 느끼는 곳에서 혼자만의 시간을 가져도 좋을 것 같아.

💬 그래 좋아. 근데, 호. 다섯 시간 동안 도대체 뭘 해야 할까? 그냥 생각만 할 수는 없잖아. 코치로서 좋은 제안이 있어?

💬 하, 적절한 타이밍의 질문이네. 세 가지를 해볼 수 있지. '뒤를

돌아보기', '내 욕망을 들여다보기' 그리고 '나의 끝 그림을 살펴보기'. 바로 3~5장의 주제야. 우선 다음에 만나면 뒤를 돌아보는 것부터 하나씩 이야기해보자.

3장

미래를 꿈꾸려면
내 직장생활을 돌아보자

"정말 원하는 것을 내가 알고 있는가? 내가
정말 행복한 것을 내가 알고 있는가? 나는
그것을 하고 있는가? 그것을 하기 위해서 잘
걸어가고 있는가?"

38세, 온라인 팀장

💬 안녕, 호! 오늘 나는 이 동네에 조금 일찍 도착해서 산책을 했어. 이곳은 내가 학교 졸업 후 처음 직장생활을 시작한 동네거든. 그때 점심 먹던 식당은 아직 있고, 내가 자주 가던 카페는 아쉽게도 문을 닫았어. 하지만 이 카페는 그 당시에도 있었던 곳이야. 거의 몇 년 만에 와보는 것 같아.

💬 그래. 나도 얼마 전 내가 처음 직장생활을 시작했던 동네에 가봤는데 기분이 좀 묘하더라고. 첫 직장에 대한 여러 생각도 떠오르고. 그래서 오늘은 보람이 첫 직장생활을 시작한 이곳 가회동에서 보자고 한 거야. 우리가 운전하면서 가끔 거울을 통해서 뒤를 바라보잖아? 뒤를 바라보는 이유는 뒤로 가기 위해서가 아니라 적절하게 노선을 변경하면서 앞으로 잘 나아가기 위해서지. 마찬가지로, 직장인에서 직업인으로 '노선'을 갈아타기 위해서는 뒤를 돌아보는 것이 중요해. 오늘은 보람이 뒤, 그러니까 과거를 돌아보는 시간을 가질까 해. 3장의 원포인트 코칭 질문은 이거야.

**지금까지 직장생활에서 그 과정을 즐겼고,
여러 난관이 있었지만 높은 에너지를 유지하면서 일했던,
그리고 결과도 만족할 만했던 장면 10가지를 적을 수 있는가?**

💬 10가지라… 듣기만 해도 이번 질문은 어려울 것 같은데. 일단 10가지를 다 채울 수 있을지도 모르겠어.

💬 직장인에서 직업인으로 변화하기 위한 아주 중요한 질문이야. 내 마음속의 진실을 들여다보고 끄집어내서 이야기하는 게 매우 중요하거든. 직업을 찾으려면 자신에게 솔직해야 해. '나는 과연 무엇을 할 때 가장 에너지가 넘치고 재미났는지' 곰곰이 생각해보면서 이번 장을 읽어보면 좋겠어.

○

　"매일매일 눈앞의 일에만 코를 박고 달리다가 눈을 들어보니 지금 내가 어디로 달리고 있지?" 오랫동안 알고 지내던 40대 직장인에게 미래에 대한 고민과 관련한 메일을 받은 적이 있다. 당시 이 지인은 자신의 미래를 설계하고 싶어 했다. 이처럼 미래에 대한 방향을 세우면서 내가 정말 무엇을 좋아하고 잘하는지를 찾아내는 방법은 과거를 살펴보는 것이다. 과거를 살펴보다 보면 나를 더 잘 이해할 수 있다. 마치 투표할 때도 정치인의 공약을 보는 것보다 과거에 어떤 일을 해왔는지를 보면 그를 더 잘 이해할 수 있는 것처럼. 먼저 가까운 역사에서부터 출발해 조금씩 더 멀리 가보자.

리액션하지 말고 액션하라

매년 연말에 받는 인상적인 엽서 한 장이 있었다. 미국인 사업 파트너였던 그는 연말이면 한 해 동안 자신에게 있었던 10가지 추억에 나름의 순위를 매겨 엽서를 보내곤 했다. 그 엽서에서 아이디어를 얻어 나도 2014년부터 '그해 간직하고 싶은 기억 10가지'를 시작했다. 문구점에 가서 33cm×24cm짜리 작은 캔버스를 사서 10칸으로 나누고 그해 일어난 의미 있는 일들을 글과 그림으로 기록했다. 지금도 연말이면 나는 아내와 지난 한 해를 돌아보면서 10가지 뉴스를 꼽는다.

연말 휴가는 보통 가까운 일본에서 보내곤 하는데 캔버스와 사인펜을 들고 간다. 아내와 카페에 앉아 따뜻한 차와 달달한 케이크를 시켜놓고 우리에게 올해 있었던 좋은 일들이 무엇인지 10개를 골라내고 어설프지만 하나씩 그려나가는 과정은 가장 즐겁고 뜻 깊은 우리만의 연말 의식ritual이 되었다. 이렇게 그린 10대 뉴스는 집에 들어오면 가장 잘 보이는 정면에 놓여 있다. 지난 몇 년간 그려놓은 캔버스를 바라보면서 깨닫게 되는 것이 있다.

첫째, 직장인의 삶은 매일 '리액션reaction'의 연속이다. 상사와 고객의 요청에 대응하다 보면 어느새 날은 어둑해지고, 지친 몸을 이끌고 잠을 자기도 짧은 나날의 연속이다. 이런 리액션으로 사는 삶의 밀도가 높아질수록 '리플렉션reflection', 즉 성찰하는 시간은 더 중요해진다. 투자의 귀재 워런 버핏Warren Buffett은 매일 다섯 시간에서 여섯 시간씩 독서를 하면서 성찰의 시간을 갖는다고 한다. 성찰을 하게 되면 무엇이 좋을까? 버핏은 "더 읽고 생각할수록 업계에 있는 대다수 사람이 저지르는 충동적 결정을 덜하게 된다"라고 말한다.[19] 내가 고객에게 조언하는 것 중 하나가 "리액션하지 말고 액션하라"는 것이다. 리액션은 생각 없이 자동적으로 반응하는 것을 의미한다. 반면 액션은 원칙이 무엇인지 생각해보고 전략적으로 실행하는 것을 의미한다. 나에게 맞는 직업을 찾아내는 작업은 리액션보다 액션을 통해야 하지 않을까?

한 해를 돌아보는 의도적인 나 혼자만의 시간을 연말에 여섯 시간만이라도 만들어보면 어떨까? 연말이 아니라도 좋다. 작년의 10대 뉴스 혹은 올해 상반기의 10대 뉴스를 꼽아보는 것은 어떨까? 흔히 언론사에서 진행하는 10대 뉴스에는 안 좋은 소식이 많이 포함되지만, 여기에서 말하는 10대 뉴스는 내가 성취하거나 의미 있는 진전이 있었던 일, 힘들었을지 몰라도 그 극복 과정이 보람되고 뿌듯했던 일을 중심으로 작성해보자(내 경우에는 이 책을 쓰는 과정이 예상보다 힘들었다. 하지만 이를 극복하고 책이 나오면 정말 뿌듯한 기쁨을 느낄 것이다).

둘째, '미래의 기억Memory of the Future'을 만들어보는 것도 의미가 있다. '올해 최고의 10가지 순간'이 지금 시점에서 과거의 기억을 중심으로 만드는 것이라면 '미래의 기억'은 미래의 특정 시점을 정해놓고, 그곳으로부터 과거를 돌아보는 것이다. 2007년에 고故 구본형 작가(1954~2013년)가 진행하는 캠프에 들어가 2017년이 되었다고 가정하고 지난 10년 동안(2007~2017년) 돌아보고 싶은 10가지 장면을 만든 적이 있다. 미리 그려보았던 그 10가지 장면은 그 기간 내 삶의 방향을 잡는 데 좋은 영향을 끼쳤다. 5년이 지났을 때, 캠프에서 함께 10가지 장면을 만든 사람들이 모여 지난 시간을 돌아보는 모임을 하기도 했다. 내 경우에는 연말에 캔버스 앞면에 그해의 10가지 장면을 그린 뒤, 뒷면에는 새해에 내가 원하는 10대 뉴스를 적어본다. 만약 이 책을 읽는 시점이 여름이라면 하반기를 상상하면서 올해에 자신이 원하는 10대 뉴스는 무엇일지 생각해보자. 이렇게 되면 이미 봄과 여름에 진전을 이룬 것과 함께 남은 가을과 겨울에는 무엇에 우선순위를 두고 시간과 에너지를 쏟아야 할지 보다 명확한 그림을 그릴 수 있다.

셋째, 사람이 늘 행복할 수만은 없다. 인사평가 결과가 기대에 미치지 않을 수도 있고, 때로는 슬프거나 외롭게 보내는 경우도 많다. 임상심리학자 가이 윈치Guy Winch는 '소셜 스낵social snack'이란 개념을 소개한다.[20] 무언가 성취했을 때 사람들이 내게 해주었던 기분 좋은 말, 내게 큰 힘이 되었던 누군가의 칭찬이나 다정한 말, 좋아하는 사람과 즐거운 시간을 보냈던 기억 등은 마음이 힘들 때 힘이 되어주는 소셜 스낵이다. 올해 혹은 지금까지 살아오면서 내게 소셜 스낵이 될 만한 기억이나 장면은 무엇이었을까?

넷째, 성찰의 시간을 갖다 보면 내게 남은 시간이 그리 많지 않다는 것도 깨닫게 된다. 우리는 흔히 '기대수명'을 보며 나에게 얼마나 시간이 남아 있는지를 생각한다.

통계청에 따르면 여성은 86세, 남성이 80세다. 하지만 이보다 더 중요한 것이 건강하게 살 수 있는 기간이다. 기대수명에서 병원을 오가며 보내는 유병 기간을 빼고 남은 기간이 여성은 65년(76%), 남성이 64년(80%)이다.[21] 전반적으로 기대수명이 늘어난 반면 건강하게 살 수 있는 기간은 줄어들고 있다.[22]

몇 년에 걸쳐 리스트를 만들다 보니 내 삶에서 중요한 것이 무엇인지도 깨닫게 된다. 나의 경우, 더 많은 책을 읽고 쓰는 것이 중요한 부분이다. 매년 빠지지 않고 들어가는 항목은 아내와의 여행이다. 이 점을 깨닫자 우리는 여행을 미루지 말자고 했고, 여행을 위한 저축을 하면서 60대까지 다니고 싶은 지역을 선별하여 역시 캔버스에 모두 적어넣었다. 집에서 함께 요리를 하고 밥을 먹는 것도, 출퇴근을 함께하는 것도 늘 추억의 항목에 올라간다. 리스트를 만들다 보면 직장에서의 성취 말고도 삶에서 성취하고 싶은 중요한 것이 많음을 알게 된다 (이런 작업 과정을 통해 정리한 것이 1장에 나오는 여덟 가지 욕망이다).

나는 나를 잘 알고 있는가?

'난 거울 속에 보이는 그 사람부터 시작하려 해. 그에게 방식을 바꿔보라고 이야기해. 어떤 메시지도 이보다 명확할 수는 없지. 세상을 더 좋은 곳으로 만들고 싶다면, 먼저 너 자신을 바라봐. 그리고 바꿔봐.' 마이클 잭슨Michael Jackson의 명곡 〈맨 인 더 미러Man in the Mirror〉의 가사 일부다.

이 노래를 인용하는 이유가 있다. 우리는 인공지능과 같은 세상의 최신 변화를 바라보며 걱정한다. 성공한 사람들의 기사를 읽으며 나는 뒤처져 있다고 느끼며 불안해한다. 자신에 대해 좀 더 이해해야겠다는 생각은 하지 않으면서 세상의 변화에 대해서만 관심을 갖고 걱정을 한다. 이런 장면은 마치 기업에서 시장의 트렌드 변화나 경쟁사 분석은 하면서 자사 제품이나 서비스에 대한 분석은 하지 않고 걱정만 하는 모습처럼 보인다.

가장 중요한 것은 '거울'을 통해 나를 바라보고 이해하는 작업이다. '창문'을 통해 바깥세상의 변화를 아는 것만으로 내게 나아지는 건 없다. 패션의 유행이 무엇인지를 창문을 통해서 알게 되는 것과는 별개로, 내게 어울리는 옷이 무엇인지 골라내기 위해서는 거울을 들여다봐야 하는 것처럼. 옛말에 '적을 알고 나를 알면 백전백승'이라는 말도 있지만 세상의 변화뿐 아니라 나를 제대로 이해하는 작업은 필수적이다. 세상의 변화는 책이나 강연을 통해 읽어낸다고 치면 나를 읽어낼 거울은 어디에서 찾을 수 있을까? 두 가지 거울이 있다.

주관적 거울은 혼자만의 시간을 통해 나는 어떤 사람인지를 생각하고 적어보는 것이다. 자기의 역사를 글로 적어보면서 자신을 있는 그대로 바라보는 것이다. 앞서 말했던 것처럼 거울은 내가 잘생겼다, 못생겼다고 판단하지 않는다. 그저 내 모습을 있는 그대로 비춰줄 뿐이다. 그 과정에서 나는 어린 시절 무엇을 좋아하고 싫어했는지, 나는 어떤 걱정을 가진 사람인지, 내가 처한 상황은 무엇인지를 살펴볼 수 있다.

지문처럼 사람은 자기만의 색깔과 모습을 갖고 있다. 하지만 직장생활을 하면서 우리는 커다란 조직의 일원, 상사의 지시를 받는 부하, 어느 부서의 어느 직책을 가진 사람으로 바라본다. 누구에게 보여줄 일도 없이, 걱정 없이 그저 자기 삶에 거울을 들이대고 기억에 의존해 내가 어떤 사람인지를 적어보는 것은 나를 이해하는 데 도움을 준다. 이렇게 적어보도록 하는 것은 자신이 쓴 글 여기저기, 즉 내 삶의 이 모습, 저 모습을 보다 보면 내 삶의 단편들이 연결되면서(이런 것이 스티브 잡스가 스탠퍼드대학 졸업 축사[23]에서 말한 '커넥팅 더 닷츠'일 것이다) 나를 새롭게 이해하는 데 도움이 되기 때문이다. 내 경우에는 대학을 졸업할 때까지 좋은 선생이 되고 싶었다. 그러다 직장을 들어가서 커뮤니케이션 컨설팅을 경험했다. 이 두 가지가 연결되면서 내 직업은 고객이 더 잘 커뮤니케이션할 수 있도록 도움을 주는 코치가 되었다. 돌아보면 내 욕망은 꼭 선생이라기보다는 누군가의 성장을 돕는 사람이었다는 생각을 해본다. 코치라는 직업을 몰랐을 때는 선생이라는 직업만이 내 눈에 들어왔던 것이다.

자신의 역사를 적어보는 것이 막막하다면 우선 객관적 거울을 통해 나를 이해하는 것도 도움이 된다. 각종 진단 도구를 활용해 나를 보다 객관적으로 이해해보는 것이다. 시중에는 몇만 원에서 몇십만 원에 이르기까지 다양한 진단 도구가 나와 있다.

하지만 회사에서 시키면 어쩔 수 없이 이런 검사에 참여하지만, 자신이 직접 찾아서 이런 검사를 하는 것에 부담을 느끼는 사람도 있다.

그 이유는 '나는 내가 가장 잘 알아'라는 태도를 가지거나 '나를 이해하기 위한 검사에 굳이 이런 돈을 쓸 필요가 있을까?'라는 생각이 들기 때문이다. 두 가지를 생각해보자.

첫째, 나에 대해 내가 잘 안다면 내가 삶과 일에서 욕망하는 것이 무엇인지에 대해 답을 갖고 있을 터이다. 그렇다면 굳이 이런 검사를 할 필요가 없다. 물론 이런 검사가 답을 직접적으로 찾아주지는 않지만, 자신을 이해하는 방법과 자신도 알지 못하던 자기 모습을 알려주는 힌트를 줄 수 있다. 실제 대학생 20명을 대상으로 한 사례 연구에서 업무 선호도work preference에 대한 진단검사와 이에 대한 결과 해설을 듣고 토론하는 것만으로 참가자 모두 자신에 대한 이해도가 높아졌다고 했다. 이 과정에서 자신이 그동안 부모의 기대에 따라 자신의 취업 선호도를 맞추고 있었다는 사실을 깨닫고 새로운 직업 목표를 발견하게 된 학생도 있었다.[24]

둘째, 내가 아는 내 모습과 남이 아는 내 모습이 어떻게 다른지를 알고 있는가? 이 간극에 대해 '남들이 보는 내 모습은 가짜야!'라고 생각할 수 있겠지만, 결국 직장생활을 하고, 사람들과 소통할 때 내가 겪는 현실은 남들이 보는 내 모습이기 때문이다. 남들은 내가 보는 '나'가 아닌 전혀 다른 모습을 볼 수도 있다. 이 간극을 이해하지 못한다면 우리는 리더십 발휘나 조직 생활에서 많은 것을 놓칠 수 있다.

나는 40대를 마무리하며 제3의 기관에 의뢰하여 나를 잘 아는 직장 동료, 친구, 아내 등 12명에게 나에 대한 진단을 부탁한 적이 있다. 이 작업을 통해 내가 생각하는 나와 남들이 보는 나 사이에는 어떤 간극이 있는지, 내가 보지 못하는 나의 장점이나 개선점은 무엇인지를 살펴볼 수 있었다. 마흔을 시작할 즈음에는 '내마음보고서'라는 진단을 받아보기도 했다. 이 진단 결과들은 지금도 가끔 들여다보면서 자신을 이해하는 데 도움을 받곤 한다. 그런데 이런 진단을 받는 경우, 대부분 어떤 점에서 자신과 잘 맞는지 신기해하면서("맞아 맞아. 나 진짜 이래"라고 말하면서) 결과지를 보고는 끝내는 경우가 많다. 이러한 진단 결과를 제대로 이용하는 방법에 대해 잠시 생각해보자. 결과지를 읽다 보면 자신의 특성을 정말 잘 맞혔다고 생각되는 부분이 있는가 하면, "어 내가 이런가?" 하며 의외라고 생각되는 부분이 있다. 이런 의외의 부분은 안 맞는 부분일 수도 있지만, 내가 보지 못한 나의 특성을 드러내는 힌트가 될 수도 있다. 이러한 진단 결과를 보면서 개인 삶의 역사와 연결 지어 생각해보는 것이 중요하다.

예를 들어보자. 많은 심리진단에서 사용하는 척도 중에는 외향적extrovert과 내향적introvert 선호도에 대한 진단이 들어간다. 다음 그림은 업무 선호도를 평가하는 TMP(Team Management Profile)라는 진단 도구를 이용하여 내가 참여해본 결과이다. 이 결과를 보면 내향적인 점수가 26점, 외향적인 점수가 18점으로 나온다. 이때 많은 사람이 "맞아, 난 내향적이야"라고 결론을 내리고는 끝내는 경우가 많다. 하지만 한 걸음 더 들어가서 생각해보면 이 결과의 진짜 의미는 어떤 상황에서는 내향적인 특성이 드러나는 반면, 어떤 상황에서는 외향적인 특

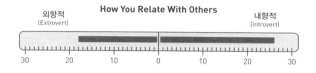

TMP 진단을 통해 나온 결과의 예

성이 드러난다는 것이다. 내 경우 사교 모임 등을 그다지 즐기지 않는 다는 점에서, 말하기 전에 생각을 다듬는 편이라는 점에서는 내향적이 다. 하지만 다양한 종류의 일을 즐긴다는 점에서, 때로는 충동적일 수 있다는 점에서는 외향적 성향이 드러난다. 그래서 나는 한 기업 내부 소속으로 제한된 범위의 프로젝트를 하는 것보다는 외부에서 다양한 기업을 대상으로 프로젝트를 하는 것을 선호한다. 이처럼 사람은 다양 한 상황에서 다른 모습을 보여줄 수 있기 때문에 타인은 물론 나 자신 에 대해 생각할 때 '외향적(내향적)인 사람extrovert/introvert person'이 라는 표현을 쓰면서 단정적으로 대상을 틀에 가두기보다는 '외향적(내 향적) 선호도를 가진 사람person with extrovert/introvert preference'이라 는 표현을 쓰는 편이 자신을 더 정확하게 판단할 수 있다. 이렇게 읽어 내고 나서는 자신이 살아오면서 주로 어떤 경우에 외향적이거나 내향 적이었는지를 돌아보아야 한다. 그런 에피소드가 있다면 이를 적어볼 수도 있다. 이렇게 진단 결과를 '두껍게' 읽어내는 과정에서 자신에 대 한 이해도가 더 높아질 수 있고, 자신의 장점을 찾아내는 데 도움을 받 을 수 있다.

세상의 변화를 이해하기 위해 우리는 여러 권의 책이나 자료를 읽어보고, 때로는 강연도 듣는다. 나를 이해하기 위해서도 여러 도구와 혼자만의 글쓰기, 그리고 돌아보기 위한 나만의 시간이 필요하다. 세상과 남의 이야기는 잠시 미루어놓고, 내 삶이라는 '박물관'에는 어떤 발자취가 있는지 살펴보자. 거울을 봐야 나만의 것을 찾을 수 있다.

Side Note 4 **전문적인 진단 도구**

위에서 예로 든 TMP는 네가지 영역(타인과의 관계extrovert/introvert, 정보 수집과 사용practical/creative, 의사결정analytical/belief-based, 조직화structured-flexible)의 설문 분석 결과를 기반으로 8가지 업무 선호도를 측정하는 도구로, 참여자가 잘하는 것보다는 좋아하는 유형을 찾도록 도와준다.

자문 advising	정보를 모으고, 제공하고, 모범 사례(best practice)를 찾아보는 것 등을 좋아하는 유형
혁신 innovating	업무를 수행하는 방식에 대해 "이것이 반드시 최선의 방식일까?"와 같은 의문을 가져보고 업무 혁신을 좋아하는 유형
홍보 promoting	업무의 가치를 내외부에 알리고 홍보하는 것을 좋아하는 유형

개발 developing	고객이나 이해관계자의 필요를 조사하여 이에 맞추어 업무 계획에 통합하는 업무를 좋아하는 유형
조직 organizing	전체 자원의 배분과 조직화 업무를 좋아하는 유형
생산 producing	업무의 효과성·효율성을 바탕으로 생산·실행에 관심이 있고 이런 업무를 좋아하는 유형
검사 inspecting	제품과 서비스의 품질에 문제는 없는지 정기적으로 검사하고 조치를 취하는 업무를 좋아하는 유형
유지 maintaining	조직의 업무 수준과 절차를 확인하고 유지하는 업무를 좋아하는 유형

이 도구의 설문 참여는 한국어로 가능하지만, 진단 리포트는 영어로 제공된다는 단점이 있다. 이외에도 국내에 다양한 진단 도구가 소개되어 있다. 많은 사람이 이용하는 대표적인 진단 도구로는 MBTI(Myers Briggs Type Indicator)를 떠올리게 된다. 나 역시 이전 직장에서 세 번에 걸쳐 진단을 받아본 적이 있으며, 전 세계에서 가장 많이 사용하는 도구이기도 하다. 하지만 MBTI에 대해 심리학자들은 부정적 견해를 밝혀왔다.[25] 여기에서는 필자가 실제 참여해본 또 다른 두 가지 진단 도구를 소개한다.

'내마음보고서'(mindprism.co.kr)와 태니지먼트(tanagement.co.kr)의 '강점 리포트'다. 내마음보고서가 심리적으로 나에 대한 이해를 높이는 데 중점을 둔다면 태니지먼트(talent와 management의 합성어라고 한다)의 강점 리포트는 욕구와 재능, 강점과 태도를 보여준다. 사이트에 방문하여 설명을 읽어보고 본인이 관심 가는 진단에 참여해보는 것을 권한다. 그리고 가능하다면 리포트를 받은 뒤, 진단처에서 제공하는 워크숍이나 전문가와의 1:1 면담 등을 통해 자신을 보다 깊이 있게 돌아보는 데 도움을 받아볼 것을 추천한다. 본인이 괜찮다면 신뢰하는 주변 사람에게 자신의 리포트를 보여주거나 요약하여 설명한 뒤, 그들의 의견과 관찰, 느낌을 들어보는 것도 도움이 된다.

나에 대해 돌아보고 쓰는 것이 막막할 때

앞서 내 삶의 역사를 글로 쓰는 것의 중요성에 대해 이야기했다. 하지만 막상 노트를 펴거나 컴퓨터를 켜놓고 나면 어떻게 해야 할지 막막할 것이다. 어떻게 해야 할까? 일본의 지식인으로 잘 알려진 다치바나 다카시立花隆에게서 힌트를 얻을 수 있다.[26]

첫째, 제일 간단한 형태는 자기 삶의 역사 연표를 만들어보는 것이다. 엑셀과 같은 프로그램을 이용하는 것이 좋다. 가장 간단하게 만들 수 있기 때문이다. 첫 번째 칸에는 연도를 올해(최근 것)부터 태어난 연도까지 위에서부터 아래로 열거하고, 두 번째 칸에는 각각의 연도에 맞추어 내 나이를 적어본다. 여기가 출발점이다. 그리고 세 번째 칸에는 내 삶에서 벌어졌던 의미 있는 사건들을 기억나는 대로 먼저 적어본다. 당장 처음에는 언제 학교를 들어가고 졸업했는지, 언제 직장에 들어가서 승진하고 퇴직했는지 쉽게 적어넣을 것이다. 이렇게 기본적인 것을 적고 나면 내 삶에서 경험했던 의미 있는 사건을 떠올려본다. 어떤 프로젝트를 성공적으로 완수하여 인정을 받았는지의 기억도 찾아서 적는다. 어떤 실수나 실패가 있었던 기억을 적어넣을 수도 있다. 이런 경우 비고란을 만들어서 그 실수나 실패로부터 늦게라도 배운 점이 있다면 무엇인지 적어보는 것이 좋다. 역사를 돌아보는 것이 중요한 이유는 같은 실수나 실패를 반복하지 않고, 잘한 점은 더 발전시켜 나갈 수 있기 때문이다.

세 번째 칸이 내 삶에서 벌어진 일이었다면 네 번째 칸에는 나보다 큰 우리 사회와 세상에서 벌어진 일을 적어본다. 이때는 역사 연표에 의존하여 자신에게 의미가 있었던 역사적 사건을 넣는다. 예를 들어, IMF 위기는 당시의 한국 사람이라면 누구에게나 큰 영향을 미쳤다. 내 경우에는 미국 유학을 가서 석사 과정을 마치고 박사 과정을 막 시작했을 때였다. 하지만 환율이 2배 이상 오르자 도저히 유학 비용을 감당하기 힘들다고 판단해 휴학하고 한국에 돌아오기로 결정했다. 2020년 코로나바이러스는 전 세계에 영향을 받지 않은 사람이 없을 정도로 큰 영향을 미쳤다. 하지만 그 안에서도 각자의 상황에 따라 미쳤던 영향의 정도나 방향에는 차이가 있다. 내 경우에는 많은 고객사 워크숍을 취소하거나 연기해야 했다. 이처럼 각자의 삶에 영향을 끼친 역사적 사건이 존재한다. 혹은 그 시절 자신이 좋아했던 영화나 음악 등의 분야에서 있었던 사건을 적을 수도 있다. 어떤 영화나 책, 음악이 히트했던 해를 표시하는 것이다. 이처럼 세상의 변화를 적어보는 이유는 바깥세상의 변화를 적어가다 보면 자연스럽게 자신의 삶에서 일어났지만 기억하지 못하던 사건을 떠올릴 수 있기 때문이다. 이를 통해 자신의 삶이 세상의 변화에 따라 어떻게 달라졌는지 살펴볼 수 있다.

연도	나이	내 삶에서 벌어졌던 사건들	세상에서 벌어졌던 사건들	참고
20xx				
20xx				

내 삶의 역사 연표

둘째, 에피소드다. 이제 엑셀로 만든 연표의 보조판을 만들어보자. 연표를 만들다 보면 내 삶에서 떠오르는 짧막짧막한 에피소드들이 있다. 여러분이 에피소드를 떠올리는 데 도움이 되기 위해 몇 가지 예를 들어보자.

- 직장에서 내게 좋은 영향을 주었던 선배와의 만남
- 내 삶에서 지금까지 가장 중요한 친구와 가장 기억에 남는 경험
- 가장 흥미로웠던 강의나 교육 프로그램
- 내게 좋은 리더란 무엇일지에 대해 고민하게 했던 후배
- 가장 기억에 남는 여행

- 내가 책임을 지고 주도했던 일 중 가장 좋았던 것
- 내가 차별을 받았다고 느꼈던 경험
- 가장 기억에 남는 누군가와의 대화 장면
- 가장 힘들었던 그리고 의미가 없었다고 생각한 프로젝트
- 내 인생 최대의 위기 혹은 내 커리어 최대의 위기
- 힘들었지만 보람이 있었고, 성장했다고 느낀 프로젝트
- 가장 기억에 남는 책이나 영화를 보았던 때
- 내 인생 최대의 실수
- 누군가에게 들었던 최고의 칭찬

이러한 에피소드를 정리해보자. 이때 어린 시절부터 지금까지 찍었던 사진, 일기장이나 메모, 소지품 등이 도움이 될 수도 있다. 기억의 창고에 두었던 이런 물건을 꺼내어 기억을 떠올려보자. 이러한 에피소드는 이후 자신의 개인기를 찾아내는 데 중요한 단서가 된다.

셋째, 인간관계 클러스터맵cluster map(비슷한 무리를 모아가면서 구분을 지어보는 것)을 작성해보자. 우리는 삶의 각 단계에서 여러 사람과 영향을 주고받는다. 과거부터 지금까지 내 삶에 영향을 주었던 인물은 어떤 사람이었는지 도표로 정리해보자.

- 내가 일해온 분야에 들어올 때 영향을 주었던 인물은 누구인가?
- 내가 성장하는 데 가장 큰 힘이 된 사람은 누구인가, 혹은 나를 가

장 힘들게 했던 사람은 누구인가?

- 내가 함께 일해보았던 사람 중 최고의 선배, 동료, 후배, 고객은 누구인가?
- 내게 좋은 기회나 정보를 제공했던 사람은 누구인가?
- 힘들 때 내 이야기를 잘 들어주었던 사람은 누구인가?

넷째, 자신의 역사를 다 쓰고 나면 후기를 쓴다. 다치바나는 편지의 추신처럼 자신의 역사를 쓰고 나서 추가하고 싶은 이야기를 자유롭게 적으라고 한다. 후기는 역사를 쓰면서 내가 느꼈던, 역사를 쓰는 과정이 나에게 의미한 바를 적는 것이다.

이렇게 자신의 과거를 깊이 있게 자신만의 방식으로 살피다 보면 이 작업은 자연스럽게 미래의 역사로 연결된다. 5년 단위로 미래에 내가 하고 싶은 일은 무엇인지 적어보자. 미래의 역사를 쓰다 보면 내게 남아 있는 시간, 특히 경제생활을 하거나 건강하게 움직일 수 있는 시간이 생각보다 많지 않다는 것을 알게 된다.

다치바나의 수업에는 50세 이상만이 들어갈 수 있었다고 한다. 하지만 나는 나이와 상관없이 자신이 무엇을 좋아하고 잘 하는지 잘 모르겠다는 사람에게, 당장 직장에 다니면서 일을 하고 싶지만 자신이 하고 싶은 직업적 욕구가 무엇인지 모르겠다는 사람들에게 그의 방법론을 써보라고 권한다.

'나'라는 소설의 주인공 - 정유정 작가의 질문

"이 작자는 기지도 못하면서 날려 든다."

정유정 작가가 첫 신춘문예에서 받았던 심사위원 평가였다. 작가도 아니고 작자라고 평을 했다니. 이로 인해 정유정 작가는 마음고생을 심하게 했단다. 정유정 작가가 자신이 소설을 쓰는 방법에 대해 말한 인터뷰를 읽으면서 생각했다.[27] 우리 삶도 하나의 이야기이고 소설이 아닌가. 그런 면에서 '삶'이라는 이야기는 어떻게 써나가야 할지 생각해봤다. 내용 중 가장 눈길을 끈 것은 《스토리》의 저자이자 전 세계에서 스토리 세미나를 진행하는 로버트 매키Robert McKee가 제시한 질문을 정유정 작가가 나름대로 체화하는 대목이었다. 그는 여섯 가지 질문을 던져서 답한 뒤에 소설을 쓰기 시작한다는데, 특히 두 가지 질문이 중요하게 다가왔다.

첫째, 등장인물은 어떤 사람들인가? 정유정 작가는 이를 "인물의 카탈로그"라고 표현했다. 나의 삶, 직장생활에 등장하는 사람은 어떤 사람들인가? 나의 성장에 도움이 되는 사람과 장애가 되는 사람은 누구인가? 여기에서 성장을 단순히 직장에서의 승진으로 생각하지 않았으면 한다. 나에게 좋은 정보와 기술을 공유해주는 사람, 나의 전문성을 개발하는 데 도움을 주는 사람, 내가 어려울 때 힘이 되어주는 사람, 나의 장점을 발견하고 칭찬해주는 사람, 아무도 나의 실수를 지적하지 않을 때 슬쩍 건설적 피드백을 주는 사람. 모두 나의 성장에 도움을 주는 사람들이다. 등장인물을 파악할 때 빠지지 말아야 하는 것은 주인공인 '나'에 대한 이해다. 앞서 이야기한 것처럼 자신의 삶의 역사에 대해 써보거나 심리진단 결과를 보며 자신에 대한 이해를 높일 수 있다.

둘째, 무엇을 원하는가? 욕망에 대한 질문이다. 누구나 다 아는 나의 드러난 욕망과는 별개로 나 자신도 깨닫지 못하는 숨겨진 욕망은 무엇인가? 정유정 작가는 행동과 활동을 구분했다. 활동은 먹고 마시는 것처럼 가치의 변화가 없는 움직임인 반면에 행동은 목적과 의지를 갖고 선택하는 움직임이다. 직장생활을 하다 보면 내게 주어지는 과제들에 압도되어 목적이나 의지를 갖고 선택하는 움직임(행동)을 자신도 모르게 줄여나가고, 가치의 변화가 없는 움직임(활동) 위주로 살고 있는 것은 아닐까? 정유정 작가는 활동이 아닌 행동이 이야기를 나아가게 한다고 했는데, 내 삶이라는 이야기를 나아가게 하는 행동을 나는 얼마나 하는가 질문을 던져보게 된다.

이 밖에도 정유정 작가는 욕망의 동기(그들은 왜 그것을 원하는가), 행동과 선택에 대한 질문(어떻게 그것을 성취하는가), 갈등과 장애물(그들을 가로막는 것은 무엇인가), 결과(어떤 일이 벌어지는가)에 대한 질문을 제시한다. 모두 우리 삶에 대입하여 생각해볼 만한 질문들이다. 소설의 주인공처럼, 자기 삶에서 주인공으로 살기 위해서는 자신의 욕망이 무엇인지 깨달아가는 과정이 필요하고, 그것이 직장에서 내가 하는 일과 어떤 연관이 있는지 살펴볼 필요가 있다. 어떤 사람은 자신의 욕망에 따라 조직 생활을 더 열심히 할 수도 있고, 어떤 사람은 안정된 조직을 떠나 돈과 자유시간을 맞바꾸기도 한다.

정유정 작가는 첫 신춘문예에서 모욕에 가까운 평가를 받고는 드러누웠다가 며칠 만에 일어나 소주를 사러 나갔고, 헌책방에서 스티븐 킹Stephen King의 《스탠 바이 미》를 발견하고는 소설에 대해 다시 공부하기 시작했다. 그리고 성공한 작가가 되었다. 정유정 작가의 최종 원고에는 초고가 10%도 남지 않는 경우가 많다고 한다. 초고란 결국 삶에서의 다양한 시도가 아닐까? 초고를 써놓고 수도 없이 보완하고 수정하면서 그 과정에서 조금씩 자기가 원하는 진짜 방향을 찾아 나가는 것처럼 우리 삶도 다양한 시도 속에서 비로소 자신만의 욕망과 삶을 찾아 나가는 것 아닐까?

지금까지 직장생활에서 그 과정을 즐겼고,

여러 난관이 있었지만 높은 에너지를 유지하면서 일했던,

그리고 결과도 만족할 만했던 장면 10가지를 적을 수 있는가?

💬 보람은 3장을 읽으면서 어땠는지 궁금해.

💬 책을 읽을 때 가끔 그렇지만, 특히 3장을 읽으면서 많이 멈췄던 것 같아. '나는 그동안 어떻게 살아왔나, 나의 직업적 경험은 어땠지…?' 그런 생각을 하느라.

💬 그 말을 들으니 저자로서 보람이 있네. 왜 그런가 하면 나는 이 책이 '창문'보다는 '거울'이 되었으면 하거든. 독자들이 책을 읽으면서 바깥세상보다는 자신을 더 잘 보고 이해할 수 있도록 만들어주는 그런 책 말이야. 혹시 자신에 대해서 더 잘 알게 된 부분이 있다면?

💬 기억나는 어린 시절부터 지금까지 무엇을 할 때 가장 에너지가 넘치고 재미있는지를 곰곰이 생각해봤어. 올해의 10대 뉴스가 아니라 내 삶의 10대 뉴스라고나 할까? 내가 처음 직장생활을 한 이 동네뿐 아니라 내가 다니던 대학 캠퍼스를 방문해보면 또 새롭게 생각나는 기억이 있을 것 같고, 오랜만에 과거의 사진이나 수첩 등의 기록도 살펴보고 싶어졌어.

💬 오, 좋아. 직장생활 이전의 추억도 생각해본 거네.

💬 맞아. 그 과정을 통해서 다른 것들도 있지만 나에 대해서 두 가지를 깨달았어. 성향 진단을 해보면 나는 늘 내향적인 것을 선호하는 사람으로 결과가 나왔고, 실제로도 사람들을 만나는 것보다는 혼자 있는 것을 좋아해서 그냥 '내향적 사람'이라고 스스로 규정해오고 있었거든. 근데 3장을 읽으면서는 상황에 따라 내향적일 때와 외향적일 때의 나를 구분할 수 있었어. 외향적인 내 모습을 새롭게 발견했다고 할까?

💬 오, 흥미롭네. 어떨 때 그래?

💬 나에 대해 더 잘 알게 된 두 번째 지점과 연결되는데, 지난번에 내 직업을 홍보인이라고 했는데, 생각해보니까 나는 학교 다닐 때부터 무엇인가를 기획하고, 팀을 꾸리고, 일을 추진하는 것을 좋아했더라고. 물론 책을 읽는 것도, 글을 쓰는 것도 좋아했고. 어쩌면 내 직업을 홍보인이라기보다는 기획자로 정의하는 게 더 좋지 않을까라는 생각이 들었어. 홍보인이라고 하면 내 역할이 한정되는데, 기획자라면 좀 넓어질 수도 있고.

💬 그래, 자신의 직업에 대한 정의를 다른 각도에서 생각해본 것은 아주 좋아.

💬 평소에는 사람들을 만나는 것을 아주 즐긴다고 할 수는 없는데, 내가 일을 기획하고 추진하는 과정에서는 과감할 정도로

모르는 사람을 찾아서 연락하고 설득하는 걸 열심히 하거든. 재미도 느끼고. 홍보 업무를 하다 보면 언론사 기자뿐 아니라 다양한 사람을 만나는데 그런 점에서는 외향적인 모습인 것 같아.

💬 실제 보람의 TMP 결과지를 보면 조직화하는 업무를 가장 선호하는 것으로 나와. 그 점은 방금 말한 것과도 일치하네. 그리고 보람이 내향적인 성향을 선호하기는 하지만, 외향적인 성향을 선호하는 점수도 적지 않은 편이야. 이 결과지를 보면 보람은 혁신적인 업무 역시 선호하는 것으로 나와.

💬 그게 무슨 뜻일까? 혁신적인 것을 선호한다는 게…. 왠지 혁신이라면 IT 직종에 어울리는 것 같은데, 홍보에서는 혁신에 대한 논의가 별로 없거든….

💬 일을 할 때, 과거 선배들이 하던 방식을 그냥 그대로 따라 한다기보다는 "이 일을 꼭 이렇게 하는 것이 최선일까?"라는 질문을 던진다는 거지. 실제 보람이 보기에는 어때?

💬 맞아. 그런 질문을 많이 던지는 편이긴 해.

💬 그렇군. 근데 내가 던지고 싶은 질문은 "보람은 혁신적인 것을 선호하는 성향을 지금 직장에서 충분히 발휘하고 있을까?"라는 거야. 지난번 보람의 상사와 함께 만나서 회의한 적이 있었잖아. 그때 내가 느낀 건데, 보람이 하고 싶은 말이나 의견이

있어도 그것을 무슨 이유 때문인지 몰라도 모두 이야기하는
것 같지 않았어.

💬 음, 그럴 수도 있어. 전 직장에서 내가 상사에게 이 일을 꼭 이
렇게 해야 하냐고 물었다가 혼난 적이 있거든…. 이전 직장보
다는 훨씬 자유로운 분위기인데 과거 경험 때문에 스스로 자기
검열을 하는 걸지도 모르겠어…. 다시 한번 생각해보게 되네.

💬 그래. 다음 장에서는 이에 대해서 한번 이야기해보자. 어떻게
하면 자기 자신의 욕망과 진실을 더 잘 알아차리고 표현하도
록 도와줄 수 있을지 말이야.

4장

내가 진짜로 원하는 걸 찾아내는 방법

"20대 때는 내가 이걸 좋아하는구나, 이런 일을 하는 것을 좋아하는구나 생각할 시간적 여유도 있고 스스로에 대해 생각할 시간이 많았던 것 같은데 나이가 들어서인지, 결혼해서인지, 애가 있어서인지는 모르겠지만 나에 대해서 생각한 적이 정말 없는 것 같아요."

초등학교 교사, 38세

💬 (손을 흔들며) 보람! 여기야!

💬 오늘도 카페에서 만나니 좋은데? 여기는 천장이 정말 높아서 시원하고 좋네.

💬 오늘은 내가 커피 쏠게.

💬 땡큐! 나는 카페라테.

💬 우유를 네 가지 중에서 고를 수 있다는데?

💬 네 가지나?

💬 응. 락토프리, 저지방, 오리지널 그리고 두유.

💬 난 그냥 오리지널.

(커피를 주문하고 자리에 앉는다)

💬 이 카페는 우유 취향이 유별나네.

💬 그렇지? 나도 처음 미국에 갔을 때 샌드위치 하나 시키는데, 빵 종류부터 치즈, 채소까지 일일이 다 물어봐서 어렵고 귀찮다고 느낀 적이 있어. 당시만 해도 한국에서는 튜나 샌드위치 하면 그냥 딱 한 종류였거든.

💬 맞아. 나도 심플한 게 편해.

💬 그런데 어떻게 보면 그게 꼭 좋은 것이 아닐 수도 있어. 헤이르트 호프스테더Geert Hofstede라는 문화연구 학자가 전 세계 주요 국가의 개인주의 정도를 측정한 적이 있는데, 미국 91,

독일 67, 일본 46 그리고 한국이 18로 나왔어.[28]

💬 정말? 미국이 우리보다 훨씬 높은 것은 이해가 가는데, 일본도 우리보다 2.5배 정도 높네?

💬 응. 우리는 대표적인 집단주의 국가인 셈이지. 그래서 이번 원 포인트 코칭 질문으로 이걸 묻고 싶어.

나는 주변 사람들이 욕망하는 것이 아닌
진정으로 내가 삶에서 그리고 직업에서 욕망하는 것을 아는가?

💬 개인주의에서는 개인의 의견이나 취향을 좀 더 중시하고, 물어보고, 존중해주는 문화가 있어.

💬 지금 카페에서 그냥 우유가 아니라 개인의 상황이나 취향에 맞추어 네 가지나 갖추고 있는 것처럼?

💬 맞아. 그래서 오늘 우리 주제는 개인의 욕망이야. 삶에서, 직업에서 내가 정말 원하는 걸 아는지에 대한 것이지.

○

"나는 언제부터 어른이었을까?"

법적으로 성인이 된 지는 수십 년이 지났지만, 나는 가끔 이 질문을 스스로에게 던져본다. 거절에 대한 연구를 하고 《나는 이제 싫다고 말하기로 했다》를 쓰는 과정에서 내게 가장 크게 다가온 질문이었다. 나이를 먹고, 투표에 참여하고, 신체적으로 성숙하고, 사회적·경제적으로 독립할 수 있는지에 따라 우리는 어른인지 아닌지를 판단한다. 이런 기준으로 보면 내가 어른인지를 따지는 것은 매우 쉽다. 하지만 나는 40대에도 한동안 내가 심리적으로 아직 어른이 아니었다는 결론을 얻게 되었다. 이는 내게 매우 아프면서도 중요한 발견이었다. 심리적 어른psychological adult이 될 때, 자신의 삶에서 진정한 리더십 발휘도 가능하다. 도대체 심리적 어른이란 무엇일까?

첫째, 자기 마음속의 진실을 알아차리는 능력이다. 마음속 진실이 무엇일까? 우리는 부모, 교사, 상사, 고객의 마음에 들기 위해 그들이 어떻게 생각하는지에 신경을 쓴다. 이렇게 하다 보면 우리는 그들과 만나고 소통을 하면서 내 감정이나 의견을 습관적으로 억누르거나 외면하게 된다. 그들을 기분 나쁘게 해봐야 내게 좋을 게 없다는 무의식적인 처세 공식을 갖고 삶을 살아가는 것이다. 사회심리학자 스탠리 밀그램Stanley Miilgram이 이야기하듯 우리는 '대리자적 자세agentic state', 즉 자율성 없이 윗사람을 만족시키는 사람으로서 자기 자신을 바라보게 된다. 이런 시간이 오래 지속되면(식당에서 자기가 먹고 싶은 것을 시키기보다는 함께 있는 사람들이 시키는 걸 따라 시키는 것처럼 내 삶을 살다 보면) 매 순간 자신이 무엇을 느끼고 있는지, 자신의 의견이 무엇인지를 모르게 되며, 더 심각하게는 삶에서 내가 원하는 것(욕망)이 무엇인지 모르는 상황이 되고 만다. 이런 상황일수록 우리는 스스로에게 '내가 정말 원하는 것이 무엇이지?', '나는 이 상황에 대해 어떻게 느끼고 있지?', '지금 솔직한 내 의견은 무엇일까?'라고 질문을 던져야 한다. 그리고 그 질문을 회피하지 말고 답해야 마음속 진실을 발견할 수 있다.

둘째, 심리적 어른은 자기 마음속의 진실을 상대방에게 제대로 전달할 수 있다. 전통적인 한국 사회에서는 어른과 눈을 마주치는 것도 예절에 어긋난다고 가르친다. 이런 문화에서는 눈을 똑바로 뜨고 부모나 교사, 상사나 선배에게 의견을 제시하는 것을 버릇없는 행동, 권위에 대한 도전이라 여겨왔다. 심리적 어른의 핵심은 자신의 생각과 의견, 감정을 자기보다 '힘이 센' 사람에게도 전달하는 능력이다. 자기주장을 하지 않고 얌전히 있는 것을 '착하다'(실은 착한 게 아니라 솔직하지 못한 것이다)고 생각해온 사람들은 이제는 이런 콤플렉스에서 벗어날 때가 되었다(나 역시 그랬다).

셋째, 심리적 어른은 상대방에게도 자신의 마음속에 있는 이야기를 끄집어내도록 질문을 던진다. 리더십에서 듣기가 중요하다고 말하는 것과 연결되는 지점인데, 보통 회의나 회식에서 혼자 대화를 독점하는 상사는 사실 심리적으로 성숙되지 않았을 가능성이 크다. 자기주장을 똑바로 하면서 상대방에게도 의견을 묻고 경청하는 사람과 그렇지 않은 사람 중에 누가 더 심리적으로 어른스러운지는 자명하지 않은가? 보통 리더십 커뮤니케이션에서 가장 중요한 요소로 꼽히는 어서티브 assertive(적극적인, 확신에 찬)란 단어는 흔히 어그레시브aggressive와 뚜렷하게 구별되는데, 후자가 자기주장만(종종 폭력적인 방식으로) 하고 남의 이야기를 듣지 않는 유형을 가리킨다면, 전자는 자기주장도 성숙한 방식으로 하지만 상대방에게도 자기 이야기를 할 기회를 주고 경청하는 유형을 가리킨다. 그런 측면에서 심리적 어른의 소통은 '어서티브'하다.

넷째, 심리적 어른은 거절당하는 것에 대한 맷집을 키워서, 거절당할까 두려워 일을 시도하지 않기보다 거절을 기본값으로 생각하고 삶에서 과감히 시도한다. '노력해서 되면 좋고, 안 되면 어쩔 수 없고!'라는 마음가짐이다.

마지막으로 앞서 살펴본 것과 같이 자신의 취약성과 마주할 수 있는 용기는 심리적 어른의 중요한 특징이기도 하다.

내가 하고 싶은 것이 무엇인지 욕망을 구체화하는 이야기를 심리적 어른에 대한 개념으로 시작하는 이유가 있다. 자신의 욕망을 알아차리고, 이를 구체화하는 작업은 심리적 어른으로 성장하는 데 매우 중요한 요소이기 때문이다.

Side Note 6	'되면 좋고 안 되면 어쩔 수 없고'가 가져다주는 기회

욕망에 대해 보다 솔직해지면서 나는 거절을 기본으로 삼게 되었다. 즉, 내가 누군가에게 10번의 요청(10번의 다른 요청을 말한다. 한 사람에게 같은 요청을 10번, 아니 두 번 이상 하는 것은 때로 폭력이 될 수 있다)을 하면 8~9번 거절을 받는 것이 당연하다고 생각하며, 한 번이라도 들어주면 행운이라고 생각하려는 것이다. 최근의 일이다. 고객사의 교육 담당자가 바뀌면서 인사차 첫 회의를 하게 되었다. 회의가 끝나갈 즈음 나는 고객사와 해보고 싶은 직업적 욕망을 솔직하게 이야기했다. 대략 이런 내용이었다.

"엉뚱하기는 하지만, 제가 최근에 갖고 있는 직업적 욕망이 있는데 말씀드려도 괜찮을까요? 저는 한국 내에서 다양한 글로벌기업을 위한 워크숍을 디자인하고 진행해온 경험이 있는데요. 몇 년 전부터는 해외, 특히 아시아 지역으로 활동 범위를 넓혀보고 싶은 욕망이 있습니다(정말 욕망이라는 표현을 썼다). 혹시라도 향후에 그런 기회가 있다면 저를 후보로 기억해주시면 감사하겠습니다."

그뿐이었다. 말을 하면서도 그런 기회는 오지 않을 것이라 생각했다. 그런데 정말 놀랍게도 반년이 지나지 않아 바로 그 담당자가 아시아에서 여러 나라의 매니저를 모아 워크숍을 진행하는 프로젝트를 맡게 되었고, 나를 기억해서 추천을 했다. 인터뷰를 거쳐 결국 나는 한국은 물론 대만, 싱가포르, 인도, 일본, 중국, 태국, 홍콩 지사의 매니저들을 모아서 방콕에서 3일간 워크숍을 진행하게 되었다. 지금도 가끔 '그때 회의에서 그 말을 하지 않았다면…' 하고 생각해본다. 그랬다면 그런 프로젝트가 있는지조차 알지 못하고 지나갔을 것이다. '되면 좋고 안 되면 어쩔 수 없고'라는 자세가 왜 필요한지 보여준 좋은 경험이었다.

나는 타인의 꿈을 꾸고 있는 것은 아닐까?

살다 보면 "나는 속물snob일까?"라는 질문을 종종 던지게 된다. 그런 관심에서 가장 흥미롭게 와닿았던 것은 사회학자 김홍중 교수의 속물에 대한 설명이었다.[29] 김홍중 교수는 속물주의와 프랑스의 문학비평가 르네 지라르Rene Girard의 '욕망의 삼각형'을 연결한다. 욕망의 구조는 주체 – 매개자 – 대상의 삼각형으로 이루어졌고 유명 소설의 주인공은 공통적으로 매개자, 즉 타자들의 욕망을 욕망하는 삼각형 구조에 갇혀 있다는 것이 그의 통찰이다. 김 교수는 이로부터 "과도하게 타자의 욕망을 욕망하는데, 자신이 무엇을 욕망하는지 알지 못하는 자"를 속물로 정의한다.

나는 내가 무엇을 욕망하는지 알고 있는가? 지금 내가 욕망하는 것이 진정 나의 욕망인가, 아니면 그저 주변의 직장인 동료나 친구들이 욕망하는 것을 따라서 욕망하고 있는가? 여기서 나는 엉뚱하게도 자기계발의 방향이 어떻게 바뀔지 아이디어를 얻었다. 과거 수많은 자기계발서는 남들이 욕망하는 것을 어떻게 내가 더 빨리 얻을 수 있는지에 대해 말해왔다. 좋은 학교에 가고, 대기업에 취업하고, 직장에서 더 높이 올라가고, 더 많이 받고(당연히 돈), 더 유명해지고. 직장생활을 20년 넘게 하고도 우리는 종종 '삶이나 일에서 정말 원하는 것이 무엇인가?'라는 질문에 답을 못 한다. 혹은 아예 이런 질문을 불편하게 느껴서 회피한다. 사치라고 여기면서.

남의 욕망을 욕망하다 보면 승진하지 못하거나, 억대 연봉자가 되지 못했을 때, 삶의 방향을 잃어버린다. 심지어 임원이 되고 억대 연봉을 받는 등 욕망을 이루고 나서도 갑작스레 회의감을 느끼는 순간이 온다. 나는 무엇을 위해 여기까지 왔는가 뒤늦게 자문하면서 말이다. 직장이 더 이상 우리 삶을 보호해주지 못하는 시대에 자기계발의 중요한 방향은 자신이 정말로 삶과 일에서 욕망하는 게 무엇인지 보다 일찍 알아차리는 것이다. 그렇다면 어떻게 해야 할까?

답을 얻기 위해서는 먼저 스스로에게 질문을 던져야 한다. 직장이 아닌 일과 직업이 나에게 어떤 의미가 있는지 물어야 한다. 재일 한국인으로는 최초로 도쿄대 정교수였던 강상중 교수는 과거 정년도 보장

되고, 월급도 걱정 없이 받을 수 있었던 고속성장의 시대에는 일의 의미를 묻지 않아도 되었는지 모르지만 요즘처럼 불확실성의 시대에는 나에게 일이란 어떤 의미인지, 일을 통해 나는 어떻게 변하고 싶은지, 일을 통해 나는 세상을 어떻게 변화시키고 싶은지 고민이 필요하다고 말한다.[30] 답은 밀레니얼 세대의 변화에서도 발견할 수 있다. 갤럽 조사에 따르면 밀레니얼은 연봉보다는 일에서 의미를 찾으려 하고, 직장에 대한 만족도보다는 목적과 자기계발을 중요하게 생각하며, 단순한 일자리가 아닌 자신이 기여할 수 있고 그 가치를 인정받을 수 있는 삶을 원한다고 결론 내렸다.[31]

나는 혹시 승진이나 연봉 인상과 같은 수단을 목표로서 욕망하고 있는 것은 아닌지, 나의 욕망이라고 생각한 것이 실은 남의 욕망을 따라서 가고 있는 것은 아닌지에 대한 질문에 솔직하게 대면해볼 필요가 있다.

많은 직장인이 삶에서 자기가 정말 원하는 것이 무엇인지 모르겠다고, 정말 잘하고 좋아하는 것이 무엇인지 모르겠다고 말한다. 더 심각한 문제는 문제를 생각하고 돌아보기 위한 시간을 스스로에게 허락하지 않는 것이다. 다른 사람과 진행하는 회의 일정은 수첩에 빽빽하게 적으면서도 자신과의 회의 시간은 잡지 않는다. 회사에서 요구하는 제안서 작성을 위해서는 야근을 감수하면서도 자신의 삶을 위한 제안서 작업에는 시간을 허락하지 않는다. 직장일로, 집안일로 바쁜 상황은 충분히 이해한다. 하지만 점차 사회가 일과 삶의 균형을 중시하는 방향으로 가고 있는 시점에 자신이 필요성을 절실하게 느낀다면 이를 위한 시간과 에너지를 할애할 수 있지 않을까? 더 늦기 전에 스스로에게 물어보자. 정말로 내가 욕망하는 것이 무엇인지를.

《직업의 종말》을 쓴 작가 테일러 피어슨Taylor Pearson은 '내가 원하는 것은 무엇인가?'의 질문에 답하지 못한다면, 다른 사람이 하는 것을 하고 싶어 하거나 다른 사람이 지시하는 것을 하는 거라고 경고한다. 자신이 하고 싶은 것에 대해 계속 질문하는 사람이 새로운 직업을 만들어간다. 다시 한번 스스로에게 물어보자. "나는 다른 사람의 욕망을 욕망하는 속물일까?"

좋아하는 것을 직업으로 삼을 수 있을까?

클래식 음악이나 미술 등 예술 분야의 학생이나 예능 분야에서 재능을 꽃 피우고 싶어 하는 기획사의 연습생은 대부분 10대다. 예술이나 예능 분야에서 10대, 늦어도 20대 초반에 재능을 발견하는 것을 우리는 자연스럽게 생각한다. 하지만 많은 직장인이 자신의 재능이 무엇인지에 대해 30대는 물론 40대에 답을 하지 못하더라도 크게 이상하게 생각하지 않는다. 성적에 맞춰 대학과 전공을 선택하고, 동기들을 따라 기업에 취업하고, 회사에서 배정해준 부서에서 일을 해오면서 딱히 스스로에게 자신의 재능이나 욕망에 대해 물어볼 기회가 없었던 것일 수 있다.

이게 정말 당연한 이야기인지 다시 생각해보자. 우리처럼 '일반인'

은 자신의 재능이 무엇인지 발견하지 못하고 직장에서 배치해주는 대로 사는 것이 당연한 것인지 말이다. 과거 직장이 평생 내가 돈 걱정 없이 살 수 있도록 보장해줄 때는 그랬을지 모른다. 지금은 아니다. 심지어 자기가 좋아하고 잘하는 것을 찾기 위해 고민하는 것을 현실적이지 않다고 말하는 사람들도 있다. 노래 부르고 붓으로 그림을 그리는 재능만 재능이 아니다. 우리 모두 좋아하는 것이 있으며 잘할 수 있는 무언가가 있다. 삶에서 자기만의 소명calling을 발견할 수 있다. 하지만 대부분 똑같이 학교를 졸업하고, 직장에서 주어진 비슷한 일을 하면서 자기만의 재능이 무엇인지 생각할 시간도 없이 나이를 먹어간다. 여기 우리 상식과는 다른 길을 가고 있는 대기업 출신 두 사람의 사례를 살펴보자.

박유미 대표는 대학 졸업 후 누구나 원하는 대기업에 들어갔다. 회사 선후배와 동료들도 모두 잘해주었고, 업무 환경도 좋았지만 왠지 행복하지 않았다. 교육과 사람에 대한 관심이 많았던 그는 사업부에서 숫자를 다루는 일이 자신과는 맞지 않는다는 느낌이 점차 확신으로 변해갔다. 직장생활 3년 차 때 우연히 무용동작심리상담이란 분야를 알게 되고 흥분을 느꼈다. 취미 삼아 좋아하던 무용이 그가 대학에서 전공한 심리학과 만나는 지점을 발견한 것이다. 고민 끝에 4년간의 대기업 생활을 뒤로하고 도전을 선택했다. 물론 주변에서는 모두 말렸다. 이때 나이가 서른이었다. 그는 무용동작심리상담을 대학원에서 공부하면서 8년간 상담 경험을 쌓은 뒤 마인드플로우란 회사를 차려 전

국을 다니며 활발하게 활동하고 있다. 수입은 자신이 다녔던 대기업의 높은 연봉(그가 다녔던 대기업은 연봉이 높기로 유명한 곳이었다)에 비할 바가 아니지만 그는 현재 자신의 삶에 대한 만족도를 100으로 표현했다. 우선 시간을 자신이 원하는 대로 쓸 수 있고, 친구나 가족과도 더 많이 보낼 수 있어 좋다. 또한 앞으로 어떤 사람을 만나고, 어떤 일을 벌여나갈지 자기 삶을 기획하느라 밤늦도록 고민해도 스트레스보다는 흥분이 앞선다. 유치원에서 대기업에 이르기까지 다양한 사람과 만나고 일하면서 춤과 심리학을 연결한 자신만의 직업을 만들어가는 지금의 모습이 매우 만족스러운 것이다.

그에게 좋아하는 것과 잘하는 것 사이에서 고민하는 사람들을 위한 조언을 부탁했다. 그는 매우 실용적인 답을 내놓았다. "20대에는 좋아하는 것에 70, 잘하는 것에는 30 정도의 비중을 두고 새로운 시도를 보다 과감하게 해볼 수 있다고 생각해요. 하지만 30대 중반을 넘어서면 현실적으로 많은 제약이 있어요. 이때는 잘하는 것 70, 좋아하는 것 30 정도의 비중을 두고 시도해야지요."

30대 초반까지 자신의 직업을 찾아야 관련 분야에서 10년 정도는 경력을 쌓고 40대 중반에 전문가로 나설 수 있다. 40대에 새로운 시도를 하기란 현실적으로 쉽지 않다. 그래서 나는 학교를 졸업하고 10년 내에 자신의 직업을 찾고, 다음 10년간(30대 중후반~40대 중후반)의 관련 경험을 쌓아 전문가로 나서는 것이 앞으로 우리 삶을 사는 하나의 중요한 방식일 거라 확신한다.

역시 대기업에서 10년을 일한 황유진 대표는 입사 3년 차부터 "나는 성장하고 있는 것일까?"라는 질문을 던지기 시작했다. 5년을 일해도 축적된다는 느낌이 없었다. 책 읽기를 좋아한 그는 직장생활을 하면서 독서지도사 자격증을 취득했고, 블로그에 글을 꾸준히 써나갔다. 그러던 중 한 전시회에서 그림책에 반하게 된다. 2012년 첫아이를 낳으면서 그림책 세계는 확장되었고, 이후 '그림책 읽어주는 엄마'라는 카페에서 활동했다. 둘째를 낳고 육아 문제로 퇴사를 고민하면서 '그림책으로 시작하는 번역 강좌' 수강을 시작으로 번역가의 길을 걷게 된다. 이즈음 동네 도서관에서 그림책 모임을 시작했다. 그 과정에서 황유진 대표는 그림책을 성인을 위한 책으로 새로운 각도에서 보게 되었다. 지금은 '그림책37도'를 운영하는 대표가 되어 《어른의 그림책》이라는 책도 내고 활발하게 활동하고 있다. 육아 시간을 피해 자유롭게 자신이 하고 싶은 일에 하고 싶은 만큼 시간을 쏟을 수 있고 이제는 자기 분야에서 성장하고 있다고 느낀다. 황 대표 사례가 직장인에게 주는 메시지는 무엇일까?

첫째, 그는 자기가 좋아하는 일이 무엇인지를 직장 다닐 때부터 꾸준히 스스로에게 묻고 찾았으며, 그런 과정이 있었기에 직장을 나와서 누구도 생각하지 않은 그림책과 성인을 연결하는 분야에서 자기만의 직업을 만들었다. 그는 스스로를 '그림책으로 말을 거는 사람' 혹은 '그림책 바리스타'라고 정의한다.

둘째, 독립 후 수입이다. 황유진 대표의 현재 수입은 대기업에 있을 때보다 액수도 적고 불안정하다. 하지만 테일러 피어슨은 이렇게 말한다. 이 시대에 안정된 직장에 있는 사람들은 실은 위험을 축적해가고 있다고. 황유진 대표처럼 젊은 시절 위험을 감수하고 자기만의 직업을 만들어가는 사람은 위험을 주도적으로 관리해가고 있는 것 아닐까? 직장인은 50세가 되는 순간 갑자기 급여가 제로가 될 위험에 놓인다. 황유진 대표처럼 자기만의 분야를 만들어가게 되면 수입은 적고 불규칙할지 모르지만, 갑자기 급여가 제로가 되는 위험은 훨씬 적다. 주변의 직장인이 60세가 넘어 일하는 모습을 상상하기 힘들지만, 황유진 대표는 그때도 그림책 바리스타로서 자기 직업을 갖고 활발하게 활동하는 모습을 예측할 수 있다.

셋째, 그는 그림책이라는 자기만의 동기motive가 있었기에 지금의 활동이 가능했다고 말한다. 그는 페이스북처럼 남에게 보여주는 공간이 아닌 자기만의 생각을 축적하는 공간을 꼭 가지라고 말한다. 그는 책을 읽고, 전시회를 다녀와서 짬짬이 자기 블로그에 글을 쓰며 생각을 축적해갔다.

모든 사람은 어떤 분야에서든 전문가라는 말이 있다. 자기만의 전문성이 누구에게나 있다는 것이다. 다만 발견하는 사람은 자신의 직업으로 살아가게 되고, 발견하지 못하면 남이 만든 직장에서 불안하게 살아가게 된다.

미래는 앞으로 무엇이 유망한지를 고민하는 사람보다 자신이 무엇을 정말 좋아하고 빠져들 수 있는지를 고민하는 사람에게 기회와 행복감을 선사한다. 프롤로그에서 인용했던 클레이튼 크리스텐슨의 말을 다시 옮겨보자. "우리는 잘못된 판단에 근거해 일자리를 구한 다음 거기에 그냥 안주한다. 좋아하는 일을 하면서 살 수 있으리라 기대하는 건 비현실적이라는 생각을 받아들이기 시작한다." 혹시 이 책을 읽고 있는 당신도 좋아하는 일을 하면서 사는 것이 비현실적이라고 생각하는가?

"내가 무슨 그런 재능이 있다고"

2014년에 〈달라스 바이어스 클럽〉으로 오스카와 골든글로브 남우주연상을 수상한 배우 매슈 매코너헤이Mathew McConaughey. 그는 대학에 들어갈 때까지 배우가 될 꿈을 꾼 적도 없었다.[32] 심지어 열일곱 살까지 그가 본 영화라고는 〈킹콩〉과 〈올카〉 두 편에 불과했다고. 그는 대학을 졸업하면 로스쿨에 진학할지 고민하고 있었다. 그때 영화학교에 다니던 친구가 "넌 정말 이야기를 재미있게 하는 재주가 있다"면서 '카메라 앞'(배우)이 될지 '뒤'(감독)가 될지 모르지만 영화 쪽을 한번 알아보라고 조언했다. 매코너헤이가 생각지도 않았던 영화인으로서 자신의 가능성을 고민하기 시작한 순간이었다.

이처럼 자신의 재능은 스스로 발견하는 경우도 있겠지만, 나를 잘 알고 객관적으로 바라보는 누군가가 발견할 때도 있다. 여기에서 '객관적'이라는 말은 두 가지 뜻이다. 하나는 부모가 자신의 기대를 담아 자녀에게 이야기하는 것이 아니라는 뜻이고, 또 하나는 나에게 잘 보일 필요 없이 솔직하게 말할 수 있는 사람에게서 온다는 뜻이다. 때로는 그들의 말 한마디에 우리는 새로운 도전을 할 지혜와 힘을 얻기도 한다.

매코너헤이의 짧은 일화를 읽는 동안 과거 직장생활이 떠올랐다. 첫 직장에서 상사에게 "네가 무슨 글을 쓰냐?"라는 다소 빈정 섞인 말인 들었던 적이 있다. 얼마간 농담이었을지도 모르겠지만 당시 나는 글쓰기에 대한 두려움을 갖고 별다른 시도를 하지 못한 채 다녔다. 두 번째 직장에서 만난 상사(글로벌 제약사 길리어드 이승우 대표)는 내가 쓴 글을 우연히 보고는 무척 좋아했다. 그는 메시지와 관련된 업무가 있을 때 부하 직원(당시 나는 임원도 아닌 차장이었다)인 나를 불러 조언을 구하곤 했다. 그와 토론하는 시간은 내게 글쓰기에 대한 욕망을 발견하고 자신감을 회복하는 순간이었다. 나는 사보를 포함해 여러 편의 글을 두려움 없이 써볼 수 있었다. 그 뒤로 나는 지금까지 여러 권의 책을 펴냈고, 신문과 잡지에 칼럼을 쓰게 됐으며, 이제 글쓰기는 나의 삶에서 빼놓을 수 없는 중요한 욕망이 되었다.

나의 재능을 발견해 알려주고 그것을 발전시킬 힘과 방향을 제시하는 사람을 만나는 것은 인생에서 갖게 되는 크나큰 행운 중 하나다. 동시에 반대 방향에서도 생각해보게 됐다. 나는 과연 살아오면서 누군가에게 그만이 갖고 있는 장점을 발견하고 진심을 담아 전달한 적이 얼마나 있었을까? 내가 관심을 갖고 지켜본 사람은 얼마나 될까? 첫 번째 직장에서 상사의 말 때문에 글쓰기를 두려워했던 것처럼 나도 누군가에게 농담으로라도 그런 존재였던 적은 없었을까? 리더십에는 다양한 정의가 있겠지만 함께 일하는 사람들이 잠재된 능력을 찾아내도록 도와주는 일은 그중에서도 매우 중요한 역할 중 하나다. 로버트 치알디니는 영향력 있는 사람은 누군가를 만날 때 그 사람의 특징 중 자신이 좋아하는 점을 찾아내고 직간접적으로 당사자에게 알려준다고 말한 바 있다.

다시 매코너헤이의 이야기로 돌아가보자. 그가 고민 끝에 영화학교에 가겠다고 아버지에게 전화했을 때, 오랜 침묵이 흐른 뒤 그의 아버지는 "그게 정말 하고 싶은 일이냐?"라고 물었고, 매코너헤이는 그렇다고 말했다. 그러자 아버지는 "정 그렇다면 대충 할 생각은 마라"라고 격려했다. 우리가 누군가에게 가정과 직장, 사회에서 던진 말이 그 사람의 삶의 방향을 바꿔놓기도 한다.

한번 곰곰이 생각해보자. 누군가 나에게 진심으로 내가 무엇을 잘할 것 같다고 이야기해준 적이 있었는지, 혹시 그런 말을 듣고서도 내가 듣고 그냥 흘린 것은 아닌지 말이다. "내가 무슨 책을 쓰겠어요…"와 같이 스스로에게 말하면서. 어쩌면 삶의 어떤 지점에서 누군가 내게 그런 말을 해주었을지 모른다. 그 말을 그냥 지나치지 않고 고민해보는 것(이렇게 하기 위해서는 자기 혼자만의 시간과 기록이 필요하다), 그리고 무엇인가를 시도해보는 것은 오롯이 내 몫이다. 남이 나를 발견하더라도 스스로의 노력으로 발전시켜 나가지 못한다면 결과를 얻을 수 없기 때문이다.

💬 지난 10년 가까이 해온 홍보일이나 기획, 영화에 대한 관심, 유튜브까지…. 그저 홍보인이라고 규정하기 전에, 지금까지 대화하면서 자신이 정말 직업적으로 원하는 게 무엇일까를 생각해봤어?

💬 글쎄…. 여러 꿈을 꾸다가 결국 홍보의 길로 들어섰고, 지난 10년 동안 나름 재미나게 일해왔어. 그런데 이렇게 이야기를 나누면서 크게 보면 두 가지 키워드가 떠오르는 것 같아. 콘텐츠와 기획. 근데 요즘 시대에는 너무 흔한 게 아닌가 싶기도 하고. 별로 매력적으로 들리지는 않아.

💬 지금까지 넓게 접근해서 콘텐츠와 기획을 발견했으니 이번엔 다른 방향에서 좁게 접근해보면 좋을 것 같은데. 보람이 관심을 갖고 있는 특정한 주제가 있을까?

💬 음, 나는 실화를 배경으로 하거나 다큐멘터리를 좋아하는 편이야. 지금 하는 일은 외부로 기업을 홍보하는 것이지만 기업의 사회적책임CSR과 기업문화에 관심이 많아. 지금 하는 일이 내가 좋아하고 자신 있는 것들과 연결되기도 하고, 아니기도 하고…. 아직은 혼란스럽네.

💬 그래, 직업을 찾아가는 여정은 만만치 않지. 어떤 면에서는 직장에 들어가는 것보다 어려운 작업일 수도 있어. 하지만 혹시 벌써 지친 것은 아니겠지?

💬 당연하지. 단지 어디서부터 실마리를 찾아가야 할지 혼동될 뿐이야.

💬 나와 대화를 하면서 떠오른 생각을 계속 적어나가는 게 중요해. 이후에 노트에 적은 것들이 중요한 자료가 되거든. 그냥 생각만 하다 보면 언젠가 결정의 순간이 올 때, 그때 쏠려 있는 생각의 방향으로 결정을 하게 되지. 하지만 기록을 해두면, 결정의 순간에 그 자료를 보면서 새로운 인사이트를 얻게 되고, 보다 큰 그림을 보면서 결정할 수 있어. 그러니 말이 나온 김에 오늘은 집에 갈 때 서점에 들러 좋아하는 노트를 하나 사면 어떨까?

💬 잘됐다! 문구류 엄청 좋아하거든. 당장 가봐야겠다.

5장

직장의 끝에서
직업을 발견하다

"직장생활 이런 거지 하면서 순응했는데 10
년 동안 일하고 갑상샘항진증 진단을 받았
거든요. 약을 먹어도 컨트롤이 안 되는 거예
요. '일에 너무 큰 의미를 두지 말자, 나를 갉
아먹으면서까지 직장에 올인하지 않아야겠
구나…' 싶었어요."

35세, 직장인

💬 짜잔! (빨간색 천으로 감싼 노트를 들어 보이며!)

💬 오! 새 노트를 샀구나. 어때? 많이 적어봤어?

💬 많이는 아니지만, 그동안 틈틈이 스마트폰으로 적었던 메모도 다시 보면서 정리를 해봤어. 오랜만에 손으로 쓰다 보니 색다르고 정겨운 부분도 있더라고.

💬 잘했어. 어느새 오늘이 벌써 다섯 번째 대화야. 절반을 온 거지.

💬 정말 그렇네. 빠르다. 참 오늘 수많은 스벅(스타벅스) 중에서도 소공동 스벅에서 만난 것도 혹시?

💬 맞아. 소공동은 내가 독립하기 전 마지막으로 직장생활을 했던 곳이야. 당시에 바로 이 카페에서 한참 전에 함께 일했던 회사의 인사부 전무님과 만난 적이 있어.

당시 그분은 50대에 퇴직하고 사업을 시작하셨는데, 나에게 그런 말씀을 하시더라고. 직장의 끝은 생각보다 먼저 온다고. 젊을 때부터 준비해야 한다고.

💬 그랬구나. 그럼 오늘 주제는 퇴사, 뭐 이런 것과 관련이 있어?

💬 맞아. 이제 직장생활 10년 가까이 된 보람에게는 다소 이른 질문일 수도 있겠지만, 이번 원포인트 코칭 질문은 이거야.

나는 직장생활의 끝을
어떻게 마무리하고 싶은가?

💬 직장생활의 끝이라, 생각만 해도 무섭기도 하고 우울한데? 홍
보팀에 있다가 나이가 들어 그만둔 선배를 보면서 '나도 언젠
가는 저렇게 직장을 떠나겠구나…'라고는 생각해봤지만, 구체
적으로 생각해보지는 않은 것 같아.

💬 그래. 누구나 그럴 거야. 5장을 보면서 생각해봐야 할 부분은
내가 어떻게 직장생활을 마무리할 것 같은지가 아니라 어떻게
마무리하고 싶은지에 대한 거야.

○

오늘 하루 나의 삶을 잘 사는 방법은 가끔 지도를 꺼내 살펴보는 것
이다. 신경과학자로서 리더십 연구를 하는 조시 데이비스Josh Davis
박사는 하루를 잘 보내기 위해 일정 사이에 가끔 결정의 순간decision
point을 가져보라고 조언한다.[33] 결정의 순간이 무엇일까?

우리는 하루를 보내고 나서 오늘도 '정신없이' 보냈다는 느낌이 들
때가 많다. '정신없이'란 무슨 뜻일까? 우리는 하루 일정의 상당 부분
을 '생각 없이' 보낼 때가 많다. 회사에서 진행하는 회의나 보고서 등
이 우리에게는 매우 익숙한 일상이 되고, 따라서 그냥 일정이 생기는
대로 '자동모드'로(앞서 말했던 '리액션' 모드로) 밟아가는 것이다. 갑자
기 회의가 생기면 "또 무슨 일이 있나 보군…" 하고 들어갔다가 서로
'뻔한 말'을 나누고 또 회의를 마친다. 이처럼 자동모드로 하루 일정의

대부분을 소화하고 나면 바쁘게 보냈지만 정작 오늘 무엇을 했는지 모르게 되고 허탈한 기분도 든다.

결정의 순간이란 일정과 일정 사이에 5분 정도 짬을 내 혼자서 '오늘 내가 해야 할 가장 중요한 일이 무엇이지?'라고 생각해보고, 자신의 일정을 조금씩 조정해나가는 것을 말한다. 바쁜 일정 사이에 잠시 빠져나와 결정의 순간을 몇 차례 갖는 것은 생각 없이 지내는 일상 속에서 혼자서 생각하고 결정하는 시간을 의도적으로 갖는 것이다. 이에 따라 나의 일상에 작지만 의미 있는 변화를 줄 수 있다(나는 일요일에 이 부분을 쓰고 있었고, 오늘 내가 해야 할 가장 중요한 일은 이 책의 원고를 쓰는 것이었다. 하지만 늦잠을 자고 일어나 자동모드로 TV를 보다가 결정의 순간이라는 지도를 꺼냈다. 내가 오늘 해야 할 가장 중요한 일이 책 쓰기라는 것을 생각하고는 카페로 나와서 네 시간째 쓰고 있다).

하루를 바쁘게 보냈는데 정작 의미 있게 한 일은 없는 것 같은 느낌을 만약 20년 넘게 직장생활을 한 뒤 퇴직해서 갖게 된다면 어떨까? '30년 가까이 직장에서 바쁘게는 살았는데 내가 무엇을 위해 살았지?'란 생각이 들게 된다면 말이다. 우울한 상황이다. 그래서 우리는 삶 속에서도 이런 결정의 순간을 매달, 적어도 분기에 한 번 정도는 깊이 가져볼 필요가 있다. 회사의 영업 실적은 분기별로도 모자라 주 단위로 확인하면서, 정작 내 삶에 대해서는 이렇게 돌아보는 순간을 갖지 않는 것이 자연스럽게 생각되는가? 이 책을 읽으면서 이러한 상황을 낯설게 느껴보길 바란다.

1년의 단 하루라도 자신만의 결정의 순간을 가져보자. 나는 제대로 가고 있는가? 내 삶의 우선순위를 챙기고 있는가? 이때 도움이 될 책을 소개한다. 아툴 가완디Atul Gawande의 《어떻게 죽을 것인가》란 책이다. 혹은 서울대 의과대학 법의학교실의 유성호 교수가 쓴 《나는 매주 시체를 보러 간다》를 읽어보기 바란다. '아직 살 날이 많은 내게 재수 없게 죽음에 대한 책을 읽으라고?' 이렇게 화가 날 독자도 있을지 모르겠다. 많은 사람은 죽음에 대해 생각하는 것만으로도 불편하게 느낀다. 하지만 '어떻게 죽을 것인가'란 질문은 '어떻게 살 것인가'와 똑같은 질문이다. 죽음은 우리 삶에 특별한 힘을 준다. 죽음에 대한 생각을 하면 우리는 내 삶에서 무엇이 중요한지에 대해 훨씬 넓은 맥락에서 생각하게 된다. 직장에서 성공하기 위한 것이 아니라 내 삶 전체를 제대로 살기 위해 필요한 우선순위를 말이다.

어떤 소방관이 직업적으로 늘 죽음의 순간을 준비해야 하기 때문에 최대한 오늘을 재미있고, 의미 있게 살려고 한다는 말을 듣고 공감이 갔다. 끝과 죽음에 대해 미리 생각해보는 것은 시간에 대한 시야를 축소해주는 매력이 있다. 나에게 남겨진 시간이 그리 많지 않다는 것을 깨닫게 해준다는 뜻이다. 나의 죽음과 끝에 대한 그림을 그리고 나면 현재 어떤 의사결정을 해야 하는지, 지금의 시간을 어떻게 보내는 것이 나을지 명료하게 생각할 수 있다. 죽음과 끝에 대한 생각을 하게 되면서 나는 좋은 술은 아끼지 않고 먼저 마신다. 먹고 싶은 음식이 있으면 되도록 무리하지 않는 선에서 먼저 먹어보고, 가보고 싶은 여행지가 있으면 미루지 않고 먼저 가본다. 배우고 싶거나 모험하고 싶은 것이 있어도 그렇다. 현금만이 아닌 추억도 '저축'의 대상이다.

책을 읽고 나서 나의 부고기사obituary를 써보는 것은 어떨까? 만약 내가 세상을 떠난 뒤 어느 매체에 장문의 기사가 뜬다고 가정해보자. 혹은 죽음을 앞두고 삶을 돌아보게 된다면 나는 내 삶의 어느 부분을 가장 그리워하거나 또 아쉬워할까? 내 인생에서 가장 기억하고 싶은 10가지 장면이 있다면 어느 부분일까? 샘플이 필요하다면 신경과 전문의이면서《아내를 모자로 착각한 남자》로 유명한 베스트셀러 작가 올리버 색스Oliver Sacks가 죽음을 앞에 두고 쓴 글 "My own life"를 참조해보자.[34] 자신의 죽음을 상상해보고 이로부터 되돌아보면 우리는 삶을 다른 각도에서 살펴보게 된다. 직장에서 벌어지는 많은 일과 가족과 보내는 시간의 균형을 다른 각도에서 보게 되고, 내가 해야할 일과 하고 싶은 일들을 또 새롭게 조명해보게 된다. 어떻게 죽을 것인가와 마찬가지로 어떻게 살 것인가와 같은 질문들은 깊은 생각과 고민을 해야 하는 '불편한' 질문이다. 그렇기 때문에 우리는 이러한 불편한 질문을 계속 미루며 산다. 하지만 삶을 제대로 살기 위해서는 언젠가 지도를 꺼내 나의 위치를 확인해봐야 한다. 지도를 본다는 것은 내 삶 속 불편하지만 중요한 질문에 대답하는 것이다.

어떤 모습으로 회사를 떠날 것인가?

미국 컬럼비아대학에는 데스랩Death Lab이라는 곳이 있다. 데스랩에서는 이름이 말해주듯 죽음에 대해 건축이나 환경학적 시각에서부터 사회 종교적인 방향까지 연구하고 있다. 이곳에서 기획한 〈죽음의 민주화〉라는 주제의 전시를 본 적이 있다. 1932년 윤봉길 의사가 상하이에서 의거를 일으킨 뒤 끌려와 순국한 도시인 가나자와에 있는 '21세기 미술관'에서였다.

이 전시를 보면서 죽음과 끝에 대한 여러 생각을 하다 기업 임원을 코칭할 때 던지는 질문이 떠올랐다. 나는 종종 이들에게 "이 회사를 어떻게 떠나고 싶으세요?"라고 묻는다. 회사에 취임한 지 얼마 안 된 최고경영자CEO에게도 같은 질문을 던지곤 한다. 사람에 따라서는 질문에 당황하는 경우도 더러 있다. 당혹스러워 보이는 이 질문은 최고경영자든 임원이든 중요한 의미를 담고 있다.

프로젝트를 할 때 우리는 항상 끝, 즉 목적이나 결과물에 대해 미리 생각해본다. 끝을 생각해야 프로젝트가 올바른 방향으로 나아갈 수 있기 때문이다. 하지만 직장생활을 할 때나 개인적 삶에서는 이러한 끝을 미리 생각하는 경우가 그리 많지 않다. 끝을 생각한다는 것은 단순히 10년 뒤에 임원이 되겠다든지, 집을 사겠다든지 하는 미래에 대한 계획과는 다르다. 마무리를 어떻게 짓고 싶은지에 대한 질문이다. 당연히 생각할 시간이 필요하다.

이 질문을 다르게 던지는 방법은 "회사를 떠날 때 어떻게 기억되고 싶은가?"라고 묻는 것이다. 회사를 떠날 때 사람들은 여러 모습으로 나를 기억할 수 있겠지만, 내가 기억되고 싶은 것은 한두 가지로 좁힐 수 있다. 이 질문에 대한 답변이 구체화되면 이 직장을 다니는 동안 내가 어떤 부분에 시간과 에너지를 더 쏟아야 할지가 분명해진다. 즉 직장생활의 나침반을 얻는 셈이다. 끝에 대한 그림이 명확할 때 우리는 좋은 출발을 하고, 여정을 제대로 밟아나갈 수 있다.[35]

현재 다니는 '직장의 끝'에서 생각을 더 확장하면 '은퇴할 때'를 생각해볼 수 있다. 나는 어떻게 은퇴하고 싶은가? 일하면서 돈을 버는 생활을 마감할 때를 상상해보면 그때는 언제쯤이고, 어떤 모습일까? 그때 나는 왜 경제생활을 그만두고 은퇴를 하게 되는 것일까? 은퇴라는 하나의 마무리는 또 어떤 시작점과 연결될까?

끝에 대한 생각은 하루에도 적용해볼 수 있다. 아침에 출근하면서 오늘 저녁 하루를 어떻게 끝맺음하고 싶은가? 저녁에 잠자리에 들 때 어떤 느낌을 갖고 싶은가? 그런 느낌을 위해 오늘 일정 가운데 조금 다르게 해볼 수 있는 것은 없을까? 직장생활의 끝, 오늘 하루, 삶이 끝나는 지점에 대한 생각은 빨리, 구체적으로, 자주 할수록 지금의 나에게 좋다.

언젠가 올 은퇴가 두렵다면?

마감은 스트레스를 주지만 동시에 일을 제때에 마무리하게 하는 역할을 한다. 프로젝트는 보통 마감일을 미리 정해놓고 시작한다. 어떤 사람은 마감일로부터 역순으로 시기별로 끝내야 하는 일이 무엇인지를 미리 계획해놓고, 이를 정기적으로 점검한다.

마감이 직장일이 아닌 직장인의 성장에 주는 의미는 무엇일까? 미국의 기업전략 컨설턴트이면서 독특하게 대통령 선거와 주지사 선거 캠페인을 이끌고 자문한 경험이 있는 도리 클라크Dorie Clark는 선거전략에서 직장인이 참고할 만한 교훈을 얻을 수 있다고 쓴 적이 있다.[36] 그에 따르면 미국의 정치인은 선거가 끝나면 곧바로 다음 선거를 마감일로 정한 뒤 이를 다시 달별로 세분하여 해야 할 활동과 성취 목표를 정해놓는다고 한다. 상당한 시간을 앞두고 세부적인 마감일을 정해서 캠페인을 펼치는 것이다.

클라크는 선거 캠페인에서 직장인이 배울 수 있는 첫 번째 교훈은 뚜렷한 목표를 찾아내는 것이라고 한다. 그는 목표의 예로 승진을 들고 이를 위한 전문성 습득 등을 이야기했다. 하지만 나는 반대 방향이 맞다고 생각한다. 앞서 말한 것처럼 승진은 목표라기보다는 수단이기 때문이다. 승진이란 자신의 노력뿐 아니라 여러 변수가 많다. 그보다는 전문성 습득을 목표로 삼고 승진은 그 과정에서 얻게 되는 방향으로 생각하면 어떨까?

국내 카드회사에서 이용자 보상 프로그램 디자인을 하다가 인사부로 옮겨 직장인에게 주는 보상 및 복지 프로그램을 설계하고 있는 직장인을 만난 적이 있다. 스스로를 인센티브 디자이너로 정의하는 그는 자신의 목표를 회사에서 정해놓은 부서나 직책으로 설정한 것이 아니라 자신이 관심 있는 주제를 정해놓고, 이를 다양한 기회와 각도에서 경험하면서 자기만의 영역을 구축해나가고 있었다. 그가 승진을 목표로 삼았다면 마케팅 부서에서 일하다가 전혀 경험이 없는 인사부로 옮기지는 않았을 것이다. 그는 승진보다는 자신의 전문성을 만들어가는 데 도움이 되는 경험을 찾아 다니고 있었다.

승진을 목표로 삼으면 직장생활이 피곤해지기 마련이다. 더 큰 문제는 경쟁자를 이기는 데만 신경 쓰다 보니 자신의 전문성을 제대로 구축하기 힘들어진다는 것이다. 반대로 전문성을 중심으로 노력하다 보면 실력에 따라 승진할 가능성도 커질 테고, 승진이 안 되더라도 자신의 전문성으로 새로운 것을 시도해볼 가능성이 생긴다. 목표가 생기면 관련 프로젝트에 참여할 기회를 찾아보고, 어떤 교육을 받아야 할지 고민하고, 인터넷을 찾아볼 때도 자연스럽게 관심 분야의 자료를 찾게 된다. 관련 동영상 강의를 듣거나 다른 기업이나 산업에서 일하는 전문가와도 만나면서 자기만의 전문성을 확고하게 만들어간다.

클라크도 조언하듯 자기 커리어의 마감을 생각하고 계획하는 좋은 방법은 미래 이력서를 만들어보는 것이다. 만일 37세의 직장인이라고 생각해보자. 20대 중후반에 직장에 들어와 50세 즈음에 퇴직하는 현실을 생각하면 딱 중간 지점에 와 있는 나이다. 45세까지 만들고 싶은 전문성이 있다면, 매해 자신이 경험하거나 배워야 할 것을 역순으로 미리 생각해볼 수 있다. 아침부터 저녁까지, 회의부터 회식까지 정신없는 삶을 사는 직장인에게 장기적인 생각은 때론 사치처럼 느껴질 때가 있다.《생각대로 살지 않으면 사는 대로 생각하게 된다》라는 책 제목처럼[37] 지금까지 많은 직장인이 그렇게 살아왔다. 은퇴 후나 퇴직이 다가올 때가 되어서야 비로소 직장인으로서, 개인으로서 자신을 돌아보는 그런 삶을 살아왔다. 하지만 마감이 오기 전에 미리 내가 살고 싶은 삶이 무엇인지 생각해보는 것은 어떨까? 카페에 자리를 잡고 앉아서 미래의 이력서를 한번 만들어보는 것은 어떨까? 직장인으로서, 30대, 40대 혹은 50대로서 마감이 다가오기 전에 말이다.

> **Side Note 7** ┃ 미리 하는 은퇴 준비

"당신의 경험으로 비춰볼 때 만약 10년 후 제가 은퇴를 한다면 무엇을 어떻게 준비해야 할까요?"

핀란드 헬싱키 시내에 있는 유서 깊은 캠프호텔의 바에서 전직 컨설턴트인 조르마와 술 한잔을 하다가 질문을 던졌다. 그는 은퇴하여 헬싱키 근교의 호숫가에서 음악 교사로 일하는 아내와 함께 고양이 두 마리를 키우며 평온한 삶을 즐기고 있는 듯했다. 그는 메모지에 그림을 그려가며 이야기를 들려주었다.

먼저 1.0과 2.0의 틀로 세상과 자신의 삶을 바라보라고 조언했다. 1.0은 현재의 상태이고, 2.0은 내가 생각하는 바람직한 상태이다. 2.0의 상태가 성취되고 나면 이는 다시 1.0이 되기 때문에 3.0은 존재하지 않는다. 그의 말을 들으면서 내가 은퇴하기 전 무엇을 준비할까

고민하기 이전에 먼저 은퇴 후 어떤 삶을 원하는지를 생각할 필요가 있다고 생각했다. 막막하지만 어떤 기준으로 은퇴 후의 삶을 생각해야 할까?

조르마는 '에코 시스템eco system'이란 말을 자주 썼는데, 무슨 뜻인지 물어보았다. 이는 내가 삶을 살아가는 데 영향을 주고받는 주변 환경이란 뜻으로, 호수가 많은 핀란드라 그런지 호수는 물고기에게 에코 시스템이라고 설명했다. 은퇴 후의 2.0 상태를 생각해보는데 이 에코 시스템이란 개념이 도움이 되겠다 싶었다. 나는 호텔 방에 돌아와 몇 가지 에코 시스템을 생각해봤다.

첫째, 직업profession이다. 이 책의 핵심 주제이기도 하다. 사람들은 흔히 직장을 떠나 은퇴하면 직업이 없어진다고 생각한다. 하지만 직장을 떠나서도 직장을 다닌 기간보다 더 오래 살아야 하는 요즘은 직장이라는 조직을 떠난 뒤 내가 할 수 있는 직업을 미리 준비해야 한다. 직장에서 나온 뒤 직업을 만들기란 쉽지 않다.

둘째, 사람people이다. 은퇴하고 났을 때 가족이나 친구들과 어떤 상황이 되기를 바라는가? 은퇴하고 시간이 나면 가족과 오랜 시간을 보내며 대화하겠다는 생각은 현실에서는 자주 그렇게 되지 않는다. 아무리 가족이라 하더라도 수십 년 동안 함께 시간을 보내지 않고 이야기를 나누지 않던 사람들이 어떻게 한쪽이 시간이 많이 남는다고 즐겁게 지낼 수 있을까? 은퇴 후 함께 시간을 보내고 대화하는 것도 평소 연습이 있어야 가능하다. 내가 시간이 많다고 상대방이 나와 함께 즐겁게 시간을 보내줄 것이라고 생각하지 말라. 지금부터 조금씩이라도 함께하는 연습을 해야 한다.

셋째, 장소place다. 내가 살던 곳에서 계속 살 것인가, 아니면 은퇴 후 옮길 것인가? 대도시에 살 것인가, 아니면 소도시에 살 것인가? 은퇴 후 살 곳 주변에는 무엇이 있기를 바라는가, 어떤 사람들과 가깝게 살고 싶은가?

넷째, 놀이play다. 은퇴 후에는 혼자서 쓸 수 있는 시간이 많아진다. 많은 은퇴자가 갑자기 늘어난 시간을 어떻게 보낼지 몰라 당황한다. 앞서 말했던 은퇴 후 직업 혹은 취미를 만들기 위해서는 자신의 관심과 열정이 어디에 있는지를 알아야 한다.

마지막으로, 조르마는 '거꾸로 된 원고reverse manuscript'를 쓰라고 했다(이는 다음에 나오는 내부 보도자료와 비슷한 개념이다). 은퇴 후 살고 싶은 삶을 에코 시스템을 고려하여 구체적으로 그려본 뒤 그런 상태를 만들기 위해 어떤 일들이 그 이전에 벌어져야 하는지를 생각하다 보면 은퇴 전에 무엇을 해야 할지가 명확해질 것이라는 말이었다.

직장인은 은퇴가 두렵다. 하지만 막연한 두려움만 갖고 어떤 준비도 못 하는 것이 현실이다. 은퇴 후 원하는 삶을 올해가 가기 전에 한번 그려보는 것은 어떨까? 지금 나이가 몇 살이든.

내 커리어와 욕망을 명확히 하고 싶다면?

언젠가 프로젝트의 제안서를 달라는 고객의 요청에 나는 다소 엉뚱하지만 보도자료를 써서 보냈다. 이 보도자료에는 프로젝트를 마무리하는 미래 시점에서 뒤를 돌아보면서 그 프로젝트가 완성되었을 때 모습과 함께 진행 과정에서 겪게 될 어려움과 극복 과정을 담았다.

제안서를 이렇게 쓰게 된 것은 미국 캘리포니아 팰로앨토에 있는 미래연구소Institute for the Future의 워크숍에서 얻은 아이디어 때문이었다. 사례 연구 시간에 발표자는 아마존에서 혁신적인 제품이나 서비스를 내놓기 전에 내부 보도자료internal press release를 활용한다고 알려주었다. 내부 보도자료란 어떤 프로젝트가 완성되었을 때의 시점에서 고객의 관점으로 프로젝트를 바라보면서 이에 대한 보도자료를 사업 초기에 미리 써보는 것이다. 20년 전 홍보회사에서 커리어를 시작한 나에게 보도자료는 매우 익숙하면서도 소셜미디어 시대에는 옛날보다 가치가 떨어져 보이는 것이었다. 그런데 보도자료를 혁신의 도구로 쓰고 있다니! 흥미를 끌 만한 사례였다.

에어비앤비의 디렉터 이언 매컬리스터Ian McAllister는 이러한 보도자료의 구성에 대해 글을 쓴 적이 있다.[38] 이를 활용하여 직장인을 위한 보도자료 작성법을 만들어보자.

첫째, 헤드라인이다. 한 해를 돌아보거나 현재 일하는 직장을 떠나게 될 때 이 직장에서 얻은 경험을 어떻게 한마디로 정리할 수 있을까? 2~3년 이내의 가까운 미래에 혹은 5~10년 정도의 보다 장기적인 미래에 내게 가장 중요한 프로젝트나 성취 혹은 성장하고 싶은 분야가 있다면 무엇일까? 이것이 완성되었을 때를 상상해보고 나만의 헤드라인을 하나 작성해보자. 길이는 길어야 두 줄 정도다.

둘째, 부제다. 헤드라인 밑에 한 줄짜리 부제를 세 가지 단다면 무엇을 쓰겠는가? 내가 생각하는 미래 시점에서 지금을 돌아볼 때, 그사이의 기간에 하이라이트가 될 세 가지 사건은 무엇이 될까?

셋째, 보도자료의 첫 번째 문단이다. 여기에는 헤드라인의 내용, 즉 해당 기간에 이루었던 핵심 성취나 행복했던 일을 육하원칙으로 요약해본다.

넷째, 당연히 과거와 마찬가지로 미래에도 문제가 발생할 것이다. 미래 시점에 내가 당면하게 될 도전 한 가지를 상상해보고 구체적으로 써보자. 이를 내가 어떻게 극복했을지, 그 과정에서 누구의 도움을 받았을지 등도 생각해서 써본다.

다섯째, 보도자료에는 인용구가 들어간다. 1년 뒤 한 해를 돌아보면서 인터뷰를 한다면 나는 어떤 말을 하고 싶을까? 한 해 동안 어떤 부분에서 성장했고, 어려움을 이겨내며 얻은 나만의 메시지는 무엇이라고 할까? 아울러 한 해 동안 나를 가까이에서 지켜본 사람들은 인터뷰에서 무엇이라 이야기할까? 한두 사람의 인용구도 상상해서 넣어본다.

마지막으로, 내가 생각하는 기간을 정리하면서 강조하고 싶은 핵심을 한 문단으로 정리해본다.

아마존의 내부 보도자료 형식을 보면서 나는 직장인을 위해 몇 가지 추가할 수 있겠다는 생각이 들었다. 보도자료에 이어 참고자료를 넣는 것인데, 미래 시점에서 내가 개인 및 직장생활에서 한 최고의 경험 10가지를 미리 정리해보는 것이다. 여기에는 직장생활에서 이룬 성취도 있겠지만, 오랫동안 생각만 하다가 마침내 성공한 고전 읽기나 벼르고 벼르다 떠난 여행도 포함할 수 있다.

아마존은 내부 보도자료를 작성하거나 그 밖의 일을 할 때도 '돌아보며 일하기working backward' 접근 방식을 강조한다. 즉, 고객의 입장에서 제품이나 서비스를 바라보는 것이다. 이를 직장인에게 적용하면 다른 사람의 입장에서 나는 어떤 영향과 도움을 주고받는지 생각해볼 수 있다. 이런 보도자료가 잘 써지지 않을 때는 어떻게 해야 할까? 매컬리스터는 이렇게 말한다. "보도자료를 미리 쓰기 힘들다는 것은 아마도 새로 출시할 제품이나 서비스가 실패할 가능성이 크다는 것"이라고. 나의 커리어를 놓고 보도자료를 쓸 때 잘 안 써지는 이유는 무엇일까? 나의 직업적 욕망이 불분명하면 당연히 보도자료를 쓰기 힘들어진다.

나는 직장생활의 끝을
어떻게 마무리하고 싶은가?

💬 이번 장을 읽으면서 자신의 직장생활(직업생활이 아니고)을 어떻게 마무리하고 싶은지 생각해봤어?

💬 응, 한 번도 생각해보지 않은 것을 고민해봤어. 어떻게 직장을 떠나고 싶은지 노트에 몇 가지로 정리해봤어. (노트를 펼친다) 지금 단계에서는 한 가지로는 힘들 것 같고, 몇 가지 시나리오를 생각해봤어. 우선은 지금 서른다섯 살인데, 내가 다니고 있는 회사 홍보실에서는 두 가지 경우가 있는 것 같아. 임원으로 승진하지 못하고 직장생활을 그만두는 경우에는 보통 40대 중후반에 떠나. 임원까지 승진하면 50대 초중반까지 일하더라고. 지금 직장에 계속 다닌다고 할 때 내가 원하는 시나리오는 당연히 임원으로 승진해서 50대 중반까지 있다가 그만두는 거겠지. 최근에 기업의 사회적책임이 강화되면서 CSR 담당 임원 자리가 생겼어. 그래서 가능하다면 그곳에서 일하다가 퇴직하면 좋겠다는 생각을 했어. 또 하나는 기업문화 담당 임원으로 지내는 것인데, 지금까지 이 자리는 모두 인사 분야 출신이 승진해서 현실적인 시나리오 같지는 않아.

💬 좋아. 지금 있는 회사에서 두 가지 시나리오가 나온 거네. 그 밖에 또 어떻게 직장생활을 마무리하고 싶은지 생각해본 시나리오도 있을 것 같은데?

💬 맞아. 또 하나는 지금 당장은 아니고 차장 정도 승진을 한 뒤, 예전에 일하던 홍보회사로 이직하는 거야. 그 이유는 몇 가지인데, 여기에서는 우리 기업의 홍보만 하지만 홍보회사에서는 다양한 프로젝트를 할 수 있어. 그리고 내가 관심 있는 CSR이나 디지털 분야의 홍보나 기업문화 관련 프로젝트를 활발히 하는 회사로 이직해볼 수도 있어.

기업문화 쪽으로 포커스를 둔다면 홍보회사가 아닌 조직문화 전문 회사 쪽으로 이직할 수도 있고. 홍보회사에서 만약 내가 임원까지 한다면 그쪽에서도 50대 초중반까지는 일할 수 있을 것 같고. 또 그러고 싶어. 지금까지 생각해본 시나리오는 대충 이 정도야. 앞에서 우리가 이야기하던 것들과 연결 지어 생각해보면, 어떤 시나리오로 내가 직장생활을 마무리하든 CSR 전문가, 조직문화 전문가, 디지털 홍보 전문가 등 어떤 개인기를 갖춘 상태에서 직장생활을 마무리하고 싶어. 코칭 대화를 하기 전에 나는 직장생활을 하면서 이렇게 바쁘게 일하다 보면 언젠가 임원이 될 수 있을 거라고 막연히 생각했거든. 근데 이제는 직책보다 어떤 직업 전문가로서 직장생활을 마무리하고 싶은지 생각해보게 되었어. 이 부분은 나도 좀 달라진 것 같아.

💬 아주 중요한 지점을 잘 짚어주었어. 맞아, 직장생활의 끝을 생각할 때 우리는 보통 '임원으로 마치고 싶다'와 같이 높은 직책으로 직장을 떠나는 상상을 하게 되는데, 정작 자신이 어떤 개인 기술, 즉 직업을 갖고 떠나게 될지에 대해서는 상상을 하지 않아. 그냥 개인 기술이 없더라도 높은 관리직 임원으로 떠나는 상상을 하지. 이 부분을 아주 잘 캐치했어.

다시 보람의 시나리오로 돌아가 보면 지금 일하는 기업을 떠나서 하고 싶은 것도 홍보회사나 조직문화 전문 회사 등 두 가지로 나누어지네. 자신의 욕망과 지금 하고 있는 일을 연결 지어 다양한 시나리오를 생각해본 점은 좋은 것 같아. 그럼 다음 장에서는 직장이라는 틀을 벗어나 철저히 보람의 개인기를 놓고 생각해보게 될 거야. 다음 대화 때는 좀 더 치열한 고민이 있어야 할 거야.

💬 휴, 그래. 마음의 준비는 하고 있어. 바로 돈을 벌 수 있는가와 관련되는 것 같던데…. 첫 대화에서 잠깐 이야기하던 주제를 이제 다시 이어가게 됐네!

6장

회사가 아닌 내 이름으로
돈을 벌 수 있는가?

"지금 이 조직에서는 승진을 알아보는 팀장
급의 사람이지만 이게 없으면 저는 바로 마
트 캐셔 할 것 같아요…"

39세, 직장인

(오늘 보람과 호는 국립현대미술관에서 전시를 본 뒤, 햇살이 비치는 미술관 카페에 앉아 대화를 나눈다)

💬 회사와 미술관이 가까이 있는데도 최근에는 와보지 못한 것 같아. 미술을 좋아하는데도 말이야. 지난번 내가 좋아하는 것들의 리스트를 말했잖아. 거기에 미술 감상은 꼭 들어갈 거야. 여행을 다닐 때도 미술관은 꼭 가보는 편이거든. 그래서 오늘 호가 미술관에서 만나자고 할 때 반가웠어.

💬 다행이네. 오늘 미술관에서 만나기로 한 것은 함께 전시를 보기 위한 것도 있지만, 오늘 우리 코칭 대화와도 관련이 있어. 오늘의 질문은 바로 이거야.

조직에 기대지 않고 돈과 교환할 수 있는(팔 수 있는)
나만의 개인기·전문성은 무엇인가?

💬 그런데 예술이랑 직업인이 무슨 관련이 있지?

💬 사실 예술가는 대개 직장생활을 하지는 않지만 자신이 좋아하는 분야에서 자신만의 기술로 가치를 창출하는 사람이거든. 뛰어난 예술가를 예술이라는 관점을 넘어 사업가이자 마케터

라는 관점에서 바라보면 직장인이 자신의 직업에 대해 생각 해보는 데 좋은 인사이트를 줄 수 있어. 우리는 직장이라는 조 직에서 한 자리(직책)를 차지하고 있는 것만으로 자신이 직업 적으로 가치가 있다고 생각하지. 하지만 그 조직과 직책을 벗 어나서(직장을 나오라는 말이 아니야. 벗어나서 생각을 해보라 는 뜻이지) 자신이 가지고 있는 개인기의 가치가 얼마일지를 생각해보는 거야. 직장인의 연봉이 아닌 직업인으로서 자신의 '시장가치'를 생각해보는 거지.

○

노래를 잘 부르지만 성공하지 못하는 가수들이 있다. 서바이벌 프로그램에 등장하는 폭발적인 가창력을 가진 무명 가수들을 봐도 그렇다. 식당도 마찬가지다. 요리사 자격증이 있고 요리를 잘한다고 꼭 성공하는 것은 아니다. 직장도 마찬가지다. 성과는 좋은데 성공하지 못하는 직장인도 많다.

왜 이런 일이 벌어질까? 네트워크를 연구하는 스타 과학자 앨버트 라슬로 바라바시Albert-Laszlo Barabasi는 빅데이터를 이용해 성공에 대한 분석을 하면서 '성과performance'와 '성공success'을 다르게 정의한다.[39] 성공이란 나의 성과를 다른 사람들이 어떻게 인식하는가의 문제다. 노래를 잘 부르지만, 대중이 매력을 느끼지 못하는 경우가 그렇다. 직장에서 나름대로 일도 잘한다고 본인은 생각하는데 주변에서 함께 일하는 상사와 동료, 부하 직원이 그렇게 느끼지 못한다면 성공은 멀어진다. 높은 성과가 성공으로 바로 이어지는 흔치 않은 분야는 스포츠 정도다. 가장 빨리 달리는 육상선수, 가장 골을 많이 넣는 축구선수 등은 바로 성공하기 때문이다.

성과와 성공은 매우 다르다는 연구가 직업인으로 변화를 꾀하려는 직장인에게 의미하는 바는 무엇일까? 첫째, 연예인이 팬 관리를 하는 것처럼 직장생활을 하면서 평판 관리가 필요하다. 커뮤니케이션 전문가인 헬리오 프레드 가르시아Helio Fred Garcia와 존 도얼리John Doorley는 평판을 성과와 행동, 소통의 합으로 본다. 즉, 성과 못지않게 나와 함께 일하는 사람이 업무상 나의 행동을 적절하다고 보는지, 내가 자신의 의견을 제대로 전달하면서도 사람들의 이야기에 경청한다고 느끼는지가 중요하다는 것이다. 특히 실수나 잘못을 저질렀을 때 이를 숨기지 않고 투명하게 소통하는지는 신뢰 있는 평판을 만드는 데 매우 중요하다. 직업인으로서 변화하기 위한 코칭 노트인 이 책에서 직장 내의 리더십과 관계를 다루는 이유는 직업인으로서 평판을 만드는 데 개인기뿐 아니라 이들이 중요한 영향을 미치기 때문이다.

둘째, 협조 능력, 다른 말로 '도움의 기술'이다. 성과를 만들어낸 뒤에는 네트워크가 성공에 큰 영향을 끼친다. 네트워크를 회식을 통해 만들어가는 직장인도 있지만, 진정한 네트워킹이란 사람들에게 먼저 도움을 주는 시도에서 생겨난다. 도움을 받은 사람은 대부분 기회가 있을 때 나를 도와주려고 하기 때문이다. 동료에게 평소에 내가 먼저 도움을 줄 수 있는 일이 무엇인지 생각하고 기회가 있을 때마다 돕는 것이 좋다. 제일 안타깝게 생각하는 경우는 누군가 도움을 요청했을 때, 온갖 짜증은 다 내면서 결국에는 도움을 주는 사람이다. 이런 경우 도움을 주고도 긍정적 네트워크를 형성하기 힘들다. 도움을 너무 어렵게 생각하지 말자. 현재 내가 갖고 있는 경험, 정보와 지식, 인적 네트워크를 활용해서 도움을 줄 수 있는 것에는 무엇이 있는지 찾아보자. 이 과정에서 나의 전문성이 찾아지기도 한다. 나의 전문성이 남에게 도움이 될 때, 이러한 것들이 잠재적으로 팔 수 있는 기술(직업)로 연결될 수 있기 때문이다.

셋째, 노래를 못하던 가수가 갑자기 노래를 잘 부르게 되는 경우는 거의 없다. 과학자들이 평생에 걸쳐 쓴 논문을 바라바시 연구팀이 빅데이터로 분석한 결과, 한 명의 과학자가 평생 쓴 많은 편의 논문은 모두 자신의 논문 중 '최고의 논문'이 될 가능성이 '동일'한 것으로 나타났다. 우리의 직관과 어긋나는 결과다. 바라바시는 이 결과를 놓고 성공을 복권에 비유한다. 매주 한 장씩 복권을 평생 사는 사람이 있다고 치자. 모든 복권은 당첨될 확률이 똑같다. 그런데 서른 번째 생일이 있는 주에 특별 기념으로 서른 장의 복권을 샀다면, 그 주에 평소보다 당첨 확률이 올라간다. 즉, 생산성이 성공에 미치는 영향이 매우 크다는 말이다.

수천 명의 과학자와 발명가, 예술가와 작가를 분석한 결과, 이들이 소위 인생 대박 작품을 내놓는 평균 나이는 39세 정도다. 이 연구 결과를 놓고 보면 30대 후반까지는 대박을 터뜨려야 하며, 40대 이후에는 힘들다고 생각할 수 있다. 하지만 바라바시는 한 단계 더 들어간 분석을 통해 나이와 상관없이 사람들은 생산성이 가장 높았던 시기에 성공할 가능성이 크다는 것을 발견했다. 즉, 인생 최고의 작품을 만들어내는 시기에 실패한 작품도 많이 만들었다는 의미다. 이 말은 자신의 개인기, 즉 직업 분야에서 꾸준하게 결과물을 만들어야 한다는 것이다. 가수 윤종신 씨가 〈월간 윤종신〉을 수년에 걸쳐 매달 꾸준히 곡을 발표하고 양이 쌓이면서 그중에서 히트곡이 나오는 것과 같은 이치다.[40] 책 쓰기를 목표로 하면서 소셜미디어나 블로그에 글을 쓰기 시작하는 사람 중에서 몇 주 하다가 낮은 조회수에 실망해 그만두는 경우를 종종 본다. 윤종신 씨도 말했지만 힘은 아카이빙archiving, 즉 누적된 결과물에서 나온다. 글을 아무리 올려도 사람들이 보지 않는다는 건 단순히 내가 글재주가 없다는 것을 뜻하지 않는다. 오히려 나아갈 방향을 알려줄 수 있다. 1) 좀 더 오래 꾸준히 써서 사람들의 반응을 이끌어낼 필요가 있다. 2) 사람들의 반응이 조금이라도 있는 글과 아닌 글의 차이를 보면서 글쓰기 스타일을 변화시킬 필요가 있다. 3) 글쓰기 플랫폼을 바꿀 필요가 있다.

성과와 성공은 서로 연결되어 있지만 동력은 다르다. 자신이 좋아하는 분야에서 일하며 결과물을 끊임없이 만들어내고, 그 결과물에 대한 사람들의 인식을 개선하는 방법을 고민해나가는 것이 성공의 가능성을 키우는 가장 좋은 방법임을 과학이 말해주고 있다.

Side Note 8   *"남과 나, 누구를 신경 써야 하는 걸까?"*

혹시라도 여기쯤에서 이런 질문을 던질 독자가 있을지 모르겠다. 예상하듯이 답은 둘 다이다. 다만 중요한 것은 언제 나를 신경 써야 하고, 언제 남을 신경 써야 하는지를 구분할 수 있어야 하는 것이다.

2018년 고려대학교에서 한 학기 동안 PR 사례연구라는 수업을 진행하면서 학생들과 나름 정이 생겼다. 학기말에 학생들에게 작은 선물을 하나 해주고 싶었다. 결국 아주 간단한 가방을 학생 수만큼 만들어서 마지막 수업에 나누어주었다. 가방 한쪽 면에는 "다른 사람의 인식은 당신의 현실이 된다Others' perception becomes your reality"라고 썼고, 반대편에는 "다른 사람이 당신에 대해 뭐라 생각하든 전혀 신경 쓰지 말라What other people think about you is none of your damm business"는 문장을 새겼다. 살아가면서 두 가지 태도가 모두 필요하다는 의미였다.

자신의 삶과 직업적 욕망을 찾아내기 위해서는 온전히 자신에게 집중하는 것으로부터 출발해야 한다. 이때는 '남이사 (무슨 상관이야)'와 같은 태도가 필요하다. 반면에 자신의 직업을 만들어가고, 직장 내에서 업무를 하는 과정에서는 '남들의 인식'을 신경 써야 한다. 이 책에서 말하는 직업이란 내 욕망에 솔직한 것에서 출발해 남들에게 가치를 부여하여 내게 돈을 벌어다 줄 수 있는 기술이어야 하기 때문이다. 나의 욕망(내가 나를 솔직하게 바라보기)과 나의 평판(남들이 나 혹은 나의 직업에 대해 바라보는 시각)은 둘 다 중요하다. 두 가지 중에 무엇을 신경 써야 하는지 묻지 말고, 언제 신경 써야 하는지를 아는 것이 중요하다.

평범한 이력서 대신 6E 이력서

브랜딩을 위해서는 먼저 나의 전문성을 구체적으로 정의할 필요가 있다. 내가 직업에서 쌓아온 전문성이 무엇일지를 발견하기 위해서는 단순히 내가 다닌 직장과 직책을 나열하는 그런 이력서 말고 보다 구조화된 이력서를 만들어볼 필요가 있다. 나 역시 나만의 직업을 찾기 위해 똑같은 고민을 해왔고 선배나 전문가에게 조언을 받아왔다. 이런 경험을 토대로 필요한 요소를 정리하다 보니 E로 시작하는 중요한 여섯 가지를 발견했다. 이를 바탕으로 새로운 이력서 형식을 만들어 워크숍이나 코칭에서 활용하고 있다. 기존의 이력서가 단순히 과거의 경력을 정리한 것이라면 '6E 이력서'는 전문성을 발견하고 미래를 준비하는 데 도움을 준다.

첫째, 경험Experiences이다. 단순히 어느 직장에서 어떤 직책에 있었는지가 아니라 실제 내가 실행했던 프로젝트들을 구체적으로 적어보자. 기억을 더듬어야 하기 때문에 이 목록은 충분한 시간을 두고 생각날 때마다 수정하고 보완해가며 만들어야 한다. 각 프로젝트에서 내가 기여했던 일과 긍정적 피드백이 있었던 점은 무엇인지도 떠올려보자. 최대한 상세한 목록을 만들수록 전문성을 발견하는 데 도움이 된다.

둘째, 전문 분야Expertise다. 제일 중요한 항목이다. 내 경험에서 전문성을 발견하기 위해서는 앞서 살펴본 다양한 프로젝트 경험을 보면서 이런 질문을 던져보자. 이 경험 중에서 내가 그 과정을 즐겼고, 힘들었지만 그래도 재미를 느끼고, 비교적 결과에도 만족했던 경험은 무엇인가? 경영학자이자 조직개발 이론가인 데이비드 쿠퍼라이더David Coopperider 교수는 이러한 경험을 최상의 경험peak experience이라고 부른다. 그가 조직개발 방법론으로 만든 긍정탐구Appreciative Inquiry에서는 이러한 최상의 경험을 발견하는 것을 목표로 두게 되는데, 전문성을 발견하기 위해서는 자신이 했던 경험 중 최상의 경험을 따로 살펴볼 필요가 있다.

예를 들어보자. 내 경우, 30대에 기업 커뮤니케이션 분야에서 일하면서 처음에는 최고의 커뮤니케이터이자 컨설턴트가 되고 싶었다. 하지만 30대를 돌아보면서 내가 가장 과정을 즐기고 재미있으면서 고객에게 받은 피드백도 최상이었던 순간은 고객이 더 나은 커뮤니케이션을 할 수 있도록 도와주는 프로젝트라는 것을 깨달았다. 내 직업적 욕망과 고객이 내 일의 가치에 대해 바라보는 시선이 잘 어울리는 지점을 찾은 것이다. 결국 내 전문성을 리더십과 조직, 위기 커뮤니케이션 분야에서 코칭(컨설팅이 고객의 문제에 대한 답을 주려고 한다면 코칭은 질문과 대화를 통해 고객이 스스로 해결책을 찾아가도록 도움을 준다)과 퍼실리테이션으로 잡게 되었고, 회사를 설립하고 독립하여 지금까지 해오고 있다. 자신의 전문성을 구체적으로 정하고 나면 자신을 브랜딩할 기회를 찾게 된다.

지난 1년 동안 명함을 몇 장이나 썼는지 생각해보자. 100장이었다면 누군가에게 당신을 소개할 기회가 100번 있었던 것이다. 혹시 명함을 건네며 어느 회사와 부서, 어떤 직책이라고만 말하지 않았는가? 명함을 줄 때마다 자신의 전문 분야를 한 번씩이라도 언급할 수 있다면 어떨까? 구체적인 전문 분야를 매년 100번씩 알리는 사람은 자신의 직업을 마케팅하는 작업을 직장생활을 할 때부터 시작한 것이다. 그저 직책만 이야기하는 사람의 미래와는 다르다. 자신의 전문 분야를 명확하게 표현하는 사람은 자연스럽게 그 전문성을 발전시키기 위해 노력하게 된다. 앞서 경험 목록을 정리하면서 현재 혹은 향후 3~5년 이내에 나의 전문 분야를 어떻게 다른 사람에게 설명할지 정리해보자. 흔히 말하는 '마케팅 전문가'는 우리나라에 수없이 많다.

셋째, 증거Evidence다. 전문성을 어필하기 위해서는 이를 입증할 만한 경력이 있어야 한다. 앞서 정리해본 전문성을 염두에 두고 이번에는 거꾸로 경험의 리스트를 다시 살펴보면서 자신의 전문성을 가장 잘 뒷받침할 만한 성취를 골라보자. 그 결과를 바탕으로 두 가지 선택을 할 수 있다. 전문성을 지지할 수 있는 성취가 많지 않은 경우 자신의 전문성을 달리 생각해볼 수 있다. 혹은 전문성을 강화하기 위해 앞으로 무엇을 보완할지 계획해볼 수 있다.

넷째, 노력Efforts 혹은 교육Education이다. 단순히 대학에서 어떤 분야를 전공했는지를 말하는 것이 아니다. 나의 전문성을 강화하기 위해 해온 노력이나 받아온 트레이닝이 무엇인지, 혹은 전문성을 강화하기 위해 앞으로 받아야 할 교육이나 노력이 무엇인지를 살펴본다. 요즘처럼 학위가 넘쳐나는 시대에 괜히 불안한 마음에 대학원을 다니기보다는 전문성을 강화하고 연결할 수 있는 국내외 프로그램을 찾아보거나 전문가를 만나보는 것, 그 분야의 새로운 정보를 계속 습득하는 것이 도움이 된다. 이 과정을 거치게 되면서 자연스럽게 앞으로 어떤 노력이나 교육을 받으면 좋을지에 대해서도 생각해보게 된다.

다섯째, 추천인Endorser이다. 나의 전문성을 공개적으로 지지하거나 추천해줄 사람이 있는가? 자신의 전문성에 대해 주변에서 아무도 이야기해주지 않는다면 힘을 받을 수 없다. 우리가 회사에서 승진하고 새로운 직업적 기회가 생기는 것은 누군가 다른 사람들의 추천과 칭찬이 있기 때문이다. 직장에 다니는 동안 자신의 전문성을 발견하게 되고, 미래의 직업으로 발전시켜 나가려는 사람은 이러한 프로젝트에서 일할 기회를 얻었을 때 다른 태도로 임하게 된다. 그리고 자신의 전문성에 대한 평판을 쌓아갈 기회로 연결된다.

마지막 여섯째 E는 교환Exchange을 뜻한다. 이는 이 책을 쓰면서 새롭게 추가하게 된 것인데, 어찌 보면 직장인이 직업인으로 변환하는 과정에서 가장 기본적이면서도 중요한 것이기도 하다. 6E 이력서를 만드는 이유는 전문성을 구체적으로 정의하기 위해서다. 그런데 직업을 만드는 전문성에는 한 가지 수식어가 붙어야 한다. '돈으로 교환할 수 있는' 전문성이어야 한다. PR 회사에서 평범한 사원부터 대리, 과장, 차장, 부장까지 일하는 동안에는 나는 'PR을 잘하는 사람'이 되고 싶었다. 그런데 부사장을 거쳐 사장이 되는 경영자로 성장하는 과정에서 내가 배웠던 중요한 개념은 'PR을 잘하는 사람'과 'PR로 돈을 버는 사람'이 반드시 같지 않다는 점이었다. 또 경영자는 'PR 기술을 활용하여 비즈니스를 할 수 있는 사람, 즉 돈을 벌 수 있는 사람'이 되어야 한다는 것이었다. 이 역할이 꼭 좋았던 것은 아니다. 하지만 내가 직장을 나와서도 먹고살 수 있는 중요한 트레이닝의 시간이기도 했다. 앞의 다섯 가지를 다시 한번 돌아보면서 여기에서 직장인이 물어보아야 하는 것은 과연 내가 가진 전문성, 개인기 중에서 돈과 교환할 수 있는 기술이 무엇인지를 따져보는 것이다. 지금 당장 없다면 앞으로 직장인에서 직업인으로 전환하는 과정에서 반드시 찾을 필요가 있다.

예를 들어보자. '팀장 경험'은 직장을 옮기면서 연봉을 고려하는 기준이 될 수 있다. 하지만 팀장 경험은 당장 돈과 교환할 수 있는 기술이 아니다. 하지만 다른 팀장을 코칭하여 그가 더 훌륭하게 팀을 이끌고, 더 나은 성과를 만들어내도록 할 수 있다면 이것은 돈으로 교환할 수 있는 기술이 된다. 이 말이 뜻하는 것은 무엇일까? 직장생활 동안 이런 생각을 하는 사람은 단순히 자기가 팀장으로서 잘하려고 하는 것이 아니라 자기 팀에 있던 직원을 다른 팀의 팀장으로 성장하도록 만드는 경험을 직장 다니는 동안 하려고 노력한다. 이렇게 되면 직장 내에서도 팀장에서 임원으로 성장하는 좋은 발판을 만들 수도 있다.

기업에서 광고 담당 직원 중 광고의 콘셉트를 잡고, 카피를 쓸 수 있으며, 제작까지 할 수 있는 사람은 얼마나 있을까? "광고 에이전시를 고용하여 광고를 만들어보았다"라는 것은 팔 수 있는 기술이 아니다. 하지만 어떤 사람은 기업에서 광고 에이전시를 선발할 때 과연 어떤 기준으로 뽑는 것이 가장 좋은 선택일지 고민하고, 나름대로 자료도 찾아보면서 공부한다. 실제 지인 중에는 광고 업무를 하다가 독립하여 기업에 광고 에이전시를 선발하는 업무를 컨설팅 서비스로 하는 사람이 있다. 이런 것을 직장 다니는 동안 자신의 기술로 만들 수 있다면 이는 돈과 교환할 수 있는 전문성이 된다. 회사에서 신입사원을 교육하는 업무가 할당되었을 때, 어떤 직장인은 이 기회를 이용하여 강연자로서 자신이 '팔 수 있는 전문성'을 만들 수 있을지 월급을 받아가면서 연습할 기회를 얻은 것이기도 하다.

매일 쓰는 기획서와 보고서를 그저 선배들이 쓰던 방식으로 단어만 바꿔서 쓰는 사람과, '기획서나 보고서를 이렇게 쓰지 않고 다르게 써볼 수는 없을까?'라는 생각을 해보는 직장인이 있다. 이런 질문을 스스로에게 던지는 것은 기획서나 보고서 쓰기를 돈으로 교환할 수 있는 기술의 경지로까지 만들 기회의 시작점이 될 수도 있다. 이러한 이야기를 하면 어떤 사람들은 "우리 회사에서는 하던 대로 해야 하기 때문에 그런 생각을 해봐야 소용없어요"라고 하면서 그 같은 기회를 외면한다. 하지만 기회를 만들려는 사람들은 보고서의 한 부분만이라도 형식을 바꿔보거나 새로운 시도를 하면서 자기 나름의 발판을 만들어간다.

전문가를 영어로 '프로페셔널'이라고 한다. 축구, 야구를 비롯해 직장과 직업의 세계에서도 '프로'란 돈으로 교환할 수 있는 기술을 갖고 있느냐 아니냐의 문제다. 돈으로 교환할 수 없는 전문성은 취미의 영역에 머물 뿐이다. 내 이름을 직장 내에서 브랜드로 생각할 때, 사람들은 '나'라는 브랜드를 선택할까? 마지막 항목 교환은 결국 가치의 교환이고, 직장인 자신을 브랜딩하기 위한 핵심 요소가 된다.

6E 이력서를 쓰기 좋은 소셜미디어 플랫폼이 있다. 바로 링크드인 linkedin이다. 링크드인 프로파일을 작성하기 위해서는 자신의 전문성을 한마디로 표현하고, 이와 관련된 경력과 트레이닝을 쓸 수 있을 뿐 아니라, 그런 전문성을 브랜딩하기 위해 콘텐츠를 만들어 확산시킬 수도 있다. 또한 함께 일한 사람들의 추천사를 보여줄 수도 있다. 링크드인 프로파일을 이 기회에 작성해보거나 혹은 제대로 업데이트하지 않은 부분을 보완해보면서 6E 이력서를 작성해보자. 영어로 표현하는 것이 익숙지 않다면 이런 부분을 도와주는 사람도 있다. 또 이른바 직업적 프로파일을 만들기 위해 카피라이팅을 도와주는 사람도 있다. 중요한 것은 일단 시작해보는 것이다.

우리는 언젠가 내 명함이 없어지지 않을까 두려워한다. 자신이 속한 회사와 직책만으로 스스로를 바라보기 때문이다. 앞의 여섯 가지 E를 중심으로 만드는 새로운 이력서는 전문성을 중심으로 나를 바라보고 무엇을 준비해야 할지 고민하는 훌륭한 도구가 될 것이다. 우선 나를 설명해주는 전문성, 전문 영역을 만들자. 그리고 몇 년이 지나 사람들이 그 분야와 관련된 이슈를 이야기할 때 자연스럽게 나를 떠올리게 하도록 시간과 돈, 노력을 투자하자. 가장 든든한 명함은 높은 직책이 아니라 팔 수 있는 전문성이다. 그런 전문성을 직장에 다니는 동안 만들자.

내가 팔 수 있는 개인기는 과연 무엇일까? 이를 위해 나는 '숨고·크몽 테스트'를 제안한다. 숨고(soomgo.com)와 크몽(kmong.com)은 주로 프리랜서들이 자신이 팔 수 있는 기술을 등록해놓으면, 이러한 기술을 필요로 하는 사람과 연결해주는 서비스다.

나 역시 이 책을 쓰는 동안 내 회사의 홈페이지를 다시 만드는 프로젝트를 진행 중이었는데, 처음에 숨고를 이용하여 홈페이지 플랫폼을 만드는 전문가를 찾아 작업을 진행했다. 이 사이트에는 자신을 전문가로 등록하는 기능이 있다. 분야는 다양하다. 크몽은 디자인, 프로그래밍, 콘텐츠 제작, 마케팅, 번역·통역, 문서·취업, 비즈니스 컨설팅, 운세·상담, 레슨·실무교육, 주문제작, 간판·인쇄 등의 카테고리가, 숨고는 레슨, 홈·리빙, 이벤트, 비즈니스, 디자인·개발, 건강·미용, 알바, 기타 등의 카테고리가 있다.

숨고·크몽 테스트란 만약 이런 전문가 사이트에 자신의 개인기를 등록한다면 과연 그것은 무엇이고, 어떻게 표현할지를 찾아보는 것이다. 사이트에서 제공하는 카테고리와 상관없이 자기만의 팔 수 있는 기술을 생각해보는 것도 좋다. 당장 프리랜서를 하라는 것도 아니고, 이 사이트에 자신을 등록하라는 것도 아니다. 이러한 사이트를 보면서 자신의 개인기를 찾는 데 아이디어를 얻을 수 있다. 이와 비슷한 영어권 사이트로는 freelancer.com이 있다.

키퍼 테스트 keeper test
1997년 DVD 대여 사업으로 시작하여 세계 최대 OTT(Over the top, 인터넷을 통해 영화나 방송 등 콘텐츠를 제공하는 서비스) 업체로 성장한 넷플릭스. 이곳은 미디어 회사로도 유명하지만, 독특하면서도 개방적인 조직문화로 많은 관심을 끌었다. 그중에는 키퍼 테스트가 있다. 매니저가 직원을 판단할 때 사용하는 다음과 같은 질문이 핵심이다. "만약 우리 팀의 어느 직원이 넷플릭스를 떠나 다른 회사로 갈 생각을 한다면 매니저는 그 직원이 떠나지 않도록 붙잡는 데 얼마나 열심히 노력할 것인가?"

만약 어떤 직원이 이 키퍼 테스트를 통과하지 못한다면, 놀랍게도 넷플릭스는 오히려 "넉넉한 퇴직수당(이들의 표현에 따르면 'generous severance package')"을 주어 즉각(이들의 표현에 따르면 정중하게) 내보내고, 그 자리에 더 뛰어난 직원을 뽑는다. 이렇게 하는 바탕에는 최고의 동료로 이루어진 '드림팀'을 만드는 것이 최고의 직장 환경이라는 믿음이 있기 때문이다. 심지어 넷플릭스 직원들은 자신의 상사에게 키퍼 테스트의 질문을 던져 자신이 어떻게 직장 내에서 인식되거나 평가되고 있는지를 알아보기도 한다.

"나도 독립할 수 있을까?"

40대 후반의 A씨는 4년 전 독립하여 1인 기업을 운영 중이다. 국내 대기업과 외국계 기업에서 마케팅과 영업을 했고, 중소 규모의 국내 컨설팅사에서 마케팅 컨설턴트로 일하다가 독립한 경우다.

그는 왜 독립했을까? 그는 세 가지로 답변했다. 첫째, 독립할 즈음(당시 40대 초반) 국내 대기업으로 갈까 생각하여 알아보기도 하고 인터뷰도 했지만, 생각해보니 들어가서 일도 잘하고 운이 좋다면 40대 후반에 임원이 될 텐데, 그래 봐야 임원 몇 년 하다가 커리어를 끝낼 것 같았다. 결국 다시 더 큰 조직으로 들어간다 하더라도 얼마 못 있겠다는 계산을 했다. 둘째, 대기업에서 중소기업으로 옮기면서 책임자로 일해왔는데, 다시 대기업으로 들어간다니 '층층시하'의 의사결정구조와 합리적이지 않은 조직문화가 갑갑하게 느껴졌다. 이는 그가 대기업이나 컨설팅사에서 고객과 일하면서 느낀 점이기도 하다. 무엇보다 실무자가 '무엇이 고객과 시장에 맞는 것인가?'보다는 '무엇이 내 보스가 원하는 것인가?'에 더 신경 쓰는 문화에 적응할 엄두가 나지 않았다. 40대에는 자신의 목소리를 낼 수 있는 환경에서 일하고 싶은 마음이 있었다. 마지막으로, A씨는 사업을 할 거라고는 한 번도 생각해보지 않았는데, 주변에서 사업을 시작하면서 자신도 자극을 받은 바가 있었다. 자신도 '사업을 시작하게 되면 돈을 더 열심히 벌지 않을까?' 생각한 것이다.

독립하고 나서 수입은 어떻게 되었을까? 5년 전 직장의 수입과 지금 수입을 비교하는 것은 다소 적절치 않을 수 있겠으나, 지난 4년 동안 2년은 이전 직장 수입보다는 많이, 또 2년은 그보다는 적게 벌었다고 한다. 당연히 수입이 고르게 나오는 것이 아니라서 안정성은 떨어지기 마련이다.

그는 삶에 대한 만족도를 말하는 부분에서는 "돈은 중요하지만, 가족은 소중하다"는 말을 했다. 독립을 하면서 아이들(그는 아이가 셋이다)과 여행을 하거나 함께하는 시간이 늘었다. 주말 이외에도 평일에 소중한 가족과 시간을 보내는 게 가능해졌다는 것만으로도 그는 삶에 대한 만족도가 올라갔다고 했다.

그렇다면 현재 자신의 커리어에 대한 만족도는 어떨까? 그는 커리어 만족도를 마케팅 컨설턴트로서 브랜드 아이덴티티에 비유하여 이야기했다. 상품의 경우 브랜드 아이덴티티를 정하고 나면 그에 맞게 일관성 있는 프로그램을 진행해야 하지만, 제품이 아닌 사람의 커리어는 자신이 정한 아이덴티티로만 갈 수는 없는 것 같다고 했다. 그가 생각하는 본인의 커리어 아이덴티티는 '브랜드 마케팅 컨설턴트'이지만 일을 하면서 본인이 생각하지 않았던 다른 분야의 컨설팅이 들어오게 되면서, 지금은 자연스럽게 처음에 생각했던 아이덴티티와 다르게 변했다고 한다. 하지만 그것 나름으로도 의미가 있다고 했다. 그의 이야기를 들으면서 캐나다의 경영학자인 헨리 민츠버그Henry Mintzberg의 '창발적 전략emergent strategy'이 떠올랐다.

전략에는 A씨의 경우처럼 마케팅 컨설턴트가 되고자 하는 '의도적 전략deliberate strategy'도 있지만, 의도하지 않았지만 우연하게 새로운 기회가 찾아와 이것이 새로운 전략으로 자리를 잡는 경우가 생각보다 많다. 이를 창발적 전략 혹은 우연히 실현되었다는 의미에서 '실현된 전략realized strategy'이라고도 부른다. 실제 커리어에서 우리는 이런 경험을 자주 한다. 나 역시 처음에 PR 회사에서 커리어를 쌓을 때는 리더십이나 조직 커뮤니케이션 분야의 코치나 퍼실리테이터가 되겠다는 생각은 전혀 하지 못했다. 하지만 우연한 기회에 코칭과 퍼실리테이션 분야를 접하면서 훈련을 받고 이것이 자연스럽게 고객사에 제공하는 서비스로 '잘 팔리면서' 나의 창발적 전략으로 자리 잡게 된 것이다.

직장인에게 조언을 해달라는 요청에 A씨는 이렇게 말했다. 첫째, 자신이 40대 초중반에 직장을 나와 사업을 하게 되었는데, 직장 다닐 때는 사업할 생각을 전혀 하지 않았다고 했다. 돌이켜보면 만약 자신이 이럴 줄 알았더라면 "직장 다닐 때의 자세가 달랐지 않을까…'라고 생각한다고. 대기업에 있을 때 상사가 늘 하던 말이 "브랜드 매니저란 회삿돈으로 자기 사업을 하는 것"이었는데, 당시에는 잘 몰랐지만 지금 생각해보면 그 말이 맞았다고. 결국 독립해서 사업을 하게 되면 직장생활을 했을 때 만들었던 인간관계가 직간접적으로 영향을 미치게 되는데, 사업을 나중에 하든 안 하든 직장에서의 인간관계가 중요하다는 점을 다시 한번 강조했다. 실제 그는 최근 1년 동안 이전 직장인 중소기업 컨설팅사에 일주일에 이틀씩 나가면서 '파트 타임 직장인'으로 일했다. 그러면서 본인의 사업도 독립적으로 하는 일종의 '하이브리드' 모델을 실험하고 있는데, 만약 그가 이전 직장에서 인간관계가 좋지 않았거나 신뢰를 받지 못했다면 이는 불가능했을 것이다.

둘째, 직장 다니면서 경험했던 '수단'들이 독립하고 나니 자신의 '개인기'가 되어 돈을 벌어들일 수 있었다. 그는 직장에서 '포커스그룹인터뷰FGI'와 강의 등을 진행한 적이 있었는데, 당시에는 본인의 주 업무도 아니어서 그리 중요하게 생각하지 않았다고 한다. 그런데 독립하고 보니 직장에서 월급을 받으며 배웠던 것이 경제적 가치를 만들어내는 수단이 되었다. 그는 직장에 있는 동안 새로운 것을 배워서 자신의 도구로 만드는 게 중요하다고 했다.

마지막으로, 그는 회사에서 하는 일이 항상 재미있을 수는 없으며 중요한 것은 자신의 직장 경험을 나름대로 해석할 수 있는 틀이 있어야 한다고 조언했다. '직장 다니는 동안 돈 받고 독립할 수 있는 트레이닝을 받는다'고 생각하거나 '향후 사업할 수 있는 기반을 만든다'는 생각으로 일에 접근하는 것이다.

Side Note 10	**픽사 피치와 직업**

"야, 네가 첫 직장으로 해외 대기업에 들어가면 내가 구찌 가방 쏜다!" 한국에서 대학 졸업 후 경력 없이 해외 글로벌기업에 지원했지만 연속된 실패로 좌절하던 유연실 대표에게 친구가 했다는 말이다. 하지만 결국 그는 싱가포르에서 글로벌기업 후지제록스를 시작으로 SAP, 구글 등에서 근무한 후, 현재는 캐나다에서 자신의 커리어 경험을 살린 업플라이를 설립하여 운영 중이다. 업플라이는 해외에서 커리어를 쌓고자 하는 한국인을 도와주는 컨설팅과 교육 프로그램을 제공해준다. 그의 웹사이트에는 "Helping Korean professionals pursue international career"라고 적혀 있는데, 그의 직업은 누가 봐도 단순 명쾌하다. 10여 년간 좌충우돌하며 글로벌시장에서 커리어를 쌓아온 유 대표가 자신과 같은 커리어를 쌓고 싶어 하는 사람들에게 방법을 알려주는 일을 하기로 한 것이다. 그가 직장 경험으로부터 자신만의 직업을 찾아내고 브랜딩하는 과정은 우리에게 좋은 사례가 된다.

다니엘 핑크Daniel pink는 《파는 것이 인간이다》에서 '픽사 피치 Pixar Pitch'란 개념을 소개한다. 픽사의 스토리 개발자였던 에마 코츠

Emma Coats가 만들어낸 방식이다. 픽사 스튜디오에서 만드는 모든 이야기에는 공통된 구조가 있다고 하는데 이는 여섯 개의 단어로 이루어져 있다(옛날에 / 매일 / 어느 날 / 그래서 / 그래서 / 마침내). 이 책에서는 〈니모를 찾아서〉를 예로 들어 설명한다.

"**옛날에** 외동아들 니모를 애지중지하는 말린이라는 열대어가 살았다. **매일** 말린은 니모에게 바다는 위험하니 멀리까지 헤엄치지 말라고 당부했다. **어느 날** 니모는 반항심에 아빠의 당부를 무시하고 넓은 바다로 나갔다. **그래서** 니모는 다이버에게 잡혀 결국 시드니에 있는 한 치과의사의 수족관 애완동물 신세가 되었다. **그래서** 말린은 다른 바다 동물의 도움을 받으며 니모를 찾기 위한 여행을 떠났다. **마침내** 말린과 니모는 서로 만나고, 사랑에는 믿음이 중요하다는 사실을 배운다."

자신의 직업을 만들어내고 브랜딩 메시지를 만들어내기 위해 이를 적용해보면 어떨까? 유연실 대표의 사례를 예로 들어보자.

"**옛날에** 해외 기업에 취업하고 싶어 하는 한국의 취업생은 **매일** 제대로 된 정보나 조언을 들을 길이 없어 막연하게 수백 장의 이력서만 보내고 실망과 실패를 경험하고 있었다. **어느 날** 유연실 대표는 이러한 고민을 갖고 있는 사람에게 자신이 10년 동안 경험한 것이 도움이 될 수 있겠다는 생각을 했다. **그래서** 업플라이라는 회사를 설립하고 해외 기업에 취업하고 싶어 하는 사람을 도와주는 서비스를 제공하는 사업을 시작했다. 유연실 대표의 도움을 받아 아시아는 물론 유럽과 미주 지역에서 취업에 성공하고 자신의 국제적인 경험과 커리어를 쌓아가는 사람들이 생겼다. **그래서** 유연실 대표가 해외에 취업할 때 경험했던 많은 실수나 실패 경험을 인사이트로 전환하여 고객에게 제공하자 고객은 실수와 실패를 줄이는 것은 물론 취업에 걸리는 시간도 단축할 수 있었다. **마침내** 업플라이의 고객은 물론 유연실 대표도 캐나다에서 살면서 한국 직장인의 해외 기업 진출을 돕는 서비스로 사업을 성공시킬 수 있었다."

이제 여러분의 차례다. 여섯 가지 단어를 활용하여 여러분만의 픽사 피치를 만들어보면 어떨까?

조직에 기대지 않고 돈과 교환할 수 있는(팔 수 있는) 나만의 개인기, 전문성은 무엇인가?

💬 이번 장에서 나는 키퍼 테스트에서 잠시 멍했어. 내가 만약 상사에게 그런 질문을 한다면 어떤 대답이 나올까? 아, 물어보기도 싫어. 오늘 밥이 넘어갈지 모르겠어….

💬 그래, 정말 긴장되는 질문이지? 나도 그 질문을 볼 때 비슷하게 느꼈어. 자, 지난번에는 직장이라는 틀 안에서 내가 어떻게 커리어를 마치고 싶은지 생각해봤다면 오늘은 보람이 갖고 있는 혹은 만들어가고 싶은 개인 기술에 맞추어 생각해보자. 지난번에 CSR 전문가, 조직문화 전문가 등을 이야기했어. 현재 다니는 기업에서 받는 월급 말고, 만약 보람이 현재 다니는 직장이나 다른 기업에 CSR 관련 서비스를 제공하는 입장이라고 생각해보면 과연 그들이 얼마를 줄 것 같아?

💬 글쎄…. 얼마인지를 떠나서 팔 수는 있을지부터 생각해보게 되네. CSR 업무를 해보기는 했지만, 내가 가진 지식이나 기술을 팔 수 있을 정도의 전문가라고는 생각해보지 않았거든. 조직문화도 마찬가지이고. 다만 이전 직장에서 고객에게 제공하는 시간당 서비스 단가가 있기는 했는데, 그건 그 회사에 있을

때 이야기고. 사람들이 내 이름만 보고 그 정도의 돈을 지불할까? 생각해보면 그건 자신 없어….

💬 그래. 내가 "얼마를 줄 것 같아?"라고 질문한 것은 첫 질문으로는 적절치 않았던 것 같아. 질문을 다시 바꿔볼게. 보람이 가진 기술 중에서 돈과 교환할 수 있는 개인기에는 무엇이 있을 것 같아?

💬 내가 팔 수 있는 것을 생각해보면…. 일단 홍보회사나 지금 기업에서 CSR 관련 기획을 해보았고, 내 아이디어가 고객이나 상사에게 채택되어서 실행한 적이 있어.

💬 오늘은 다른 것은 잠시 비켜놓고, CSR 분야에서 보람의 직업을 만드는 법을 생각해보자. 5년 뒤에 보람이 다니는 직장에서 CSR 프로젝트를 해야 되는 상황에 놓였어. 태스크포스를 짜는데, 보람의 이름이 가장 먼저 나오게 하기 위해서 할 수 있는 게 뭐가 있을까?

💬 6장에서 소개한 퍼스널 브랜드가 마음에 와닿아서 몇 가지 노트에 적어봤는데…. ISO 26000이라고 기업의 사회적책임에 대한 국제표준화기구ISO의 표준이 있어. 이번에 이 표준에 대해서 다시 공부를 해봐야겠다는 생각이 들었어. 그리고 CSR에 대한 전문적인 강좌를 살펴보니 온라인으로 제공하는 것도 꽤 되더라고. 영어를 아주 잘하지는 않지만, 영어도 함께 공부한

다는 셈 치고 도전해보고 싶어서 현재 나한테 제일 맞는 온라인 교육 프로그램을 조사 중이야. 그리고 홍보팀에서 일하기 때문에 인터뷰하는 것에 대해서도 관심이 많은데, 국내 전문가들은 연락해서 한번 만나 인터뷰도 해보고, 조언도 구하고 싶어. 해외에는 이메일로라도 연락을 해볼까 해.

💬 모두 좋은 아이디어야. 당연히 교육을 받고 인터뷰를 해보는 것도 퍼스널 브랜드를 만드는 데 도움이 되지. 그럼 지금 회사 안에서 해볼 수 있는 일은 없을까?

💬 사보에 내가 CSR에 대해 배운 것을 정리해서 글을 기고해보는 것은 어떨까? 또 내부에 부서를 가리지 않고 테드TED 강연처럼 짧게 발표하는 세미나 자리가 있어. 거기에 신청해서 CSR에 대해 발표를 해볼 수 있을 것 같아.

💬 아주 좋아. 그러면 회사 사람들에게 전문성을 홍보할 수 있겠지? 자, 이번에는 외부로 보람의 전문성을 보여주면서 브랜드를 만들어갈 수 있는 것에는 뭐가 있을까?

💬 이참에 블로그나 브런치(brunch.co.kr) 같은 플랫폼에 글을 써볼까 하는 생각도 해봤어. CSR을 주제로 시작해보는 거지.

💬 그것도 괜찮은 방법이야! 예전에 영화에 대한 열정이 있다고 했잖아. 그걸 CSR과 연결할 수 있는 부분은 없을까?

💬 아하, 실은 〈에린 브로코비치〉나 〈인사이더〉, 〈다크워터스〉 같

은 영화나 〈엔론〉 같은 다큐멘터리를 흥미롭게 봤거든. 기업의 사회적책임을 다룬 영화를 골라서 내 나름의 분석과 평을 해도 좋을 것 같아. 어쩌면 유튜브로 CSR과 관련된 영상을 만들어볼 수도 있을 것 같아!

💬 그래. CSR 전문가의 숫자는 많겠지만, 세상에 CSR에 대한 이야기를 영화 분석을 통해 하는 사람이 얼마나 되겠어? 바로 이런 고유한 관심사를 연결해가면서 자기만의 직업을 만들어가는 거야.

💬 생각해보니 CSR을 나의 직업 브랜드로 만들어가는 데 할 수 있는 게 엄청 많네. 처음에는 좀 막막했거든. 지금 생각났는데 글로벌 CSR 컨설팅사나 국제기구 등에서 내는 자료를 모아서 나만의 아카이브를 만들고, 이 자료의 내용도 블로그를 통해 소개할까 봐.

💬 한 가지 더 제시한다면, 그렇게 자신만의 콘텐츠가 모이게 되면 퍼블리(publy.co) 같은 전문 콘텐츠 플랫폼에 연재하는 것도 좋을 것 같아. 실제 많은 직장인이 자신의 전문 콘텐츠를 그런 플랫폼에서 발표하거든. 자신의 전문 영역을 만들어가기 위해서는 글쓰기나 콘텐츠 만들기는 필수적인 것 같아. 영상이든 글이든 발표든 자신의 전문성을 알려나갈 수 있는 수단이 있어야 하는 거지.

💬 와, 내가 책을 출판한다는 생각만으로도 가슴이 뛰는데! 하지만 이것도 모두 내가 어느 정도 전문성을 키운 다음의 일이겠지? 아직은 지식이나 경험에서 부족한 것이 많아.

💬 힘내. 적어도 내가 어떤 방향으로 노력하면 될지에 대한 것을 알게 된 것만으로도 큰 성과니까. 이제 오늘로 1부가 마무리되고, 다음번에는 2부의 첫 번째로 그럼 이런 직업인이 되기 위해 공부와 성장은 어떻게 해나가야 할지 함께 고민해보자.

2부

직업인을 위한
직장 사용 설명서

7장

대학원보다 공부,
입증보다 성장하기

"저는 최근 배우는 것에 관심이 많아요. 장
기간 직장생활을 하려면 역량 강화를 하지
않으면 살아남기 힘들겠다는 생각을 해서
영어회화도 알아보고 디자인 영역에서의 확
장도 필요해서… 배움에 대한 관심이 큰 것
같아요."

30세, 디자이너

💬 여기야!

💬 호를 이태원 카페에서 볼 줄이야. 맥심이란 이름은 부모님 세
대에 유명했던 커피 브랜드인데, 여긴 공부하는 사람이 많네?

💬 응. 내가 이 책을 마무리할 때 가끔 왔던 곳이야. 길고 커다란
책상이 있어서 공부하기 좋고, 심지어 지하 공간의 이름은 라
이브러리야. 오늘은 공부에 대해서 이야기하려고 대화가 자유
로우면서도 건너편에서 공부하는 사람들을 볼 수 있는 이 곳
에서 만나자고 했어. 이번 원포인트 코칭의 질문이 이거거든.

나는 직장에서 경쟁자를 이기기 위한 노력보다
나의 직업을 성장시키기 위한 공부를 해나가고 있는가?

💬 그러고 보니 매번 장소와 대화가 연결되네.

💬 맞아. 그리고 장소를 바꾸다 보면 새로운 아이디어도 생겨나
고 하니까.

💬 사실 직장 다니면서 대학원을 가야 하나 몇 번 생각해본 적은
있는데.

💬 난 직장인의 공부가 학위를 따기 위해 대학원을 가는 것으로
인식되는 건 유의해야 한다고 생각해. 지난 시간과 이번 시간

에 걸쳐 보람이 세운 계획처럼 자기만의 공부를 하고, 이를 정리하는 게 중요하거든. 하지만 여기에서도 무엇을 위해 공부해야 하는지를 생각해보면서 이번 장을 읽으면 좋겠어.

O

나이가 들고 직장에서의 경험이 쌓이면서 직장인은 두 가지 전략을 펼치기 시작한다. 미국 뉴로리더십연구소Neuroleadership Institute의 용어를 빌려 설명해보자. 하나는 '프루빙proving', 즉 입증하는 전략이고 또 하나는 '임프루빙improving', 즉 개선하는 전략이다(영어의 라임rhyme상 원래 발음 그대로 옮겼다). 전자의 목표는 직장 내에서 내가 남보다 더 낫다는 걸 입증하는 것이다. 이들은 직장 내의 구도를 승진과 탈락, 즉 이기고 지는win-lose 프레임으로 보기 때문에 경쟁적 태도를 취한다. 반면에 후자는 경쟁에서 남을 이기는 것보다 자신이 속한 업계에서 전문가가 되겠다는 자기만의 목표 지점에 도달하는 데 주된 관심이 있다. 심리적으로 무조건 남을 이기려는 경쟁적 태도와 남보다는 자신이 정한 목표점을 향해 가려는 성취 지향적 태도는 구별해야 한다. 1장에서 이야기했던 성과목표는 프루빙, 향상목표는 임프루빙과 연결된다.

경쟁적으로 자신을 입증하려는 전략을 선택한 사람보다 성취를 목표로 개선하는 전략을 취했던 직장인이 결국에는 더 나은 '경쟁력'을 갖추게 되는 것은 역설적이다. 무언가 입증하려는 직장인은 자신이 개선할 점이 별로 없으며 이미 경지에 올랐다는 것을 보여주려 애쓰기 때문이다. 조직을 떠나서 어느 쪽이 자기만의 직업을 갖고 살아갈 가능성이 큰지는 분명하다. 심리학자인 캐럴 드웩Carol Dweck은 전자를 '고착형 마인드셋fixed mindset', 후자를 '성장형 마인드셋growth mindset'이라 부른다.[41]

두 가지 전략이 직장 내에서 어떤 행동의 차이를 보이는지 좀 더 살펴보자.

첫째, 입증하려는 사람은 후배가 요청하지 않을 때도 가르치려고 한다. 반대로 개선하려는 사람은 후배가 요청할 때는 적극적으로 가르쳐주지만, 평소에는 선배나 동료는 물론이고 후배에게도 배우려고 한다. 이러한 태도가 행동으로 드러나는 지점 중 하나는 후배에게 질문을 할 때다. 입증하려는 직장인은 상대방이 자기보다 모른다는 것을 다른 사람에게 보여주고 자신을 보호하기 위한 질문을 한다. "이거 알아?(=너 이거 모르지?)" 이런 질문 말이다. 개선하려는 직장인은 상대방에게서 배우기 위한 겸손한 질문을 한다. "이 프로젝트를 다시 하게 된다면 우리가 혹은 내가 어떤 점을 개선할 수 있을까?" 질문에 대한 책《그렇게 물어보면 원하는 답을 들을 수 없습니다》를 썼던 사람으로서 이런 질문은 품격이 다른 질문이라는 점을 짚고 넘어가지 않을 수 없다.

둘째, 입증하려는 사람은 익숙한 분야에만 머문다. 그것이 자신의 능력을 입증할 수 있는 안전한 전략이며 새로운 분야에서는 자신이 무언가를 입증하기 힘들 것이기 때문이다. 반면 개선하려는 사람은 새로운 분야에 대한 호기심을 갖는다. 어느 정도 경험과 지식이 쌓이면 새로운 분야의 지식과 연결하는 시도 속에서 창의적 성장이 가능하다는 것을 알기 때문이다.

셋째, 입증하려는 사람은 자신이 쉬지 않고 일한다는 것을 보여주려 한다. 상사가 휴가 갈 때가 아니면 휴가도 가지 않는다. 열심히 일한다는 것을 입증해야 하기 때문이다. 개선하려는 사람은 자신에게 주어진 휴식 시간을 최대한 활용한다. 때론 멈춰 서서 낯선 환경에서 자신을 돌아보는 시간을 갖는 것이 이들에겐 중요하기 때문이다. 아디다스에서 29년간 일하면서 전 세계 10명밖에 없는 브랜드 디렉터 부사장까지 올랐던 강형근 아디다스 코리아 부사장은 휴식을 "창의적으로 일하기 위해 에너지를 충전하는 기술"이라고 정의하고 29년 동안 6시가 되면 정시 퇴근을 했다. 그는 퇴근 후 어제보다, 작년보다 나아진 것이 무엇일지에 대해 스스로에게 물으며 성찰의 시간을 보냈다고 한다.[42]

입증 전략을 세우며 직장생활을 해온 40대 중후반 직장인이 퇴직을 앞두고 갑자기 개선 전략을 시도하기란 쉽지 않다. 반면 30대 초중반에 자신이 입증하는 전략만을 써왔다는 것을 깨닫고 개선하는 전략을 취하고 싶다면 전환이 훨씬 쉽다. 직장 내부를 넘어 업계 전체로 시야를 확대하고, 이루고 싶은 성취 목표점을 생각하는 것에서부터 시작할 수 있다. 입증하는 전략은 개선에 이르지 못할 수 있다. 반면 개선하려는 전략은 결국 자신의 능력을 입증하기 마련이다.

이번 장은 직장인의 학습에 대한 내용이다. 먼저 경쟁과 성취의 차이에 대해 알아보자.

경쟁하기보다 성취하라

직장생활을 하며 나는 경쟁competition하고 있을까, 아니면 성취 achievement하고 있을까. 경쟁과 성취의 차이에 대해 과거 나는 크게 주목하지 않았다. 경쟁을 통해 성취하고, 성취하는 과정에서 경쟁하기 마련이니까. 하지만 리더십 및 조직진단 교육으로 두 가지의 차이를 깨닫고 직장인의 삶에 대해 다시 생각해보았다.[43]

우리는 "경쟁력을 키워야 한다"라는 말을 수시로 듣는다. 외부로는 경쟁사와 시장에서 경쟁하고, 직장 내부에서는 부서 간에 그리고 승진을 두고 동료, 선후배와 경쟁하며 살아간다. 이러한 경쟁에서 승리할 때 우리는 성취감을 느끼기도 한다. 도대체 경쟁과 성취에는 어떤 차이가 있는 것일까?

경쟁은 경쟁자를 이기는 데 자신의 가치를 둔다. 수십 년에 걸쳐 사람들의 삶의 스타일을 측정한 결과에 따르면 보통 경쟁에서의 승리에 가치를 두는 사람은 공격적인 성향인 경우가 많으며, 다른 사람의 인정과 칭찬에 목말라한다. 이들은 실패를 두려워하며 자신의 목표에 대한 시각을 왜곡할 위험이 있다. 앞에서 이야기했듯이 승진이나 연봉 인상과 같은 '수단'을 자신의 삶의 '목표'로 착각할 수 있다. 반면 성취 지향적인 사람들은 자신이 하는 일이나 분야에서 자신이 이루고자 하는 기준에 도달하는 데 중점을 둔다. 이들은 다른 사람이 부과한 목표뿐 아니라 자신이 설정한 기준에 이르기 위해 개인적으로 노력한다.

이제 왜 이 두 가지를 구분하는 것, 그리고 경쟁보다 성취에 내 삶의 에너지를 집중하는 것이 중요한지에 대해 살펴보자. 앞서 비유한 것처럼 직장, 즉 내가 몸담고 있는 조직은 '통장'이고 직업, 즉 나의 전문성은 '현금'이다. 과거에는 직장생활을 하다가 나와서 그동안 번 돈으로 아이들 학비 대고 결혼시키고 노후 자금까지 쓰는 것이 기성세대의 패턴이었다. 하지만 최근 퇴직 연령은 점차 낮아지는 경향을 보인다. 앞으로 정규직이 늘어날까, 줄어들까? 4차 산업혁명 등의 흐름을 고려할 때 전반적으로 정규직이 줄어드는 추세는 불가피할 것이다.

경쟁을 중심에 두고 직장생활을 하는 사람은 그 직장에서 위로 올라가기 위해 좁은 사다리를 놓고 치열하게 일한다. 하지만 경쟁에 빠지다 보면 자신의 전문성을 높이기 위해 시간과 에너지를 쓰는 것보다 윗사람에게 잘 보이고, 경쟁자를 깎아내리고, 잦은 회식 등 과도한 '사내 정치'에 빠져들 위험이 크다.

반면 성취를 중시하는 사람은 직장생활을 통해 자신이 어떤 분야에서 우수한 인재가 되고 싶어 하는지에 대해 자기만의 생각을 갖고 있으며, 자신이 생각하는 우수함의 기준을 세우고, 이를 달성하기 위해 노력한다. 이런 사람은 단순히 직장 내부에서 경쟁하는 것보다 외부나 해외에서 자신과 유사한 길을 걸으려는 사람들이 어떻게 행동하거나 자신을 계발하는지 살피고, 그들과 정보를 교류하며, 스스로 배움의 길을 찾아 나선다.

이러한 성취 과정에서 자연스럽게 경쟁하게 되지만, 성취 중심의 사람은 남을 이기는 것보다는 자신이 세운 기준을 달성하기 위해 노력하고 그 과정에서 자기만의 전문성, 즉 확고한 직업을 만들어나간다. 경쟁 중심의 사람은 패배하게 되면 분노하고, 패배를 합리화하고 경쟁자를 깎아내린다. 이들은 패배로부터 배우지 못한다. 자신을 입증하기 위해 경쟁에 치우치는 직장인은 스트레스가 높을 수밖에 없다. 하지만 성취 지향적인 사람은 경쟁에서 지더라도 그로부터 배우려 한다. 이런 사람들은 직장 내에서도 더 오래 필요할 뿐 아니라 직장을 떠나서도 다른 곳에 취업하거나 독립하여 자기만의 전문성으로 살아나간다.

잠시 직장생활 속 나 자신을 되돌아보자. 나는 매일 경쟁에 지나치게 집중하고 있는 것은 아닐까? 동료들과의 경쟁 이전에 내가 우수한 수준에 도달하고 싶은 전문 분야가 있는가? 직업적 욕망을 갖고 성장하고 싶은 분야가 있는가? 이를 위해 경험을 쌓고 노력하고 있는가? 통장은 많은데 저축한 현금이 없다면 소용없다. 마찬가지로 직장 경력은 오래되었는데 자기만의 전문성을 쌓지 못한다면 직장생활은 물론

이고 퇴직 후의 삶도 어려워진다. 경쟁보다 성장에 초점을 둘 때 비로소 퇴직 후에도 무언가 시작할 수 있다.

공부를 더 해야 하는 기준

꼭 가지 않아도 되는 학교가 대학원이다. 직장인의 처지에서 보면 그렇다. 대학원은 가고 싶은 사람만 가면 되는 곳이다. 필수가 아니다. 하지만 종종 직장인으로서 대학원 진학에 대해 고민하는 일이 생긴다.

대학원을 가기 위해 직장을 그만두기도 한다. 로스쿨이나 경영학석사MBA 과정, 주간에 수업을 듣는 풀타임 대학원 과정을 밟거나 유학을 가는 경우다. 이는 자신의 커리어를 학계나 법조계 등으로 바꾸거나 나름의 목표가 있어 몇 년간 직장을 떠나 과감한 투자를 하기 위해서일 것이다.

하지만 대학원 진학을 고민하는 대부분의 직장인은 직장을 다니면서 야간이나 주말에 다니는 석사 과정을 생각하게 된다. 이때 무엇을 고려해야 할까? 한 후배는 다니는 직장에서 임원이 되는 것이 목적인데 대학원을 가야 할지 고민하고 있었다. 그 직장에서 임원은 대부분 대학원을 나왔다는 이유였다.

나는 두 가지 리스트를 만들어보라고 했다. 하나는 임원을 한 사람씩 그 나름대로 분석해보라는 것이었다. 그 사람이 임원이 된 이유가 과연 무엇일지를 두세 가지씩 적어보라고 했다. 이것은 임원이 되기 위한 조건이 무엇인지를 스스로 생각해보게 하기 위함이었다. 후배는 '임원이 안 되면 어쩌나' 하는 불안감과 함께 자신의 대학 전공이 경영학이 아닌 예체능인 데 불안감이 있었다. 나는 또 한 가지를 생각해보라고 했다. 만약 자신이 회사에서 임원이 안 된다면 그 이유는 무엇일지를. 이 두 가지 리스트에 대학원 졸업 여부가 들어가기는 어려울 것이다. 대학원을 나온 것이 승진하는 데 결정적 이유가 되는 경우를 최근에는 보지 못했다. 승진에 도움이 될 것 같아서 대학원 진학을 생각하고 있다면 다시 생각해보길 바란다.

그럼 언제 대학원을 가야 할까? 당연한 말이겠지만 가고 싶을 때 가면 된다. 직장생활을 하다 보면 자신의 경험을 이론적으로 체계화하고 싶고, 국내외 사례 등을 나름대로 분석하고 싶은 욕구가 들 때가 있다. 또 다른 후배는 직장생활을 하면서 관심이 가는 분야가 생겼고, 공부해보고 싶다고 했다. 이 후배에게는 "적극적으로 진학을 고려해봐"라고 말했다. 달리 말하면 나는 일반적으로 대학원에서 써보고 싶은 논문 주제가 있으면 대학원에 가는 것을 긍정적으로 검토해보라고 하는 편이다. 논문을 쓰지 않는 대학원도 많지만, 자신의 경험을 논문으로 써보고 싶은 정도의 관심이 가는 주제가 있을 때 대학원을 고려하는 것이 돈과 시간, 에너지를 낭비하지 않는 방법이라고 생각한다. 요즘 시대에 대학원을 졸업했다고 외부에서 알아주는 경우는 없다. 오히려 수천만 원에 이르는 학비와 시간 투자를 생각할 때 실망스러운 결과를 얻을 수 있다. 공부로 전문성을 확장하고 내면적으로 만족하기 위한 목적이 아니라면 오히려 다른 곳에 투자하라고 권한다. 차라리 그 학비로 국내외 여행을 하거나, 책이나 영화를 마음껏 보거나, 아니면 비상시를 위해 수천만 원을 저금해놓는 것도 좋다. 양이 많아지면 값어치가 떨어지기 마련이다. 지금도 대학원 학위 소지자는 차고 넘친다. 더군다나 직장인 대상의 대학원 프로그램은 학교에서도 돈벌이 수단인 경우가 많다.

오히려 심각하게 고민해봐야 할 것은 대학원 진학이 아니라 '내가 공부하고 있는가?'라는 질문이다. 바쁜 일상에 파묻혀 자기 경험을 돌아보지 못하고, 지속적으로 빠르게 변화하는 흐름을 읽어내지 못하는 것이 더 큰 문제다. 이런 새로운 흐름은 도리어 대학원이 더 늦는 경우도 많다. 자기만의 공부 방법이 있어야 한다. 온라인은 혼자서 공부할 수 있는 방법을 열어주었다. 테드 강연이나 구글에서 제공하는 세계적 저자들의 강연 영상(유튜브에서 authors at google을 검색하면 된다) 등으로 공부할 수도 있다. 2만~3만 원으로 훌륭한 영어 학습 강의도 들을 수 있다. 동네 서점에서도 훌륭한 강의는 많다. 조금 더 돈을 투자한다면 외국에 있는 전문가와도 영상통화로 컨설팅이나 코칭을 받을 수 있다. 세계적 마케팅 전문가 세스 고딘Seth Godin은 한 달짜리 프로젝트 중심의 MBA 과정을 온라인에서 운영하며 전 세계 직장인을 연결하고 있다. 알찬 단기교육 프로그램은 국내외에 수없이 많다.

대학원은 꼭 가지 않아도 된다. 하지만 공부는 꼭 해야 한다.

초심은 안 지키는 게 맞다!

초심初心을 지켜야 한다고? 꼭 그래야 할까? 지켜야 할 초심이 무엇이길래. 우연히 직장 리얼리티 방송 프로그램을 보다 실수하고 당황하는 인턴들의 모습에서 20년도 전인 나의 신입 시절을 떠올렸다. 그때 나는 어떤 마음을 가졌던가? 당연히 막내였으니 상사와 고객에게 인정받기 위해 열심히 잘해보겠다고 생각했을 것이다. 솔직히 그 시절 초심이 어땠는지 이제는 구체적으로 기억나지 않는다.

초심을 지켜야 한다는 말은 꼭 맞는 말이 아니다. 그것은 적절한 초심이 있을 때의 이야기다. 사원으로 시작해서 어느 시점이 되면 누군가의 상사가 되는 때가 온다. 단순히 선배가 아니라 팀원의 인사평가를 하고 프로젝트를 이끄는 자리에 오르게 된다. 흔히 피플 매니저 people manager라고 칭한다. 의외로 많은 매니저가 '초심'으로 일하면서 아랫사람을 힘들게 한다. 매니저가 돼서도 자신이 모든 것을 해야 하며, 능력 있는 팀원에게 일을 맡겨놓고도 안심하지 못하고, 사사건건 간섭하는 경우가 그렇다. 그러면서도 구체적인 칭찬도, 개선해야 할 점을 명확하게 알려주는 피드백도 하지 못하거나 회피한다.

이제 "초심을 지키자"라고 말하기 전에, 나는 지금의 역할에 맞는 초심을 갖고 있는지 생각해보자. 지금의 내 자리에 맞는 초심이 무엇일지 고민해본 게 언제였을까? 혹시 직장 경력이 10년이 넘고 두세 명의 직원을 평가하는 자리에 있으면서 지금 나의 상황에 맞는 초심이 무엇인지 제대로 생각해보지 않은 것은 아닐까? 이는 스타트업을 창업하거나 갑자기 많은 사람, 사업을 이끌게 된 경우에도 적용된다. 자신의 역할에 맞는, 조직이나 내 이익에도 부합하는 초심이 무엇일지 고민할 때 초심을 지켜야 한다는 말은 유효하다.

또 다른 측면은 시대의 변화에 맞는 초심을 갖고 있느냐다. 현재 40대 이상의 직장인이라면 내가 20, 30대에 가졌던 초심과 지금의 20, 30대가 가지는 초심은 당연히 다르다는 점을 인정할 필요가 있다. 선배와 상사에게 절대 복종하고, 업무를 마치면 개인적 약속이 있어도 부서 회식에 참석해 충성심을 보이는 것이 그 시절 신입사원의 초심이었다. 지금은 그런 초심을 후배에게 기대할 수 없으며, 기대해서도 안 된다. 얼마 전 가까이 지내는 동료들과 '현재를 산다는 것이 어떤 의미일지' 이야기를 나눴다. 종종 나는 고객과 만날 때 '20년 넘는 경력'을 강조하곤 한다. 과거의 경험을 파는 것이다. 하지만 단순히 수치로 나타나는 경험보다 더 중요한 것은 그 시간 동안 계속해서 현재를 살아왔는지, 아니면 과거의 태도나 방식을 그저 반복하면서 살아왔는지다. 현재의 나는 오랜 경력을 갖고 과거를 살고 있는지, 아니면 지금 이 시대를 살고 있는지 돌아봤다. 여기서 묻게 되는 것은 나는 시대와 현재에 맞게 나의 초심을 업데이트하고 있는가였다.

아리스토텔레스는 《수사학》에서 "나이가 들수록 사람은 미래를 향한 희망보다는 과거의 추억으로 살아가며 따라서 말이 많아진다"라고 썼다. 나도 나이가 들수록 추억을 되새기며 살 것이다. 한 가지 바람이 있다면 나이가 들어서도 그 시대를 살고 싶다는 점이다. 지금 우리가 사는 이 디지털 시대는 역사상 최초로 나이 든 세대가 나이 어린 세대보다 더 모를 수 있는 시대다. 나이 많은 선배에게만 배우면 그 시대를 살기 힘들다. 나이가 들수록 선배보다 후배에게 배우는 기회를 만들 수 있기를 바란다. 그렇기에 나는 더 이상 초심을 지키고 싶지 않다. 계속 업데이트하며 성장하고 싶을 뿐이다.

Side Note 11 센스 메이킹, 나를 위한 지도 그리기

알프스산맥에서 한 부대의 군인들이 겨울 훈련 중에 눈보라에 고립됐다. 일단 동굴로 대피했지만 상황은 절망적이었다. 그때 부대원 하나가 짐 속에서 지도를 찾아내면서 희망을 품기 시작했다. 지도를 보며 캠프로 돌아갈 방법을 찾았고, 결국 스위스의 어느 마을에 도착한 뒤 그곳 주민의 안내로 무사히 귀환했다. 돌아온 뒤 이들은 깜짝 놀랐다. 자신들이 의지해온 지도가 알프스가 아닌 피레네산맥의 지도였기 때문이다. 이 기막힌 이야기를 두고 미국 매사추세츠공대MIT 경영대학원에서 리더십을 가르치는 존 밴 마넨John Van Maanen 교수는 "지도는 절망에 빠지는 대신 행동에 나설 수 있는 용기를 만들어냈다"라고 분석한다.

MIT의 리더십 모델에 따르면 리더가 갖추어야 할 역량 중 하나는 센스 메이킹sense making이다. 센스 메이킹이란 조직 이론가인 칼 웨익Karl Weick이 소개한 개념으로, 주변에서 벌어지는 일에 대해 자기 나름의 의미를 부여하고 큰 그림을 그리는 행동을 말한다. 즉, 세상에서 벌어지는 일에 대해 자기 나름의 지도를 그리는 행위다.

백악관 담당 기자로 로널드 레이건 전 대통령을 시작으로 도널드 트럼프 대통령까지 여섯 명의 대통령을 취재해온 케네스 월시Kenneth Walsh는 미국에서 감옥을 빼면 백악관처럼 외부와 단절된 시설이 없다고 봤다. 그는 대통령과 국민의 일상의 격리를 미국 대통령제의 심각한 문제로 보았으며 전문가들은 이러한 현상을 '버블'이라고 부른다.[44]

직장인에게도 버블이 있다면 무엇일까? '하던 대로'를 고수하는 태도가 아닐까. 선배가, 전임자가, 내가 지금까지 하던 대로 업무를 하는 것이다. 이들은 새롭고 다른 시각보다는 지금까지의 시각대로 세상을 바라본다. 직장에서 주변을 돌아보자. 대부분의 동료는 나와 비슷한 정보를 익숙한 사람들에게서 받아본다. 본사, 상사, 타 부서에서 보내준 거의 비슷한 자료를 읽고, 비슷한 교육을 받으며, 비슷한 사람을 상대한다.

세상은 빠르게 변하고 새로운 것이 계속 나타나며, 앞으로 어떻게 변할지 불확실하고, 우리는 애매모호한 상황에서 결정을 해야 한다. 옥스퍼드대 경영대학원의 시나리오 플래닝 팀은 이런 세상의 특징을 격변Turbulence, 불확실성Uncertainty, 새로움Novelty, 애매모호함 Ambiguity으로 정의하고 앞 글자를 따서 튜나TUNA라고 부른다. 업무상 마주하는 환경도, 커리어를 쌓아가는 환경도 마찬가지다.

이런 상황일수록 센스 메이킹의 능력, 즉 자기만의 지도를 그리는 것이 중요하다. 이러한 세상에 정답은 없기 때문이다. 어떻게 그려야 할까? 중요한 것은 낯설고 다른 의견을 찾아 나서는 것이다. 인터넷에서 항상 들어가던 사이트가 아닌 다른 곳을 들어가 보자. 서점에서 늘 가던 코너가 아닌 낯선 곳에 가서 어떤 책이 있는지 보자. 나와는 다른 경험과 배경을 가진 사람이 모이는 모임에 한번 나가보는 것은 어떨까? 읽지 않던 분야의 책이나 잡지, 신문을 읽고 별 관심이 없던 장르의 예술이나 전시회 등을 찾아가보자.

낯설고 다른 것에서 우리는 새로운 방식을 배울 수 있다. 영화감독, 소설가, 작곡가는 작품을 어떻게 만드는지, 디자이너는 어떤 식으로 일하는지를 보며 우리는 직장의 프로젝트 수행이나 삶을 살아가는 새로운 방식의 아이디어를 얻을지 모른다.

《성공하는 사람들의 7가지 습관》의 저자 스티븐 코비Stephen Covey는 이렇게 말한 적이 있다. "만약 두 사람이 똑같은 의견이라면 한 사람은 필요하지 않다"라고. 센스 메이킹 과정에서 중요한 점은 자신만의 지도에 대해 한번 이야기해보는 것이다. 그래야 자기 지도를 다른 사람에게 보여주고, 그들의 의견도 반영할 수 있기 때문이다. 내 지도가 틀리면 어쩌냐고? 칼 웨익은 군대 이야기를 놓고 이렇게 말했다. "어떤 지도든 괜찮다." 자신의 지도가 틀리지나 않을까 너무 두려워 말고 자기만의 방식으로 세상을 이해해보라는 뜻이다.

공짜가 아닌 유료 강의를 들어라

"인터넷 강의(인강)를 들어본 적이 있습니까?"

인강은 중고교생만이 듣는 것이 아니다. 직장인에게 이 같은 질문을 하면 아마도 많은 사람이 들어봤다고 할 것이다. 최근 기업 내부 교육으로 인강이 많이 쓰이기도 하고, 심지어 이를 기반으로 시험을 치르기도 한다.

그렇다면 이번엔 질문을 살짝 바꿔보자. "내 돈을 내고 인강을 신청해서 들어본 적이 있습니까?"라고. 맞다. 앞서 이야기한 자비 출장과 비슷하다. 어렵게 번 돈을 아껴 인터넷에서 카드를 긁고 들어본 인강이 있었는지 생각해보자. 온라인에 무료로 떠 있는 동영상이 아닌, 내가 배우고 싶은 주제가 있어서 인강을 인터넷으로 검색하고 평가도 읽어보고 결국 등록해서 들어본 적이 있는가?

나는 가끔 돈을 내고 인강을 듣는 편이다. 인터넷에 공짜 강의가 얼마나 많은데 왜 돈을 내고 듣냐고? 유튜브에 들어가면 세계적인 석학의 좋은 공짜 강의가 많다고 말할지 모른다. 물론 그렇다. 그럼에도 돈을 내고 인강을 듣는 이유는 무엇일까?

동일한 유명 강사의 공짜 강의와 유료 강의 사이에는 차이가 있기 마련이다. 그래야 소비자 처지에서도 같은 강사의 강의를 돈을 내고 듣기 때문이다. 예를 들어, 어떤 유료 강의는 강의 노트를 정리해서 제공한다. 이러한 자료는 강의를 듣고, 그 내용을 자기 것으로 소화하는 데 도움을 준다. 또한 똑같은 주제라 하더라도 유료 강의에서는 현장에서 써먹을 수 있는 구체적인 기술 등을 알려주기도 한다. 더 나아가 강사에게 묻고 답변을 들을 수 있는 경우도 있다.

유료 강의를 수강하는 데는 심리학적 이유도 있다. 우리 심리는 자신의 돈을 투자했을 때, 강의에 더 개입하게 돼 무엇이라도 얻어내려고 애쓰게 돼 있다. 공짜로 강의를 들을 때는 건성으로 듣는다면, 자기 돈을 내고 듣는 강의에서는 좀 더 집중해서 뭐라도 내 일에 도움이 될 만한 정보를 얻어내려고 하는 것이다. 자기 돈을 허투루 쓰고 싶어 하는 사람은 아무도 없을 테니까 말이다.

지난 10여 년 동안 내가 들어본 유료 인강은 세 가지로 나뉜다. 첫째, 부담 없고 저렴한 인강이다. 예를 들어, 백미인(100miin.com)에서 영어 독해에서부터 살림 및 경제 분야 등 여러 인강을 들어보았다. 가격은 1만 원에서 5만 원 정도까지 다양하다. 가격이 저렴하다고 내용이 꼭 부실하지는 않았다. 물론 동영상 편집 등에서 세련미가 떨어지거나 제공되는 교재가 없거나 하지만, 가성비를 생각하면 나쁘지 않았다.

둘째, 다소 고가의 인강이다. 내가 즐겨 찾는 강의 플랫폼 가운데 마스터클래스(masterclass.com)가 있다. 말콤 글래드웰Malcolm Gladwell의 글쓰기 강연과 피아니스트이자 작곡가인 허비 행콕Herbie Hancock의 재즈 강연을 수강했다. 영어로 진행되는 것이 단점이지만 잘 정리된 노트를 제공받고, 강연자에게 질문이나 피드백을 전달할 수도 있었다. MIT와 같은 명문 대학이 온라인 교육 플랫폼 이메리터스인스티튜트오브매니지먼트Emeritus Institute of Management와 손잡고 제공하는 질 높은 강좌를 통해 전문 분야에 대한 강좌도 들을 수 있다.

셋째, 실시간으로 진행되는 인강이다. 때로는 비즈니스와 관련된 어떤 도구를 배워야 할 때, 인터넷으로 전 세계에서 학생들이 모여 강사의 강의를 듣는 경우가 있다. 나는 2년에 걸쳐 단계적으로 들었던 인강(뉴로리더십연구소에서 제공하는 온라인 과정)이 있는데, 인터넷 전화로 연결하여 여러 나라 학생과 함께 실시간으로 강의를 듣고 토론했다. 내가 제출한 과제에 대해 피드백을 받을 수도 있었으며, 정기적으로 담당 교수와 1대1 상담이 이루어지기도 했다.

이 밖에도 무료 강의지만 구글이 세계적인 대가를 초대해 한 시간 넘게 진행하는 '토크스 앳 구글talks at google' 혹은 '리딩 앳 구글 leading at google'도 즐겨 듣는다. 15분 내외의 짧은 강연도 좋지만, 깊이 있게 이해하기 위해 긴 시간의 강연을 들어보는 것도 추천한다.

지금부터 나만의 커리큘럼을 짜서 관심사를 중심으로 그 분야 대가들이 진행하는 강연들을 모아 나만의 '인강 캠퍼스'를 만들어보는 것은 어떨까?

Side Note 12	'클래스 101' 테스트

최근 국내에 학습을 위한 온라인 플랫폼이 많아졌다. 여기에서 잠깐. 6장의 '숨고·크몽 테스트'를 기억하는가? 여기에 소개하는 온라인 학습 플랫폼에서도 동일한 테스트를 할 수 있다. 어느 분야에서 전문가가 되고 자기 나름의 개인기를 갖추면, 일정 시점에 이를 다른 사람이 배울 수 있도록 전달하는 능력으로 추가적인 수입을 올릴 수 있다. 단순히 '가르치는' 능력이라거나 자신의 지식을 말하는 능력이 아니다. 남들이 나의 기술을 잘 배울 수 있도록 전달하는 능력이라야 다른 사람에게 가치를 전달할 수 있고, 수익으로 연결될 수 있다.

6장에서 소개했던 유연실 대표의 경우, 자신의 홈페이지에 올린 온라인 강좌로만 이전에 직장에서 얻던 수입을 벌었다.[45] 그가 온라인 강좌를 만들고, 마케팅을 시작한 지 3년 만이었다. 물론 그 3년간 자신을 알리고 마케팅 활동에 많은 노력을 쏟아부었지만, 온라인 강좌로 돈을 번다는 것은 남다른 의미다. 그것은 바로 자신이 이제 일하지 않아도 기반을 잡은 온라인 강좌는 스스로 돈을 벌어다 준다는 점이다. 마치 작곡가나 가수가 음악을 만들고, 연습하고, 알릴 때까지 열심히 일한 뒤에는 사람들이 음원을 다운로드받을 때마다 저작권료가 들어오듯이 말이다. 나 역시 유 대표의 사례를 접하면서 온라인 강좌에 대한 생각을 다시 해보게 되었다.

유 대표는 유튜브를 통해서도 적극적으로 자신이 경험에서 얻은 것을 나누고 있는데, 그가 퍼스널 브랜딩에 대해 조언한 것을 살펴보자. 첫 번째 단계로 유 대표는 '잘하는 분야, 잘하고 싶은 분야'를 명확하게 정하는 것이 중요하다고 말한다. 앞서 말한 자신의 개인기, 직업을 발견하고 명확하게 정의하는 것이다.

두 번째 단계는 디지털 시대에 퍼스널 브랜딩을 위해서는 온라인상에서 관련된 콘텐츠를 만들어야 한다고 조언한다. 글쓰기가 될 수도 있고, 유튜브와 같은 동영상이 될 수도 있다. 여기에서 유 대표가 강조하는 것은 자신의 경험을 자랑하는 각도에서 만든 콘텐츠가 아니라 다른 사람에게 도움이 될 수 있는 콘텐츠다. 그래야 사람들이 내 콘텐츠를 소비하기 때문이다. 앞서 진정한 네트워킹이란 사람들에게 먼저 도움을 주는 시도에서 출발한다고 말한 것과 동일한 맥락이다.

마지막으로 자신의 콘텐츠를 확산할 수 있는 플랫폼을 정하여 콘텐츠 확산을 시도하라고 조언한다. 유 대표는 글로벌 커리어에 대한 야망이 있는 사람이 모이는 곳이 어디일까를 생각하다가 링크드인과 브런치라는 플랫폼으로 정하여 자신이 만든 콘텐츠를 확산시키고 있다.

꼰대가 되지 않는 법

지난 3일 동안 직장 후배와 나눈 가벼운 대화를 잠시 떠올려보자. 회의일 수도 있고, 차 한잔 마시며 나눈 대화일 수도 있다. 그 후배는 나와 대화할 때 얼마나 자신의 의견을 이야기했을까? 정확히 말하면 나는 그 후배의 의견을 얼마나 궁금해했으며, 진지하게 물었을까? 이제 더 넓혀서 내가 후배들과 대화하는 패턴을 생각해보자. 나는 주로 지시하고 충고하려는 쪽일까, 아니면 질문으로 후배들의 의견을 끌어내려는 쪽일까?

직장인의 생존과 후배와의 대화가 무슨 상관일까? 직장생활이 5년 안쪽으로 남았다면 크게 고민하지 말기 바란다. 지금까지 살던 대로 살아도 큰 문제는 없다. 하지만 앞으로 직장 내에서는 물론이고 사회에서 오랫동안 생존해가려면 후배들에게서 누가 적극적으로 배우는가가 크게 영향을 미치게 된다. 과거에는 없던 큰 변화다. 예를 들어, 인공지능에 대해 노교수에게 배우고 싶을까? 우리는 젊은 사람에게 세상의 흐름, 특히 기술이 변화시키는 문화에 대해 배울 수 있다. 소셜미디어로 생겨난 세상의 변화와 새로운 문화의 등장에 대해 후배들에게 배워야 할 것이다. 반대로 회사에서 디지털 전략 부서를 세우면서 기존의 50대 임원을 자리바꿈 식으로 배치할 때 우리는 실패를 감지한다.

마셜 골드스미스Marshall Goldsmith는 리더가 더 큰 성공을 이루지 못하는 중요한 이유로 후배와의 대화에서 자꾸 충고 등을 하면서 가치를 더하려는 습성을 경고했다. 예를 들어, 후배가 어떤 아이디어를 갖고 와 설명할 때 선배들은 뭐라도 하나 얹어서 자신의 과거 경험을 들어 가치를 더하려고 한다. 컨설턴트와 코치를 직업으로 살아온 나 역시 이런 충동을 억누르기 힘겨워하곤 한다. 물론 그런 충고는 후배 아이디어에 도움이 될 수 있지만, 후배가 자신의 프로젝트 아이디어에 대해 가졌던 주인의식은 더 크게 떨어지기 마련이다. 골드스미스는 조언을 하고 싶어질 때 '내가 하려는 말이 정말 가치가 있는 것일까'라고 다시 생각해보라고 한다.

내가 여는 세미나에 진중권 교수를 초대해 '나이 들면서 꼰대가 되지 않는 방법에 대하여'를 주제로 이야기를 들었던 적이 있다. 그는 우리가 나이 들면서 꼰대가 되어가는 것은 어쩔 수 없는 현상이며, 자신이 꼰대임을 인정하는 것이 중요하다고 했다. 그리고 후배에게 요청받지 않은 사안에 대해 조언하려 하지 말고, 듣는 자세를 강조했다.

물론 우리는 선배에게서 지혜를 배워나가고, 스스로도 경험으로부터 지혜를 축적하기 위해 노력해야 한다. 하지만 과거와는 달리 후배와의 관계를 새롭게 정립해야 하고 그들에게서 좀 더 적극적으로 배우려는 자세를 갖춰야 한다.

첫째, 후배와 가끔 만나 그들이 세상을 어떻게 바라보고, 요즘 무엇에 관심을 두고 있는지 귀 기울여보자. 선배로서 당신이 지켜야 할 원칙은 지갑은 열고 입은 닫는 것이다. 대화에서 궁금한 것이 있다면 질문을 해서 그들의 세계에 좀 더 다가서도록 해보자.

둘째, 선배로서 후배보다 더 잘할 수 있는 것을 만들어가야 한다. 오랜 경험에서 나오는 생각하는 힘은 선배가 더 힘을 가질 수 있는 분야다. 하지만 경험만 있다고 생각하는 힘이 생기는 것은 아니다. 실제 후배보다 생각하는 시간이 많아야 한다. 이를 위해서는 혼자서 깊이 있는 독서를 하고, 자신의 삶과 경험을 돌아보면서 지혜를 축적하는 시간이 반드시 필요하다.

"우리 때는 안 그랬다"라는 말을 나는 얼마나 후배들에게 자주 할까? 젊은 시절 40, 50대 선배들을 보면서 새로운 트렌드에는 관심 없고 늘 익숙한 예전의 방식으로만 일하던 모습을 흉보았지만, 이제 나도 그런 '꼰대'의 모습을 하고 있는 것은 아닌지 돌아보자. 후배에게 배우지 못하면 앞으로 내 미래가 없다.

Side Note 13	예스맨이 되지 말자

미국 MIT 미디어랩 소장이었던 조이 이토Joi Ito는 경쟁력을 키우고 살아남기 위한 아홉 가지 원칙을 제시한다.[46] 그중에 우리가 눈여겨볼 원칙이 한 가지 있다. 바로 '순종보다 불복종'이다.

과거 우리는 학교에서 공부 잘하고, 직장에서 일 잘하면서 부모와 교사, 상사에게 순종하는 것을 미덕으로 삼았다. 하지만 이런 시대도 종말을 고하고 있다. 2016년과 2017년, 우리는 정부와 기업에서 공부 잘하고 일 잘하는 사람이 세상이 어떻게 바뀌는지 신경 쓰기보다는 윗사람에게 맹목적으로 복종했을 때 어떤 비극적인 결과(개인은 물론 국민과 사회 전체에)를 초래하는지 보았다. '순종보다 불복종'이 무조건 상사의 말에 반기를 들라는 뜻은 물론 아니다. 그보다는 상사의 말을 잘 듣는 것만으로 새로운 미래를 준비하기 어렵다는 의미다. 현재 20, 30대 직장인이 40, 50대가 주도하는 과거 패러다임 내에서 말 잘 듣는 직장인으로 향후 10년을 보낼 경우, 이들은 그동안 일부 승진을 할지는 몰라도 10년이 지난 뒤 자신만의 경쟁력을 갖추기 힘들 수 있다는 점을 생각해야 한다.

이토가 말한 '의식 있는 불복종'은 직장인에게 어떤 의미일까? 우선 내가 속한 직장에서 제시하는 세계와 성공의 방정식이 모든 것이 아니라는 점을 생각하자. 그보다는 직장을 벗어나서 나와 다른 삶을 살고 있는 사람들과 교류하며 어떤 미래가 다가오고 있는지 살펴보자. 회사가 제공하는 정보와 해석에만 매몰되기보다 자기 나름의 생각하는 능력을 갖추는 것이다.

조직 생활을 하다 보면 우리는 "상사가 원하는 것은 무엇일까?"라는 질문에 최적화되기 마련이다. 이를 의식적으로 벗어날 수 있는 방법을 찾자. 이토는 아홉 가지 원칙을 꿰뚫는 하나의 원칙은 바로 교육보다 학습을 우선시하는 것이라 말한다. 교육은 학교나 회사가 시키는 것이지만 학습은 내가 스스로 하는 것이다. 나만의 학습 채널과 방법, 해석을 갖고 있는가? 상사는 내 승진과 월급에 영향을 줄 수 있을지 몰라도 내 생존을 책임지지는 않는다. 오늘도 직장에 출근해 상사의 지시 사항을 여과 없이 받아들이고 이를 처리하는 일로만 내 삶을 보내고 있지는 않은지 되돌아보자.

오늘 얼마나 많이 거절당했는가?

도대체 이 사람의 비결은 무엇일까? 국내 보험사 영업사원을 하다 이제는 세계를 무대로 태양광발전 사업을 진행하고 있는 미래에너지 장동일 대표의 이야기를 듣다가 계속 떠오른 질문이었다. 그는 대학 졸업 후 5년간 직장생활을 하다 보험사로 자리를 옮겼는데 처음에는 모르는 사람에게 다가가는 것이 영 적응되지 않아 힘들었다고 한다. 다른 영업직원들처럼 가족이나 친척에게 보험을 팔 곳이 없었던 그는 첫해에 거의 실적을 올리지 못했다. 그랬던 그가 사업을 위해 보험사를 6년 만에 떠나기로 했을 때 그의 연봉은 4억 원이었다. 그의 성공 비결을 들으며 두 사람을 떠올렸다.

캐나다의 프리랜서 정보기술IT 분야 기술자인 제이슨 컴리Jason Comely는 아내에게 버림을 받았다. 자기보다 돈도 잘 벌고, 키도 크며, 잘생긴 남자에게 간 것이다. 그는 상실감으로 9개월간 거의 폐인처럼 집에 틀어박혀 사람도 만나지 않고 지냈다. 그러던 어느 날, 두려움과 마주하지 않고서는 앞으로 삶을 살아가기 힘들겠다는 생각을 하게 된다. 그러고는 엉뚱하게도 매일 누군가에게 하루에 한 번씩 거절당하는 것을 목표로 삼는다. 예를 들어, 마트 주차장에서 처음 만난 사람에게 자신의 집까지 태워달라고 부탁하면 당연히 거절을 당한다. 이렇게 매일 일부러 거절을 당하면서 차차 거절에 대한 맷집을 키우게 되고 정상적인 삶으로 돌아온다. 그는 자신의 경험을 바탕으로 거절 치료 요법rejection therapy을 만들고, 전 세계에 확산시켰다. 그의 영향을 받은 사람 가운데 중국인 지아장Jia Jiang이 있다.

베이징에서 태어난 지아장은 어린 시절 중국을 방문했던 빌 게이츠의 강연을 듣고는 창업가가 되겠다는 결심을 하게 된다. 이후 미국에서 학위를 따고, 졸업 후 창업이 아닌 취업을 한다. 억대 연봉을 받고, 결혼해 행복하게 살던 그는 자신이 미국에 온 목적이었던 창업을 하지 않고 현실에 안주해 있다는 생각에 마음이 불편했다. 그는 마침내 아내의 허락을 받고 첫아이가 태어나기 나흘 전 회사에 사표를 낸 다음 6개월 동안 새로운 기회를 찾아 나선다. 새로운 사업을 위해 투자자들과 만나 공을 들였지만, 4개월이 지났을 때 성사된 줄 알았던 투자자에게서 별다른 이유도 없이 거절 통보를 받는다. 크게 상심했던 그는 거의 포기 상태에서 우연히 거절 치료 요법을 접한 뒤 100일 동안 100번의 거절을 당하기 위한 프로젝트를 시작하고 자신의 블로그에 올린다. 이 프로젝트는 CNN, 〈포브스〉 등 유명 언론에 소개됐고, 그는 거절의 맷집을 훈련해주는 영업 트레이닝 회사를 세워 활발하게 활동하고 있다.[47]

이제 장 대표의 비밀로 돌아올 차례다. 그에게 성공의 비밀이 무엇인지 물었을 때 그가 들려준 이야기가 있다. 보험 영업을 처음 시작했을 때 그의 사수는 보험업계에서 최고의 영업 전문가였다. 초보 보험 영업사원이었던 장 대표에게 사수는 매일 "오늘 고객에게 얼마나 '욕'을 먹었는가?"라는 질문 한 가지만 했다고 한다. 계약을 맺은 실적이 아니라 얼마나 실패하고 다녔는지를 물은 것이다. 사수는 그에게 매일 오전과 오후 두 시간씩 고객에게 거절당하는 것을 목표로 삼고 다른 것은 신경 쓰지 말라고 했다. 거절에 대한 맷집을 키워주려는 것이었다. 그 시절 장 대표가 가장 크게 칭찬을 받았던 건 하루 동안 50~60명에게서 거절당하고 온 날이었다. 놀랍게도 거절당하는 것을 목표로 삼자 장 대표는 생전 처음 보는 사무실로 찾아가 문을 두드리고 거절당할까 봐 두려워하던 마음을 서서히 극복할 수 있었다. 영어를 잘하지 못하는 그가 전 세계를 다니며 사업할 수 있는 기반도 거절에 대한 두려움이 전혀 없기 때문이다.

우리는 성공을 기본으로 여기고 거절을 예외적인 것으로 생각하기 때문에 실패할 것 같은 일은 시도하지 않는다. 지아장은 100번의 거절을 위해 매일 시도했던 일 가운데 의외로 많은 것을 사람들이 거절하지 않고 흔쾌히 들어줘 당황하기까지 했다. 거절을 기본으로 일에 접근하면 의외의 기회와 맞닿게 된다. 성공한 사람에게 거절은 예외가 아니라 디폴트default, 즉 기본이다. 거절을 두려워하면 성장할 수 없다.

Side Note 14	**직업의 미래를 좌우하는 '깨알' 습관**

"매일 하는 행동이 어쩌다 한 번 하는 행동보다 삶에 더 중요하다"라는 말이 있다. 내가 매일 습관처럼 어떤 행동을 반복하는지가 삶에 큰 영향을 끼친다는 점을 강조한 것이다. 다큐멘터리 〈스시 장인: 지로의

꿈)을 보면 촬영 당시 85세였던 일식 장인 오노 지로小野二郞는 "지난 70년 동안 매일 똑같은 일을 반복해왔다"라고 말한다. 그는 어떻게 하면 더 맛있는 스시(초밥)를 손님에게 낼 수 있을지를 고민하고 일하는 습관을 매일 반복적으로 해왔기에 세계 최고의 장인이 될 수 있었다. 90세가 넘은 지금도 그는 여전히 활동 중이다. 지로의 경우 손님에게 제공하는 초밥 20개에만 집중한다. 따라서 그가 운영하는 식당에는 음료, 튀김, 사이드디시 같은 것은 없다. 오로지 초밥 20개를 최고로 만드는 데만 집중한 것이 그의 성공 비결이었다. 직장 내에서 상사가 시키는 여러 업무의 책임을 맡는 것보다는 자신의 전문 분야를 정의하여 좁은 업무 영역에서 집요하게 매달려 최고의 성과를 내는 것이 성공하는 직장인의 지름길임이 최신 연구 결과 데이터로 입증되기도 했다.[48]

20~30년에 걸친 직장생활을 해나가는 동안 자기만의 기술을 만드는 것은 생존하기 위해 필요할 뿐 아니라 우리 삶의 방향을 크게 좌우한다. 대인관계나 건강 역시 마찬가지다. 그래서 우리는 새해마다 새로운 습관을 만들어보겠다고 결심하곤 한다.

우리가 매일 반복하는 행동에는 크게 두 가지가 있다. 첫째, 일상처럼 반복하면서 살아가는 행동이다. 잠자고 밥을 먹으며 화장실에 가는 것처럼 생리적으로 반복하는 일이 있고, 출퇴근처럼 자신의 역할 때문에 반복하는 행동이 있으며, 식사 후 커피를 마시는 것처럼 취향으로 굳어진 행동도 있다.

둘째, 자신의 의지로 삶을 개선하기 위해 반복하는 행동이다. 매일 1만 보를 걷는 사람이 있는가 하면, 몇 쪽이라도 책을 읽거나 일기를 쓰고 라디오를 들으며 영어 공부를 하는 사람도 있다. 가족과 매일 한 끼 식사를 함께하거나 차 한잔 마시며 대화를 나누려고 노력하는 사람도 있다. 잠깐 나는 어제 아침에 일어나서 저녁까지 일상을 어떻게 보냈는지 돌아보자. 당연히 전자의 행동은 수십 가지가 될 것이다. 그렇다면 후자는 무엇이 떠오르는지 생각해보자. 후자의 행동이 별로 떠오르지 않는다면 내 삶이 정체되어 있다는 신호일지 모른다. 새로운 습관이 필요하다는 말이다.

스탠퍼드대학에서 연구하는 B. J. 포그Fogg는 어떻게 하면 사람들이 새로운 습관을 보다 지속적으로 만들어갈 수 있을지 고민한 끝에 '깨알 습관Tiny Habits'이라는 방법을 고안했다. 그에 따르면 자기계발서에서 말하는 동기란 별로 믿을 만하지 못하다. 새해 아침에는 스스로 많은 동기를 부여하지만, 그것이 한 주를 넘기기 어렵다는 것을 우리는 경험으로 알고 있다.

습관이란 크게 노력을 들이지 않고 하는 행동이기 때문에 갑작스럽게 많은 노력이 들어가는 행동 변화는 실패하게 마련이다. 그보다는 부담 없이 작은 습관을 지속하는 것이 중요하다. 예를 들어, 처음부터 팔굽혀펴기를 50개 하는 것보다는 하루에 세 개씩만 한 달간 지속할 수 있다면, 그다음에는 자연스럽게 다섯 개, 10개로 늘려나갈 수 있다. 이런 깨알 습관은 그냥 들이는 것이 아니라 자신이 이미 매일 반복하고 있는 습관에 연결 지어 시도해야 한다.

나도 고등학교 때 짝을 했던 친구와 매일 해야 할 깨알 습관을 적어본 적이 있다. 총 28개였다. 많다고 생각하겠지만, 깨알 습관으로 따지면 개당 30초씩이니 다 합해야 14분이다. 매일 저녁 친구와 나는 우리만 들어가는 인터넷 공간에 표를 만들어놓고 각 깨알 습관을 했으면 1, 안 했으면 0으로 기록하고 매주 통계를 내봤다. 푼돈이 모여 목돈이 된다. 매일 내가 반복적으로 하는 행동을 모아보면 10년 뒤, 20년 뒤 내 모습을 볼 수 있다.

잠재력이 있다는 말은 칭찬이 아니다

"여기 ○○○이 잠들다. 그는 많은 잠재력을 지닌 사람이었다." 하버드대 의과대학 정신과 교수인 스리니바산 필레이Srinivasan pillay는 《두려움》이란 저서에서 인간이 가장 두려워하는 묘비명의 예를 이렇게 들었다. 잠재력만 갖고 정작 행동으로는 옮기지 못한 삶에 대해 말한 것이다.

우리가 다니는 회사들은 끊임없이 변화한다. 좋은 변화도 있겠지만 직장인의 처지에서는 구조조정, 인수합병, 감원, 부서 조정 등 불안한 변화를 더 자주 접한다. 이런 변화에 직장인은 일희일비한다. 이번에 살아남아도 몇 년 뒤를 알 수 없다. 현실적으로 직장인이 할 수 있는 것도 딱히 없어 보인다. 앞으로 이 같은 변화가 줄어들까? 계속될 것이다. 더군다나 코로나 바이러스와 4차 산업혁명으로 산업구조 또한 급격히 바뀔 것이다.

그런데 이처럼 내가 속한 조직의 변화에는 촉각을 세우면서도 자신의 변화에 대해서는 관심이 없거나 별다른 노력을 하지 않는 경우가 많다. 회사 업무와 일정을 소화하기에도 벅차고 힘들기 때문일 것이다. 직장이 우리를 보호해주지 않는다는 것은 이미 알고 있다. 직장에 기대는 일 외에 달리 별로 할 것이 없어 보이지만, 이럴 때일수록 나 자신의 잠재력과 변화에 대해 생각해보는 것은 어떨까? "어떤 변화를 원해?"라는 질문에 우리는 남들이 나에게 해주길 바라는 변화만 생각한다. 누가 나를 좋은 곳에 배치해주고, 월급을 더 주고, 승진시켜 주면 좋겠다고.

자신이 원하고 또 주도적으로 만들 수 있는 변화는 무엇일까? 그것은 좀 더 오래 일할 수 있는 체력일 수도 있고, 자기 분야에서 전문가가 되기 위한 노력일 수도 있다. 직장에서 인정받으려고 노력하기보다나 자신이 독립적 기술과 전문성을 가진 한 사람으로서 더 나아지고싶은 방향은 무엇인지에 대해 생각해보자는 말이다. 이런 변화를 스스로 추구할 때, 조직의 변화에서도 더 잘 살아남을 수 있다.

변화의 목표가 서면 어떻게 해야 할까? 마셜 골드스미스는 《트리거》에서 '변화의 바퀴'라는 개념을 소개했는데, 여기에서 제시하는 변화의 네 가지 축을 우리에게 적용해보자.

첫째, 새롭게 시작하고 만들어야 할 것creating이다. 그동안 하지 않았던 독서를 시작하는 것일 수도 있고, 용돈을 아껴 새로운 교육과정에 등록하는 것일 수도 있다. 동영상 강의를 들어보는 것일 수도 있고, 내가 모델로 삼는 전문가에게 연락해서 만나보는 것일 수도 있다.

둘째, 내가 해오던 것 중 없애는 일eliminating이다. 술을 끊는 것일 수도 있고, 늦게 잠들거나 집에 늦게 들어가는 습관일 수도 있으며, 주말에 일하는 습관일 수도 있다.

셋째, 내가 해오던 것 중 잘 보존해야 할 것을 찾는 일preserving이다. 해오던 것 중 내가 바라는 변화에 도움이 되는 습관이 있을 것이다. 꾸준히 하는 어학공부일 수도 있고, 매일 하던 운동을 더 열심히지속하는 것일 수도 있다.

마지막으로, 받아들여야 할 것accepting이다. 마음에 들지는 않지만 현실적으로 받아들이거나 변화를 늦춰야 할 것도 있다. 대학원을 다니고 싶지만, 사정상 포기하고 다른 방법을 찾아보거나 입학 시기를 연기해야 할 수도 있다. 현실적으로 받아들여야 할 것을 명확히 할 때 좀더 편안한 마음으로 새로운 시도를 할 수 있다.

스리니바산 필레이는 '내 삶이 더 잘 풀리면 좋겠다'라고 막연하게 생각하지 말고 자신이 만들어내고 싶은 변화의 방향을 구체적으로 자주 생각해야 그에 맞게 행동하게 된다고 말한다. 우리 뇌에 정확한 변화의 방향을 전달하라는 것이다. 예를 들어보자. 2019년 초 나는 건강검진을 받은 뒤 의사에게서 무조건 살을 빼라는 말을 들었다. 당 수치가 경계선 근처까지 왔기 때문에 이를 낮추어야 하고, 그러려면 살을 빼야 한다는 것이다. 나는 '건강이 더 좋아지면 좋겠다'라거나 '살을 빼야겠다'라고 막연하게 생각하기보다는 '매일 만 보를 걷겠다'라고 구체적으로 생각했다. 중요한 것은 구체적으로 생각하는 동시에 자주 생각해야 한다는 점이다. 다행히 같은 목표를 갖고 있던 친구와 매일 몇 보를 걸었는지를 저녁마다 문자를 통해 나누기로 했다. 앱에 찍힌 걸음 수를 캡처하여 서로 나누는 것이다. 이렇게 구체적으로 자주 생각할 수 있는 방법을 만들자 변화가 생겼다. 만 보를 걷지 못하는 때도 많았지만, 전반적으로 그해에는 전보다 훨씬 많이 걸을 수 있었고, 5킬로그램을 감량할 수 있었다. 그 결과, 1년 만에 다시 받은 건강검진에서 당 수치는 물론 거의 모든 건강지표에서 좋아졌다.

바흐 연주로 세계 최고라고 인정받는 피아니스트 언드라시 시프 András Schiff의 연주회에 간 적이 있다. 이미 최고로 인정받고 있지만 그는 매일 아침 바흐의 음악을 연습하며 하루를 시작한다고 한다. 기립박수 속에서 앙코르만 다섯 곡을 요청받은 그를 보면서 나는 매일 무엇으로 하루를 시작해야 할지 생각했다. 잠재력만 있는 사람이 되지 않기 위해서 말이다.

Side Note 15	하루키의 조언

49위. 스웨덴 글로벌 리서치 기업인 유니버섬이 세계 57개국 젊은 직장인 20만 명의 행복지수를 조사한 결과로 나온 우리나라의 순위다.[49] 싱가포르(17위), 중국(27위), 필리핀(34위), 태국(40위), 베트남(41위), 인도네시아(45위), 말레이시아(46위), 일본(47위) 등이 한국보다 높았고, 조사 대상 아시아 국가 가운데 우리보다 행복하지 못한 나라는 인도 한 군데뿐이라니 우리는 정말 힘겹게 직장생활을 하고 있다.

무라카미 하루키의《직업으로서의 소설가》는 소설가에 대한 이야기라기보다는 직업 일반론에 대한 이야기로 다가왔다. 만약 그가 직장인에게 직업에 대해 조언해준다면 어떤 이야기를 할까?

첫째, 직업을 갖는다는 것은 내게 주어진 기회가 무엇인지를 인식하는 일이다. 하루키가 가장 소중하게 여기는 점은 자신이 '어떤 특별한 힘에 따라 소설을 쓸 기회를 부여받은 것'이라고 한다. 어느 직장, 부서, 직책이 아니라 나는 어떤 일(직업)을 하는 사람인가? 직장과 직업을 분리해서 생각해보는 것은 요즘처럼 직장이 나를 보호할 수 없는 시대에 더 큰 의미가 있다. 직장이 조직이라면 직업은 내가 쌓아가는 전문성과 관련되며, 확실한 직업을 가질수록 직장에서 더 오래 생존하고 직장을 떠나서도 생존 가능성이 커진다.

둘째, 지속적으로 결과물을 만들어내야 한다. 하루키는 소설 한 편을 쓰는 일은 상대적으로 어렵지 않지만, 지속적으로 써내는 것은 매우 어렵고 아무나 할 수 있는 일이 아니라고 한다. 나는 내 분야에서 어떤 결과물을 지속적으로 만들어내고 있는가? 하루키는 결과물을 만들어내지 않고서는 견디기 힘든 내적 충동과 강한 인내력이 있어야 결과물을 지속적으로 만들어낼 수 있다고 말하면서, 자신이 그런 자격이 있는지 알 수 있는 방법은 직접 뛰어들어 해보는 수밖에 없다고 한다. 내가 어떤 일을 하는 사람인지 인식하는 것과 그 분야에서 결과물을 지속적으로 만들어내는 것은 자기만의 직업을 만들어나가는 가장 중요한 두 가지 축이다. 예를 들어, 단순히 팀장이라는 직책으로서 자신을 인식하는 것과 팀원들을 새로운 리더로 만들어내는 사람으로 자신을 인식하는 것은 매우 다른 결과를 가져온다.

셋째, 자기만의 학교를 가져야 한다. 하루키에게는 학교 수업이 아니라 독서 행위가 가장 중요한 학교였다. 나만의 학교에서 커리큘럼을 마음대로 짤 수 있었고, 그 과정에서 하루키는 많은 것을 배웠다. 직장인에게도 독서는 자기만의 학교가 될 수 있다. 자신이 좋아하는 저자를 찾아 읽고, 인터넷을 검색하면 그들의 강연 동영상도 얼마든지 찾아볼 수 있다.

만약 지금 다니는 직장이 자신이 하고 싶어 하는 일(직업)과 상관이 없을 때 어떻게 해야 할까? 하루키는 입장권이 무엇일지를 생각해보고 이를 가지려 시도하라고 말한다. 그에게는 한 문예지 신인상이 문학의 세계로 나가는 입장권이었다. 직장인에게는 관련 경험이 입장권인 경우가 많다. 지인 가운데 한 사람은 비서로 직장생활을 시작했지만, 인사 분야에서 직업을 만들고 싶었다. 그는 비서 경력을 모두 인정받지 못했지만 과감하게 중소기업 인사부로 옮겼고, 그 이후에도 조금씩 발전하여 두 군데에서 인사부 경력을 쌓아오고 있다.

이 책에서 가장 마음에 와닿았던 표현은 "시간을 내 편으로 만든다"였다. '시간이 좀 더 있었다면, 더 좋은 결과물을 만들었을 텐데…'라는 생각은 시간을 적으로 만든다. 하루키는 자신의 어떤 작품도 시간이 있었다면 더 잘 썼을 텐데라고 생각하는 것은 없으며, 잘못 쓴 것이 있다면 시간보다 작가로서 역량의 문제라고 말한다. 하루키는 시간을 신중하게 대할 때 내 편이 될 수 있다고 조언한다. 나는 시간을 내 편으로 만들고 있는가? 힘든 직장생활 중에도 내 직업이, 결과물이, 나만의 학교가 무엇인지 돌아보는 것은 시간을 내 편으로 만드는 가장 좋은 방법이다.

나는 직장에서 경쟁자를 이기기 위한 노력보다
나의 직업을 성장시키기 위한 공부를 해나가고 있는가?

💬 7장을 읽으면서 느낀 점부터 이야기를 시작해볼까?

💬 노트에 몇 가지를 적어봤어. 대학원에 대해서도 막연하게 언젠가는 가야겠다고 생각했는데, 이번 장을 읽으면서 다시 생각해보게 되었어. 내가 학위를 받는다고 반드시 전문가로 인정받는 것도 아니고. 그보다는 나만의 인강캠퍼스 커리큘럼을 짜보기도 했는데, 늘 학교에서 짜주는 커리큘럼에 따라 공부하다가 내가 나를 위한 과정을 짠다고 하니 나름 재미 있었어. 다큐멘터리에 대한 강의도 넣어보았는데, 정말 나만의 특색이 들어가니까 훨씬 동기부여도 되더라고.

💬 오, CSR 강좌에 다큐멘터리 강좌라니, 정말 특색 있는 조합이네.

💬 그다음에 거절당하는 것을 기본으로 생각할 때 내게 올 수 있는 기회에 대해서도 다시 생각해보게 되었어. 나도 누군가에게 거절당하는 것이 두려워 제대로 부탁을 못 하는 사람이었는데, 이 책을 읽으면서 생각을 바꾸게 되었어.

💬 나도 대학원에서 공부하기는 했지만, 학위를 따는 것만으로

무조건 전문성을 가져다줄 거라고 생각하지는 말아야 해. 많은 직장인이 불안감에 뭐라도 자격증 같은 것이 있어야 한다고 생각해서 다니는 경우가 있는데, 사실 돈 낭비인 경우도 많거든. 결국 이런 공부는 자기가 좋아하는 직업 분야에서 어제보다 오늘 더 성장을 해나가도록 하는 것이야. 그래서 오늘의 핵심 질문에 '직업을 성장시키기 위한 공부'라는 표현이 들어간 거야. 자칫 잘못하면 직장인들은 자신의 성장보다는 동료와의 경쟁에서 이겨 승진하는 걸 마치 자신의 삶의 목표처럼 삼게 되는데, 필요할 땐 경쟁해야겠지만 가고자 하는 직업적 목표를 성취하기 위해 공부하며 성장해가는 데 목표를 두는 게 더 중요할 거라고 봐.

💬 맞아. 나도 이번 장에서 경쟁과 성취의 차이에 대해 읽으면서 미처 생각하지 못했던 걸 깨닫게 되었어. 호와 이 코칭 대화를 시작하기 이전에는 홍보팀 동료나 비슷한 연배의 동기보다 내가 빨리 승진해야겠다는 생각만 했는데, 이제 내 중심을 잡게 되어서 마음이 많이 편해졌어.

8장

리더가 될
준비를 하라

"30대에 직장 내에서 제 브랜드를 만들지 못
했다는 것이 가장 아쉬움으로 남아요."

40대, 직장인

💬 호, 여기야!

💬 와! 보람이 일하는 회사 빌딩 정말 좋네.

💬 지금은 익숙해져서 잘 느끼지 못하는데, 처음에 왔을 때는 멋지더라고. 근데 오늘도 장소와 대화의 주제가 연관이 있는 건가? 우리 회사 구내식당에서 만나자고 할 때 의외였거든.

💬 개인적으로 구내식당 가는 걸 좋아해. 직장생활 하면서 한 번도 구내식당 있는 회사에 다녀본 적이 없거든. 또 하나는 이번 코칭 주제가 나는 직장에서 리더로서 어떻게 인식되고 있을까여서 여기서 만나는 것도 괜찮겠다고 생각했어. 이번 원포인트 코칭의 질문이거든.

직장에서 나와 함께 일했던 사람은
나를 어떤 리더로 기억할까?

💬 근데 난 아직 직급도 안 높고 리더 역할은 거의 안 해봤는데.

💬 너무 걱정할 필요 없어. 중요한 건 이제 보람이 어떤 리더십을 만들어가고 싶은지, 그러기 위해서 어떻게 해야 할지에 대한 것이니까. 지금부터 리더의 모습을 어떻게 만들어나갈지 생각해보면서 이번 장을 읽어봐 줘.

O

　직장인과 직업인을 구분하는 중요한 차이점 가운데 하나는 자신을 어떻게 바라보는가다. 직장인은 직장을 자신과 동일시하지만, 직업인은 자신을 직장에서 분리하여 독립적인 존재로 바라본다. 누구나 알아주는 대기업에 다니는 직장인은 자신도 그 직장처럼 대단하다고 착각할 수 있다. 이들은 명함에 적혀 있는 회사 로고와 자신의 직책에 대해 다소 '지나친' 자부심을 갖고 그 힘으로 살아가지만, 퇴직하여 명함을 더는 쓸 수 없을 때 힘이 빠지는 것은 당연하다. 회사 이름과 직책이 없이 혼자 설 수 있는 준비를 해오지 않았기 때문이다.

　반면 직업인은 자신을 독립적인 사람으로 인식할 뿐 아니라 다른 사람들도 개별적인 존재로 인식하게 된다. 유명한 기업에 다니고 있어도 자신이 지속적으로 개선할 것이 있다고 생각하며, 지금의 직책이 자신을 대변한다고 생각하지 않는다. 따라서 회사 이름과 직책에 기대기보다는 자신의 전문성을 만들고 자신을 브랜드로 만들기 위해 직장에 다닐 때부터 노력한다.

자신을 직장과 동일시하게 되면, 직책과 자신의 가치도 똑같게 생각한다. 즉, 자신보다 직책이 낮은 사람과 건설적 관계를 맺기보다는 주종관계로 인식하며, 협력업체와도 파트너로서의 관계보다는 갑을관계에서 평생 갑일 것처럼 행동하기 마련이다. 반면 자신을 개별적인 존재로 인식하는 직업인은 회사 내부에서 상하관계나 다른 부서의 사람, 외부의 협력업체 사람을 대할 때 서로 도움을 주고받을 수 있는 평등한 관계로 인식한다. 지금 직장에서는 후배이거나 협력업체로서 을의 처지에 있는 사람이지만 향후 다른 상황에서 또 다른 협력관계를 만들 수도 있고, 내가 그들의 도움이 필요할 때도 있다고 생각한다. 어쩌면 퇴직후 내가 후배나 협력업체 사람에게 을의 처지가 될 수도 있다.

독립한 뒤 10년 이상 1인 기업을 운영해오면서 내가 깨달은 중요한 사실 하나는 추천과 소개의 놀라운 힘이다. 이 책은 내가 쓴 네 번째 책(공저한 책까지 포함하면 여섯 번째 책)이 될 것이다. 처음 책을 쓰게 된 것은 신문과 잡지에 쓴 글이 출판사 편집자의 눈에 띄면서였다. 그렇다면 신문과 잡지에는 어떻게 글을 쓰게 되었을까? 모두 뜻하지 않은 지인의 추천이었다. 예를 들어, 내가 10년 넘게 기고하고 있는 〈동아비즈니스리뷰DBR〉에 처음 글을 쓰게 된 계기는 기고자를 찾던 기자가 경영 컨설팅사 직원에게 추천을 부탁하면서 시작되었다. 그 직원은 당시 내 블로그를 종종 재미있게 읽었는데, 나를 떠올리고는 기자에게 추천했다. 기자는 내가 쓴 블로그 글을 읽어보고 나에게 칼럼을 의뢰했고, 그 인연이 지금까지 이어지고 있다. 내가 이 책을 쓰게 된 주된 재료 중 하나는 동아일보에 4년 넘게 연재해오고 있는 '직장인을 위한 김호의 생존의 방식'이란 칼럼이다. 이 칼럼을 처음 쓰기 시작한 것도 〈DBR〉에서 나를 담당했던 김유영 차장이 동아일보로 옮기면서 추천했기 때문이다.

PR 분야의 글로벌 업계지인 〈더 홈스 리포트The Holmes Report〉에서는 매년 전 세계를 세 지역으로 나누어 '25명의 혁신가innovator 25'를 선정한다. 나는 2019년 아시아·태평양 지역의 혁신가 25명 가운데 하나로 선정되는 영광을 얻었다. 이 선정 과정에서 나는 다시 한번 추천의 커다란 힘을 볼 수 있었다. 예상하겠지만 이런 심사는 서바이벌 오디션처럼 지원자를 모아놓고 경쟁을 거치는 방식으로 진행되지 않는다. 가장 중요한 것은 추천이었다. 〈더 홈스 리포트〉에서 몇 사람에게 추천을 부탁했고, 운이 좋게도 그 안에 내 이름이 들어갔다. 선정기관은 추천을 받고 나에 대한 기본적인 리서치를 한 뒤 내게 질문지를 보냈다.

이러한 경험으로부터 몇 가지 인사이트를 찾을 수 있었다. 첫째, 추천 없이 기회를 잡는다는 것은 훨씬 더 힘들다. 둘째, 추천을 받았을 때 보여줄 것, 즉 축적된 결과물이 있어야 한다. 예를 들어, 잡지사 기자가 잠재적 필자로서 나에 대한 추천을 받으면 가장 먼저 내가 이전에 쓴 글을 찾아볼 것이다. 만약 내가 이전에 쓴 글이 없었다면 당시 그 기회를 잡을 수 있었을까? 어떤 상에 추천을 받았더라도 이뤄놓은 결과물이 없다면 추천에서 끝날 뿐이다. 축적된 양질의 결과물이 있어야 추천을 받더라도 기회로 연결될 수 있다. 셋째, 추천을 할 수 있는 사람이 나에 대해 부정적 기억이나 인식을 갖고 있다면 어떻게 될까? 당연히 누구라도 추천하지 않을 것이다. 비즈니스는 어떨까? 마찬가지다. 지난 10년 넘게 진행했던 프로젝트 대부분은 추천으로 이루어졌다. 그 추천의 핵심에 전 직장에서 함께 일했던 동료가 상당수 있었다. 그들이 다양한 기업으로 이직하면서 프로젝트 기회가 있을 때 연락을 주고 추천도 해주었다. 전 직장에서 내가 취업인터뷰를 했던 사람도, 내 비서도, 후배 직원도 모두 지난 10여 년간 내 고객이 되어주었다. 이유가 무엇이든 소개와 추천이 끊기는 순간이 오면 나는 그 시점을 직업인으로서 내 수명이 다한 것이라 생각하고 받아들일 것이다. 직업인의 생존력은 누군가에게 도움이 될 수 있는 힘이고 추천이 끊긴다는 것은 직업인으로서 나의 유통기한이 다 되었음을 의미하기 때문이다.

서론이 길었다. 직장을 다니는 동안 직장인에서 직업인으로 변화할 때 자신의 개인기를 발견하는 것만큼 중요한 게 하나 더 있다. 바로 직장생활에서 건설적인 관계를 유지하는 것이다. 그들이 가장 직접적으로 직업인으로서 나에 대한 평판을 만들어가기 때문이다. 가장 중요한 이해관계자stakeholder는 바로 직장 내부의 선후배, 동료 들이다. 선배의 지시에 복종하고, 후배에게 술을 잘 사준다고 해서 건설적 관계가 생기지 않는다. 앞서 진정한 직업인은 자신과 동료를 개별적인 존재로 인식한다고 했다. 이 말은 상대방과 나의 경계boundary를 명확히 하고, 존중하면서 도움을 주고받는 관계(받고 주는 관계가 아니라는 것이 중요하다. 뒤에서 설명할 것이다. 왜 영어 표현에서 take and give가 아니라 give and take라고 하는지를 생각해보자)로 만들어가야 한다는 것이다. 이렇게 독립된 직장인으로서 성장하기 위해 필요한 자질이 바로 훌륭한 리더십의 발휘다. 고정관념과 달리 리더십에는 직책이 상관없다. 직장에 다니는 동안 이런 건설적 관계와 리더로서 좋은 평판을 만들어 놓아야 직업인으로서 변화도 가능하다.

리더로서 평판을 어떻게 만들어내고, 직장 내에서 관계를 어떻게 가져가야 할지 이번 장에서 함께 살펴보자.

다른 사람이 보는 내가 진짜 나다

영국의 대표적 화가인 하워드 호지킨Howard Hodgkin의 초상화 전시를 본 적이 있다. 1932년생으로 어린 시절부터 화가를 꿈꾸며 그림을 그려왔던 80대의 화가는 안타깝게도 자신의 전시를 불과 2주 앞둔 2017년 3월 초 세상을 떠났다. 그는 일반적인 초상화와는 다른 추상적인 초상화를 그리는 것으로 유명했다. 이 독특한 초상화는 얼핏 보면 얼굴이 아닌 그냥 과감한 붓 터치처럼 보이지만, 오래 들여다보면 그

안에 사람의 표정도 있고 감정도 보인다.

초상화에는 다른 사람을 모델로 그린 작품도 있지만, 화가 자신을 그린 자화상도 있다. 이 전시를 보고 나서 초상화와 리더십의 관계에 대해 생각해보았다. 나의 리더십은 어떤 그림일까? 직장에서 우리는 리더로서 스스로를 바라보고 자화상을 그릴 때가 있고, 남이 나의 리더십에 대해 그리는 그림이 있다. 나의 리더십에 대한 두 가지 그림이 존재한다. 이 두 가지는 어떤 부분에서는 겹치기도 하고 어떤 부분에서는 매우 다른 모습을 띠기도 한다.

이 두 가지 그림의 차이에 대해 나는 한 가지 아픈 기억이 있다. 2004년의 일이다. 당시 호주의 한 나이 지긋한 코치에게서 리더십 코칭을 받게 되어 직원을 대상으로 나의 리더십 평가 설문조사를 했다. 똑같은 설문지로 나 역시 내가 바라보는 나의 리더십을 평가했다. 두 가지 사이에 일치하는 부분도 있지만 간극이 큰 부분도 있었다.

이 결과를 받아들고 나는 코치에게 "사람들은 나를 잘 이해하지 못한다"라고 불평했다. 그 순간 코치는 단호하게 말했다. "네가 틀렸어"라고(정확히 "you're wrong"이라고 말했다). 당시 나는 이해할 수 없었다. 나에 대해 다른 사람이 나보다 더 잘 안다고? 코치는 그렇다고 했다. 지금 돌이켜보면 당연한 일인데, 그때는 내게 커다란 충격이었다.

마셜 골드스미스 역시 나에 대한 진실은 다른 사람에게서 나온다고 말한 바 있다.[50] 예를 들어, 직장에서 내가 동료 10여 명 앞에서 발표를 한다고 치자. 그 자리에서 발표하는 나의 모습을 바라볼 수 없는 유일한 사람이 있는데 바로 발표자인 나다. 내 발표를 듣는 사람의 공통적 의견은 내가 생각하는 평가보다 진실에 가까울 가능성이 더 크다.

심리학에서 '조하리의 창Johari's window' 이론은 나에 대해 내가 아는 모습과 모르는 모습, 남이 나에 대해 아는 모습과 모르는 모습을 두 개의 축으로 놓고 설명한다. 나만 알고 남이 모르는 영역이 비밀이라면, 나에 대해 남은 아는데 나는 모르는 영역도 있다. 이 부분을 사각지대blind side라고 부른다.

조직 내부에서 힘이 커지고, 더 높은 직책을 맡을수록 자신의 리더십에 대한 사각지대는 커지는 특성이 있다. 왜일까? 우리 모두가 자연스럽게 체득하고 조직 내에서 실천하는 덕목이 있는데, 힘센 사람에게는 듣기 싫어할 말을 하지 않는 것이다. 나의 리더십에 대한 진실은 다른 사람의 마음속에 있지 그들이 나에게 하는 말 속에 있는 것이 아니다. 누가 자신의 승진과 연봉을 결정하는 사람에게 싫은 부분을 이야기할까?

리더십과 마케팅의 공통점이 하나 있다. 바로 다른 사람이 어떻게 인식하는지가 나의 현실을 결정한다는 것이다. 이는 나에게 진실을 전달해줄 수 있는 선배나 동료, 후배가 주변에 한 명은 있어야 한다는 뜻이다. 나의 리더십이라는 초상화를 왜곡되지 않게 그려서 내게 보여줄 수 있는 사람 말이다. 리더십은 스스로 그린 자화상이 아니다. 나와 함께 일하는 사람들이 나에 대해 그리는 초상화로 결정된다. 그런 초상화를 그려주는, 나에 대한 진실을 전달하는 사람이 내 주변에 있는지 살펴보자.

블라인드 사이드와 레프트 태클

샌드라 불럭Sandra Bullock이 아카데미 여우주연상을 받은 영화 〈블라
인드 사이드The Blind Side〉는 미식축구 역사상 가장 비극적인 장면으
로 시작한다. 1985년 11월 18일 워싱턴 레드스킨스 쿼터백이었던 조
타이스먼Joe Theismann이 오른 손으로 공을 던지는 순간 왼편 후방에
서 뉴욕 자이언츠의 로런스 테일러Lawrence Taylor가 그를 덮친다. 그
순간 테일러의 무릎이 타이스먼의 오른쪽 정강이를 그대로 누르게 되
고, 그 위에 다른 선수들이 올라탔다. 결국 타이스먼은 심각한 부상을
입어 앞날이 창창한 미식축구 선수였지만, 은퇴하게 된다. 이 사건으
로 미식축구에서 큰 변화가 일어난다. 오른손잡이 쿼터백의 좌측 후방
을 보호하는 레프트 태클left tackle 포지션이 중요해지면서 연봉이 팀
내에서 두 번째로 높아졌다. 리더 역할을 하는 쿼터백이 볼 수 없는 사
각지대를 보호해야 하는 중요성이 대두된 것이다.[51]

대기업의 의뢰를 받아 이 영화를 리더십 관점에서 분석하여 세미나
를 했던 적이 있다. 당시 이 장면은 세미나에서 매우 중요한 부분이었
는데, 리더십에 시사하는 바가 컸기 때문이다. 하나는 누구에게나 자
신이 보지 못하는 사각지대가 존재한다는 점이고, 또 하나는 그 사각
지대를 스스로 발견하기는 어렵다는 점이다. 결국 누구에게나 '레프트
태클', 즉 내 사각지대를 보호해주는 사람이 필요하다. 이들이야말로
솔직한 피드백으로 내가 사각지대를 볼 수 있도록 지켜주는 것이다.

사람은 쉽게 바뀌지 않는다

"이 세상에서 제일 안 되는 게 사람과 세포 가르치는 일이에요. 사람은 자기가 생각하는 대로 하지, 배운 대로 절대 안 해요." 1985년 우리나라에서 처음으로 시험관아기를 성공시킨 문신용 전 서울대 병원 산부인과 교수가 2013년 은퇴하면서 언론과의 인터뷰에서 했던 이야기다.[52] 마셜 골드스미스는 이렇게 말한다. "변화를 원치 않는 사람을 굳이 애써서 변화시키려 하지 말라. 서로에게 시간 낭비다."

사람이 변화하는 것은 두 가지 경우다. 스스로 변화하고 싶은 욕구가 있거나 변화하지 않으면 자신에게 손해라고 느낄 때다. 이 두 가지가 아니라면 좀처럼 변화가 일어나기는 힘들다. 조직에서는 강의나 트레이닝, 워크숍이라는 이름으로 오늘도 수많은 리더십 교육이 벌어진다. 업무를 하는 데 필수적으로 알아야 하는 기술, 지식, 안전에 대한 내용이 아니라면 리더십이니 소통이니 하는 교육을 필수로 시키는 것에 나는 반대한다. 회사는 엉뚱한 데 돈 낭비하고, 억지로 끌려온 직원 처지에서는 시간 손해이자 교육에 대한 반감만 높아지며, 듣고 싶어 하는 직원에게는 방해만 될 뿐이다. 누구도 얻을 게 없다. 기본적으로 조직에서 교육은 대부분 선택과목으로 지정하는 것이 맞다. 교육 프로그램을 열어놓고, 원하는 사람에 한해서 들을 수 있게 해야 한다. 그랬을 때 작게라도 변화가 시작되고 확산될 수 있다. 사실 본인 스스로 원한다고 해도, 변화란 쉽게 일어나지 않는다.

'진정성 리더십Authentic Leadership'이란 용어가 있다. 이 말은 결국 리더십 강사나 이론이 정해준 것 말고 스스로 되고 싶은 리더의 상이 무엇인지 생각해보고 이를 위해 노력하라는 의미다. 나의 리더십을 개선하고 싶다면 리더십에 대한 책을 보거나 강의를 듣기 전에 예전 내 상사 가운데 내가 존중할 만한 리더십을 보여준 사람이 누구인지를 떠올려보자. 역사 속 인물도 좋지만 가능하면 내가 직접 경험했던 선배, 교사, 상사 가운데서 찾아보자. 왜 나는 그들의 리더십 스타일을 좋아했을까?

의사결정이 빨라서 그랬을 수도 있고, 직원을 공정하게 대해서 그랬을 수도 있다. 소통이 민주적이어서 그랬을 수도 있고, 괜한 야근을 시키지 않아서 좋았을 수도 있다. 무엇이든 좋다. 비자인터내셔널의 창립자인 디 호크Dee Hock는 리더십에 대해 이렇게 말했다.

"누군가 당신에게 했던 일 가운데 제일 싫었던 것의 리스트를 만들라. 그리고 다른 사람에게 이것을 절대 하지 마라. 누군가 당신에게 했던 일 가운데 당신이 좋아했던 것의 리스트를 만들라. 그리고 앞으로 다른 사람에게 늘 그것을 하라."[53]

이처럼 내가 경험했던 다른 사람의 리더십을 바탕으로 나만의 리더십 리스트나 모델을 만들어보자. 이제 그 리스트를 보면서 내가 1년 동안 변화하고 싶은 것이 눈에 띄는지 살펴보고 그중에 우선순위 하나만 고르자. 리더십이란 나의 행동과 태도에 대한 것으로, 1년에 하나만 변화하기도 힘들다.

담배를 끊으려는 사람은 종종 주변 사람에게 금연한다고 선포하곤 한다. 그렇게 함으로써 남들의 눈을 의식해서 스스로 금연에 대한 의지를 더 강화한다. 같은 원리로 자신이 원하는 리더십 변화를 주변 사람에게 알리자. 예를 들어, "올해 나는 더 잘 듣는 리더가 되기로 결심했다"라고 말이다. 그러고선 정기적으로 자신의 리더십에 대해 상사, 동료, 부하 직원에게 조언을 구한다. 어떻게 하면 내가 그들에게 더 잘 듣는 리더가 될 수 있는지라는 질문과 함께. 리더십을 개선하는 것은 절대 쉬운 일이 아니다. 일단 본인의 의지가 확고해야 하고, 방향이 뚜렷해야 하며, 주변 사람이 개입되어야 비로소 가능하다.

리더십과 관련해 별로 원하는 변화가 없다고? 그럼 고민할 필요 없다. 그대로 살면 된다. 두 가지 가능성이 있다. 이미 좋은 리더이거나, 아니면 변화하지 않은 결과에 대해 나중에 책임을 지게 되거나.

Side Note 17   *360도 평가로 배울 수 있는 것*

리더로서 직장 내부의 평판을 개선하고 싶다면 어떻게 해야 할까? 잠깐 이런 상황을 생각해보자. 정치인이 자신의 지지율에 대한 여론조사 없이 선거 캠페인이 가능할까? 리더로서 내부 평판을 개선하기 위한 '캠페인'을 하려면, 리더로서 자신을 사람들(상사, 동료, 부하)이 어떻게 보고 있는지를 알아야 한다.

이럴 때 360도 평가가 유용하다. 요즘에는 360도 평가 도구[54]를 갖춘 기업이 많이 늘어났다. 이를 의무적으로 시행하는 기업도 있지만,

본인이 원할 때 선택적으로 하기도 한다. 물론 기업 내부의 이 평가 서비스에 직원이 돈을 지불해야 하는 경우는 없다. 막상 평가를 받으려 하면 '나쁜 평가를 받으면 어떻게 하나' 하고 걱정이 될 것이다. 하지만 360도 평가에서는 의도적으로 나쁜 평가를 줄 것 같은 사람은 배제할 수도 있다. 그렇다고 내게 좋은 평가만 줄 사람을 선택하는 것은 자신에 대한 객관적 평가, 즉 내게 대놓고 말하지 않지만 그들끼리는 말하는 평가를 들을 기회를 놓치는 것이다.

만약 회사에서 360도 평가 서비스를 직원에게 제공한다면 이번 기회에 신청하여 받아보길 바란다. 일단 솔직한 평가를 알아야 개선할 수 있다. 360도 평가를 하게 된다면 보다 적극적인 모습을 보이는 것이 좋다. 예를 들어, 참여를 요청하면서 "리더십 측면에서 저를 돌아보고 저에 대한 객관적 진단을 받아 리더십을 개선하기 위한 목적으로 360도 평가를 부탁드립니다"와 같이 말이다. 그리고 평가를 받고 나면 자신의 360도 평가 결과지를 모두 보여줄 필요는 없지만, 적어도 자신을 위해 시간과 노력을 쓴 참여자에게는 간단하게 '디브리핑'을 하는 것이 좋다. 디브리핑이란 프로젝트 후 관련자에게 보고하는 것을 말한다. 먼저 참가해준 데 대해 고마움을 표시하고, 이번 조사에서 배운 점 그리고 내가 잘하고 있다고 나온 점과 개선이 필요하다고 나온 점을 두세 가지만 간단하게 공유한 뒤, 앞으로 리더십 개선을 위해 어떤 노력이 필요한지 통찰을 얻었다는 정도로 디브리핑을 하면 된다. 이러한 적극적인 행동 자체가 당신의 평판을 개선하기 위한 훌륭한 출발점이 될 것이다.

어떤 리더로서 기억될지 고민하라

직장에서 함께 일했던 상사들을 잠깐 떠올려보자. 내가 가장 좋아하

211

고 본받을 만한 모습을 보여준 리더는 누구였을까? 나는 앞서 언급한 이승우 대표가 떠오른다. 언젠가 그와 함께 일했던 사람들과 식사 자리가 있었다. 우연히 이승우 대표에 대한 이야기가 나왔는데, 모든 사람이 고개를 끄덕였던 부분은 그분만큼 직원의 성장에 관심을 보이고 아낌없이 투자했던 분을 찾기 어렵다는 대목이었다. 자신의 성장에 신경 써주는 리더 덕분에 직원들은 동기부여를 받았고 열심히 일했다. 회사는 엄청난 성장을 이루었고, 조직문화도 훌륭했다.

또한 그는 나를 전문가로 대했다. 보고를 받기보다는 내 생각이 어떤지를 진지하게 물었고, 때론 토론을 하기도 했다. 생각해보라. 차장이었던 내가 대표실에서 사장과 단둘이 앉아 토론을 한다는 것은 당시 나에겐 떨리는 자리이기도 했지만 커다란 기회이기도 했다. 내 커리어에서 그런 경험은 그때가 처음이었다. '높은' 사람이 내 의견에 귀 기울이고 깊은 관심을 보여주었던 그 순간 덕분에 나 자신을 '아랫사람'이 아니라 한 사람의 전문가로 바라보며 자신감을 가질 수 있었다. 내게는 그 순간이 지금까지도 강렬한 인상으로 남아 있다.

경영전문가인 톰 피터스Tom Peters는 리더는 팔로어를 만드는 것이 아니라 또 다른 리더들을 만들어낸다고 했다. 실제 이승우 대표와 함께 일했던 직원 가운데는 업계에서 사장이 된 사람이 유난히 많다. 조직을 이끌 기회가 왔을 때, 그와의 경험은 커다란 자산이 되었다. 내가 서른여섯의 나이로 미국계 커뮤니케이션 컨설팅사의 대표가 되었을 때, 코칭 수업을 받기 시작한 것도 이승우 대표의 영향이 크다. 그는 대표 시절에도 자신은 물론 임원에게 코칭의 기회를 제공했고, 이런 코칭 장려가 조직 경영에 긍정적 영향을 준다는 사실을 내 눈으로 확인했기 때문이다. 리더가 직원의 성장과 전문성을 만들어주려고 노력할 때 직원의 처지에서 얼마나 힘이 나고, 사업 결과도 좋은지를 경험했기에 내가 가야 할 방향도 분명했다.

리더십을 주제로 워크숍을 진행할 때면 참석자들과 자신이 가장 좋아하고 존경했던 상사의 기억을 나누는 자리를 갖는다. 훌륭한 상사들은 어떤 특성을 갖고 있을까?

첫째, 애매모호하지 않은 사람이다. 업무 지시를 내릴 때, 직원의 처지에서 명확하게 이해할 수 있도록 구체적으로 소통하는 사람이다. 모호한 상사와 대화하다 보면 때로 '저 상사는 자신이 무슨 말을 하는지 정확히 알고 하는 것일까?'라는 생각이 들 때도 있다.

둘째, '대리'로 남지 않는 사람이다. 부장이 되어서도 권한을 위임하지 못하고, 세세한 것까지 다 챙기며 부하 직원을 믿지 못하는 사람이 많다.

셋째, 전화기를 보지 않는 사람이다. 부하 직원이 고충을 이야기하기 위해 면담을 하는데, 직원의 눈을 마주 보며 대화에 집중하는 것이 아니라 끊임없이 울려대는 휴대전화의 문자에 시선을 둔 채 이야기를 듣는 상사를 존중할 부하 직원은 없다. 진정한 리더는 다만 5분이라도 상대방에게 관심을 집중하는 능력과 태도를 가진 사람이다.

넷째, 눈치 주지 않는 사람이다. 업무 수행을 잘했거나 혹은 실수가 있었을 때, 애매하게 칭찬하거나 눈치 주는 것이 아니라 이런 점이 좋았고, 저런 점은 개선할 필요가 있다고 명확하게 피드백해주는 상사다.

마지막으로 나에게 관심을 보이는 사람이다. 나를 단순한 부서원이 아니라 한 사람의 인간으로 바라보고, 나의 목표와 걱정거리에 대해 관심을 보이고 "내가 어떻게 도와주면 좋을까?"라고 물어주는 상사를 기억한다.

리더십 워크숍을 진행하다 보면 어떤 사람은 현재의 상사를 꼽기도 하지만, 많은 사람은 이전에 함께 일했던 상사에 대해 이야기한다. 참석자들의 선배 '뒷담화'를 듣다 보면 긴장할 때가 있다. '나와 함께 일하던 후배 직원들은 나를 어떻게 기억하고 있을까?'라는 질문이 떠오르기 때문이다. 이처럼 자신의 경험을 돌아보고 현재의 모습을 비춰보는 게 리더십 강연을 많이 듣는 것보다 리더십 성장에 훨씬 도움이 된다.

피드백 대신 피드포워드

옳은 말이 항상 먹히는 것은 아니다. 피드백이 대표적이다. 상사의 관점에서 무엇이 잘되었고 잘못되었는지 후배 직원에게 이야기하면 전자는 먹히지만 후자는 옳은 소리라는 건 알겠는데 몸과 마음에서 거부하게 된다. 성인이 되어 누군가에게 '지적질'당하는 것을 좋아할 사람은 없다. 방어심리가 있으니까.

마셜 골드스미스는 피드백보다는 피드포워드feedforward를 활용해볼 것을 제안한다. 피드백은 자동차로 치면 운전석과 조수석 사이 천장에 붙어 있는 뒷거울에 해당한다. 이는 후방, 즉 과거를 돌아보며 주는 평가다. 피드포워드는 앞, 즉 미래에 더 잘하기 위한 조언을 구하거나 주는 행위다. 피드백이 "제가 지난 1년 동안 어땠나요?"라고 묻는다면 피드포워드는 "제가 앞으로 1년 동안 좀 더 나은 과장 역할을 하려면 어떻게 하면 될까요?"라고 묻는다. 미래에 대한 조언을 주고받는 대화에서는 서로 방어적일 필요성이 매우 낮아진다. 자동차 운전을 하려면 뒤도 봐야 하지만 대부분 시선은 앞 유리창을 향해 있어야 한다. 마찬가지로 피드백도 필요하지만 우리는 더 많은 피드포워드를 주고받을 필요가 있다.

12월에 인사 평가가 있다고 치자. 대부분의 사람은 평가 시기가 올 때까지 기다렸다가 막판에 상사에게 잘 보이려고 한다. 전략을 바꿔보자. 1년의 절반 정도가 끝난 즈음에 작년 말에 상사와 논의했던 연간 목표를 갖고 상사에게 먼저 피드포워드를 요청해보라.

"부장님, 올해도 절반이 지나갔는데요. 남은 반년 동안 제가 어떤 점들을 신경 쓰면 좀 더 제 역할을 잘할 수 있을지 조언 부탁합니다."

물론 지난 반년 동안의 피드백도 요청하는 것이 좋다. 피드백을 줄 때까지 기다리는 직원과 스스로 먼저 요청하는 직원은 상사에게 다르게 인식된다. 게다가 미래에 대한 피드포워드를 요청하는 직원에 대해 상사는 남다르게 평가하지 않을까?

이 기회에 내가 일하는 팀에서 회의 등을 할 때 과거에 대한 논의에 시간을 많이 쏟는지, 아니면 미래에 어떻게 하면 더 잘할 수 있는지에 대한 구체적 논의에 시간을 많이 쏟는지 생각해보자. 최근 만난 한 글로벌기업의 아시아·태평양 지역 사장은 부하 직원에게 과거에 대한 질문은 하지 않는다고 했다. 그 대신 문제가 있으면 언제든 빨리 보고하도록 하고, 격주로 열리는 회의에서는 향후 계획에 대해서만 구체적으로 이야기한다고 했다.

선배가 부하 직원에게서 듣는 피드백에 대해 잠깐 생각해보자. 먼저 후배들이 주는 긍정적 피드백에 너무 취하지 말자. 이러한 긍정적 피드백의 상당수는 거짓이기도 하다. "후배 직원이 내 농담에 웃는다고 절대로 네가 웃겼다고 생각하지 말라"라는 조언은 인사권을 쥐고 있는 상사에게 누가 안 웃어주고 좋은 소리 하지 않겠느냐는 뜻이다. 회의에서 발표를 마치고 나서 후배에게 "내 발표 어땠니?"라고 묻는 것은 후배의 처지에서는 "나한테 좋은 소리 한번 해봐"라고 요청하는 것과 똑같은 질문이다. 만약 정말 앞으로 발표 실력을 개선하고 싶어서 후배에게 진심 어린 피드백을 받고 싶다면 질문의 타이밍과 프레임을 바꿔야 한다. 발표 후가 아니라 발표 전에 이렇게 말하는 것이다. "오늘 내 발표 잘 듣고 나서 네가 보기에 내가 잘한 것 한 가지와 개선해야 할 것 한 가지씩 적어두었다가 알려줄래? 다음 달에 더 중요한 발표가 있는데, 잘하고 싶어서 말이지." 이렇게 되면 나보다 나이 어리고 직책 낮은 후배라 하더라도 좀 더 편하게 진정 어린 조언을 해줄 수 있다.

내 고객 중 한 기업의 임원은 1년 동안 리더로서 자신이 개선하고 싶은 행동을 한 가지 정한 뒤 매달 일곱 명의 상사, 동료, 부하 직원에게 피드백과 피드포워드를 구했다. 그 후 한 해 동안의 코칭이 끝나고 여러 사람의 평가를 받았을 때 전해에 비해 평가가 눈에 띄게 좋아졌다. 이 임원은 피드백과 피드포워드를 요청해 이런 결과를 얻은 것이다. 연말 인사 평가 때까지 기다리지 말고 지금 바로 피드포워드를 구해보는 것은 어떨까?[55]

대화를 충고로 착각하지 말라

리더는 부하 직원이 원할 때 시간을 내주는 사람이다. 이는 훌륭한 리더십 서적인 《리더십 파이프라인》에 나오는 말이다.[56] 리더는 무엇 때문에 시간을 내주어야 할까? 누군가의 상사가 된다는 것은 자신이 맡은 직원의 직업적 삶을 개선할 의무가 있다는 뜻이다. 그가 조직에서 맡은 임무를 더 제대로 수행할 수 있고, 직업적인 고민에 대해 스스로 해결책을 찾아갈 수 있으며, 장기적 커리어를 잘 개발해나가도록 도와주는 것이다.

직원과 주간회의를 하고, 가끔 회식도 하니 나는 상사로서 제대로 시간을 내주고 있는 것일까? 직원을 위해 시간을 제대로 내고 있는지 살펴볼 수 있는 지표 중 하나는 자신과 밀접하게 일하는 직원을 위해 1대1로 대화하는 시간을 얼마나 내는가다. 1대1 대화에서 상사는 무엇을 할 수 있을까? 대화를 충고로 착각하지 말자. 팀원에게 충고하기 이전에 질문하고 듣는 시간을 갖자. 프로젝트를 마쳤을 때 상사는 부하 직원에게 그 경험에서 배운 것은 무엇인지, 프로젝트를 하면서 힘들었던 점은 무엇인지, 향후에 유사한 프로젝트를 다시 한다면 무엇을 다르게 시도하고 싶은지, 나에게 필요한 도움은 무엇인지 물어보면 된다. 이러한 질문은 직원이 스스로를 돌아보고, 새로운 방향을 잡는 데 도움을 준다. 이처럼 특정 경험에 대한 짧은 대화는 한 시간 동안 일반적인 강연을 듣거나 책을 읽는 것보다 그 직원에게 더 소중한 시간이 될 수도 있다. 또한 상사에게는 해당 직원에 대해 그리고 그를 도와주는 상사로서 자신의 역할에 대해 이해하는 시간이 될 것이다.

이러한 대화가 15분이든 30분이든 상사는 철저하게 상대방에게 집중하는 것이 중요하다. 끊임없이 휴대전화를 보고, 이메일을 확인하는 것이 아니라 상대방의 이야기에 그 시간만큼은 집중한다. 이때 직원이 질문하거나 조언을 요청하기 전에는 하고 싶은 말이 있더라도 되도록 참는 것이 좋다. 대화 목적이 직원이 질문을 통해 스스로 생각해보고 자신의 언어로 정리해서 말할 기회를 만드는 데 있기 때문이다.

직원이 조언을 요청할 때 우리는 무엇을 어떻게 말할 수 있을까? 이때는 직원에게 솔직한 피드백을 전달하는 것이 좋다. 피드백이 긍정적인 칭찬이든, 아니면 개선할 점이든 그 직원을 관찰한 객관적 행동과 그것이 가져오는 영향에 대해 분리해서 말하는 것이 좋다. 즉, "김 대리는 안 좋은 습관이 있는 것 같다"라고 처음부터 판단으로 제시하는 것보다 "김 대리, 이번 프로젝트 관련 회의를 지난 한 달 동안 세 차례 하면서 의견을 한 번도 제시하지 않던데 상사나 다른 참여자에게 다소 수동적인 인상을 줄 것 같다"와 같이 상대방의 행동(회의에서 의견을 제시하지 않음)과 이에 대한 해석(수동적 인상을 줄 수 있음)을 구분하여 피드백하는 것이 낫다. 처음부터 판단으로 피드백을 하게 되면 상대방은 더욱 방어적이 된다.

이때 "다음번 미팅 때 말을 더 해보라"라는 조언보다는 "어떻게 하면 다음 회의 때 김 대리가 다른 방식으로 참여할 수 있을까? 어떻게 하면 자신의 의견을 잘 이야기할 수 있을까?"와 같이 직원이 상사의 피드백에 대한 해결책을 스스로 생각해보도록 하고, 도움이 필요한 부분이 있는지 물어볼 수 있다. 이러한 1대1 대화는 업무에 대한 논의라기보다는 직원의 성장을 위한 대화라는 점을 잊지 말자. 프로젝트에 대한 대화가 아니라 그 경험으로 직원이 어떻게 성장할 수 있는지에 대해 대화를 나누는 것이다.

다른 일로도 정신없이 바쁜데 이런 시간을 언제 가질 수 있을까? 그럴 때는 우선 내가 상사로서 '바쁘게' 보내는 시간에 대해 생각해볼 필요가 있다. 직원과 하는 회의에는 어떤 것이 있는지, 과연 그 회의가 꼭 필요한 것인지, 주간회의는 꼭 필요한지를 되돌아보자. 주간회의를 격주로 진행하거나 한 달에 한 주는 회의 대신 직원과 1대1 대화를 하면 어떨까? 한 가지 주의할 점은 이런 대화를 한다면서 저녁에 함께 식사하자는 것은 오히려 직원을 쉬지 못하게 하고 괴롭히는 행동일 수 있다. 업무 시간 중 20분 정도의 티타임이 딱 좋다. 줄여야 할 것은 회의이고 늘려야 할 것은 대화다. 내가 담당하는 직원은 어떤 점을 배웠고 성장했는지 물어보고 들어보는 티타임을 가져보는 것은 어떨까?

"나는 이미 충분히 많은 말을 하고 있다!"

"맞는 말인 건 알겠는데, 당신이 내 상황이면 그런 소리가 아무짝에도 소용 없다는 것을 알게 될 거야!" 이 책을 읽다가 이렇게 이야기하는 독자가 있을지도 모른다. 맞다. 아무리 옳은 소리도 내 상황에 적용이 불가능하다면 그건 쓸모없는 소리다. 이는 조직 내에서 리더십을 발휘하고 팀을 이끌 때도 적용된다.

조직문화 진단 컨설팅사인 휴먼시너지스틱스는 팀의 효율성이란 우수성quality과 수용성acceptance의 곱이라고 정의한다. 우수성이란 판단력, 의사결정, 전략 등의 품질이 우수한 것을 나타낸다.[57] 이는 주로 논리와 관련이 있다. 수용성은 관계와 관련된 것으로 그러한 우수한 의사결정이나 전략을 팀 구성원이 받아들이고 지지하며 협조하는 것을 뜻한다. 쉽게 말해 우수성은 '옳음'을, 수용성은 '먹힘'을 뜻한다. 아무리 옳은 소리라 하더라도 팀 내에 먹히지 않는다면 종이 위의 전략이나 계획일 뿐이다. 소위 똑똑한 사람이 매니저로서 제대로 효과를 내지 못한다면, 맞는 소리를 할 줄은 알아도 어떻게 상대방에게 먹히게 할 것인지는 고민하지 않기 때문이다.

상사로서 부하 직원과 어떻게 관계를 맺어야 할까? 감성지능EQ 개념으로 유명한 대니얼 골먼Daniel Goleman은 관계를 쌓는 데 가장 중요한 기술로 듣기를 말한다.[58] 여기에서 중요한 점은 5분이 되었든 10분이 되었든 온전한 주의력을 상대방에게 쏟아야 한다는 것이다. 골먼은 전화기를 내려놓고, 컴퓨터 화면도 보지 말고 상대방의 눈을 바라보며 그가 무엇을 이야기하는지에 온전히 관심을 쏟아야 한다고 말한다. 그가 어떤 감정을 느끼고 있고, 필요로 하는지 당신의 판단이나 조언은 내려놓고 말이다. 듣기란 남의 말을 잘 듣는다는 의미보다는 질문을 통해 상대방이 이야기하도록 끌어내는 기술을 뜻한다.

그럼 어떻게 질문하고 이야기를 듣고 상대방과 관계를 맺어야 할까? 사회심리학자로서 미국 MIT 경영대학원에서 조직문화와 조직개발 분야에 대해 평생 연구해온 학자인 에드거 셰인Edgar Schein은 겸손한 질문humble inquiry의 중요성을 강조한다. 셰인 교수는 '일방적으로 말하기'는 상대방이 내가 말하는 내용을 모르고 있다는 것을 전제로 하는 태도이며, 상대방의 기운을 빠지게 하는 행동이라고 말한다. 겸손한 질문이란 상대방에 대해 내가 모른다는 자세로 호기심과 관심을 갖고 겸손한 태도로 질문하는 것이다. 그는 겸손한 질문이야말로 관계를 맺는 데 필수적인 요소라고 설명한다.

직장 내에서 우리가 사용할 수 있는 겸손한 질문에는 무엇이 있을까. 미래학자 대니얼 핑크Daniel Pink는 세 가지 질문을 조직 내에서 자주 던져보라고 제안했다. "요즘 무슨 일을 하고 있나요?What are you

working on?", "그 일을 하는 데 무엇이 필요한가요?what do you need?",
"제가 도와드릴 것이 있을까요?How can I help you?" 핑크는 만약 어떤
조직에서 서로가 이러한 질문을 던질 수 있다면, 그 조직의 문화는 상
당 부분 달라질 것이라고 말했다.

조직 커뮤니케이션 컨설팅을 하다 보면 가끔 임원에게서 어떻게 하
면 더 소통을 잘할 수 있을지 질문받을 때가 있다. 이때 내가 하는 첫
번째 조언은 부하 직원과 1대1로 티타임을 가지며, 조언이나 판단하려
하지 말고, 질문으로만 대화를 이끌어가며 그들의 이야기를 들어보라
는 것이다.

오늘 한번 동료나 부하 직원과 차 한잔 마시며 겸손한 질문을 던지
고, 그들의 이야기를 적극적으로 들어보자. 아마도 10분 동안 전화기
나 다른 곳을 쳐다보지 않고 집중하는 일이 생각처럼 쉽지 않음을 깨
닫게 될 것이다. 골먼은 경청의 기술을 개선하는 방법으로 우선 자신
이 남의 이야기를 잘 듣지 않고 있다는 점을 깨닫는 것이 먼저라고 말
했다. 회의나 회식 등의 자리에서 윗사람은 이야기를 너무 많이 한다.
절대로 아랫사람이 당신의 이야기가 정말 흥미롭고 유익해서 듣고 있
다고 착각하지 말기를. 그들은 당신의 이야기를 들으며 엄청난 인내력
을 발휘하고 있다.

꼰대는 질문하지 않는다

읽기, 쓰기, 듣기, 말하기. 초등학교 때 배웠다. 소통에는 네 가지가 있다고. 직장이나 가정에서 소통을 잘하기 위해 가장 중요한 것은 무엇일까? 듣기다. 여기까지도 모두 알고 있다. 좋은 리더십은 잘 듣는 것이라는 뻔한 이야기를 한 번쯤은 들어보았을 것이다. 하지만 잘 듣는 리더를 만나기란 쉽지 않다. 상사와 부하 직원이 함께 있는 회의나 회식 자리에 가면 그 자리에서 가장 높은 사람이 대화를 독점하는 경우가 많다. 부하 직원은 모두 고개를 끄덕여주고, 썰렁한 농담에도 웃어준다. 상사는 부하직원이 정말로 재미있어하는 줄 알고 그 지루한 이야기를 더 길게 이어간다. 악순환은 계속된다.

하지만 듣기가 중요한 것은 알겠는데, 도무지 어떻게 들어야 할지 잘 몰라서 고민하는 사람도 있을 것이다. 듣기란 상대방의 이야기를 잠자코 듣고 있는 것이 아니다. 적극적으로 듣기 위해서는 상대방이 말할 수 있도록 질문을 던져야 한다. 즉, 듣기의 기술이란 질문의 기술이다. 코칭에서는 다양한 질문의 기술을 계발해 오고 있는데, 코칭 대화에서 널리 쓰이는 그로GROW 모델은 어떤 질문을 던지고 상대의 이야기를 들어야 할지 궁금한 이들에게 도움이 될 수 있다. 목표Goal - 현실Reality - 선택Options - 의지Will의 영어 단어 앞 글자를 딴 그로 모델에 대해 살펴보자.

첫째, 목표를 물어보자. 《성공하는 사람들의 7가지 습관》에도 나오듯 일을 추진할 때는 끝을 생각하면서 시작해야 한다. 예를 들어, 회의에서 어떤 프로젝트에 대한 논의를 할 때 진행자 혹은 참여자로서 이 프로젝트에서 얻고자 하는 것이 무엇인지 질문할 수 있다. "이 프로젝트가 성공적으로 끝나고 나면 현재와 가장 달라지는 점은 무엇인가?"와 같은 질문을 던지거나, 직원과 커리어 개발에 관한 이야기를 나눈다면 무엇을 이루고 싶은지에 대해 질문해보자.

둘째, 현실에 대해 묻는다. "현재 상황은 어떤가?", "지금까지 우리는 어떤 노력을 해오고 있는가?", "목표 지점으로 가는 데 현재 어떤 어려움이 있는가?" 등과 같이 현재의 상황과 환경, 어려움 그리고 지금까지의 진행 상황에 대해 질문하고 이야기를 듣는다.

셋째, 가고자 하는 목표와 현재 상황을 이야기하고 나면 선택과 관련한 질문을 던진다. "그럼 우리가 해볼 수 있는 시도에는 어떤 것이 있는가?", "어떤 아이디어가 있을까?", "다른 방법이 가능할까?", "과거에는 혹은 다른 곳에서는 어떤 시도를 했나?", "어디에서 정보나 도움을 얻을 수 있을까?"와 같은 질문이 해당한다.

마지막으로 의지나 추진할 것Way Forward에 대한 질문이다. "그럼 우리가 살펴본 방법 가운데 가장 먼저 추진해야 할 것이 무엇일까?", "언제, 누가, 무엇을 어떻게 해야 할까?", "현실적으로 가장 좋은 방법은 무엇일까?" 등이 있다.

앞서 말했듯이 리더로서 소통을 잘하고 싶다면 직원과 1대1로 차 한 잔을 하며 질문으로 이야기를 끌어가 보자. 회의에서는 '전달 사항' 외에 묻고 싶은 질문을 세 가지만 준비해서 활용해볼 수도 있다.

언젠가 소통에 대한 강연을 부탁받고 강연 제목을 '커뮤니케이션 강의? 절대 듣지 말라!'라고 정한 적이 있다. 그 대신 질문지를 만들어 가서 옆 사람과 실제 소통하고 듣는 연습을 하도록 했다. 직장인이 소통에 대해 더 지식을 쌓아야 할 것은 거의 없다. 소통에는 몰라서 못 하는 것보다 알지만 하지 않은 것이 더 많다. 오늘 만나는 사람에게 하나라도 질문을 하고 그의 이야기에 귀 기울이는 게 소통에 대한 책을 읽는 것보다 더 가치 있다.

"사람이란 본래 자기 말에 귀 기울여주고, 가치를 인정해주고, 의견을 물어주는 사람에게 보답하기 마련입니다. 그게 변하지 않는 사람의 본성입니다." 이는 《어떻게 원하는 것을 얻는가》의 저자이자 세계 최고의 협상전문가인 스튜어트 다이아몬드Stuart Diamond의 이야기다. 나는 대화를 독점하는 리더일까, 아니면 부하 직원과 듣기로 연결되는 리더일까?

Side Note 18	마크 저커버그가 매일 회색 티셔츠를 입는 까닭

페이스북을 사용하는 사람은 많지만, 직장으로서 페이스북을 경험해본 사람과 만나는 일은 흔치 않다. KAIST에서 소셜 컴퓨팅을 연구하는 차미영 교수는 안식년을 활용해 미국 캘리포니아의 페이스북 본사에서 1년간 근무했다. 나는 실리콘밸리 내에서도 높은 연봉과 복지를 자랑하는 꿈의 직장 페이스북 본사를 방문했을 때 차 교수에게 그곳에

서의 직장생활에 대한 이야기를 들을 기회가 있었다.

본사에서 가장 눈에 띄는 것은 사내 시설이었다. 카페테리아에서는 훌륭한 음식이 무료로 제공되고, 직원은 자유롭게 놀이공원 같은 회사 내부를 거닐며, 업무 시간에 당구를 치거나 오락장에서 게임을 즐기기도 했다. 직원을 위한 시설로는 이보다 더 좋을 수 없겠다는 생각이 들었다. 게다가 출퇴근 시간도 자유롭다니!

하지만 차 교수는 엄청난 복지의 이면을 알려주었다. 일하는 방식이나 시간 사용에서 철저한 자유를 누리지만, 매주 한 번씩 자신이 맡고 있는 업무와 관련해 '과제 검사'를 받아야 하며, 그 압박감 때문에 결코 놀면서 일할 수는 없다고 했다. 일하는 방식에서는 자유롭지만, 상사와 명확한 목표를 정하고 이를 정기적으로 확인하며 토론하는 과정의 연속인 것이다. 6개월에 한 번씩 인사고과를 받는 것도 커다란 부담이다. 하지만 페이스북에는 멘토링 시스템이 잘 갖추어져 있어서 심리적 부담을 덜 수 있다고 한다. 멘토링에서는 업무가 아닌 인생과 개인적 커리어 개발에 대한 분야에 집중하여 직원 개개인이 자신의 삶을 돌아볼 수 있도록 이야기를 들어주고 도움을 준다.

최고경영자인 마크 저커버그Mark Zuckerberg가 왜 똑같은 회색 티셔츠를 매일 입는지, 그의 아내 프리실라 챈Priscilla Chan은 왜 화장을 거의 하지 않는지에 대해서도 차 교수는 말해주었다. 두 사람은 놀랍게도 자신들이 추구하는 핵심적인 목적에 판단력을 최대한 쓰기 위해 그 이외의 일, 즉 매일 아침 옷을 고르거나 식사하고 화장하는 데 들어가는 시간을 되도록 줄이려 한다는 것이다.

페이스북의 이러한 모습은 우리 직장인에게는 먼 이야기일 것이다. 하지만 이들이 일하는 방식에서 우리가 당장 배워 활용할 부분도 있다는 생각이 들었다.

첫째, 상사로서 나는 후배 직원을 어떤 방식으로 리드하고 있는가? 나는 목표를 명확하게 알려주고, 진행 상황을 정기적으로 확인하면서 진행 방식에 대해서는 부하 직원이 주도할 수 있도록 기회를 주는가? 내 머릿속에서 무엇을 지시하는 것인지 명확하지 않은 상태에서 애매하게 업무 지시를 내리고 세세하게 간섭하면서 업무의 품질도, 동기도 떨어뜨리고 있지는 않은가? 지시를 내릴 때 프로젝트가 성공적으로 끝났을 때의 모습을 명확하게 그려보고 합의하게 되면 부하 직원은 보다 명쾌하게 일을 추진할 수 있다.

둘째, 후배 직원이 나와 함께 일하면서 그들의 삶이나 커리어가 성장한다고 느끼고 있는가? 나는 멘토로서 어떤 사람인지 되물어볼 필요가 있다. 어설픈 조언을 하는 꼰대의 모습인가, 아니면 그들에게 관심이 담긴 질문을 던지고 이야기를 듣는 사람인가?

셋째, 나는 삶에서 뚜렷한 목적을 갖고 있는가? 나는 선택과 집중을 위해 어떤 노력을 하고 있는가? 페이스북의 본사가 위치한 곳은 과거 선마이크로시스템스의 사무실이 있던 곳이다. 이 회사는 2009년 오라클에 인수되었다. 저커버그는 회사 입구에 서 있던 선마이크로시스템스의 회사명이 적힌 표지판을 없애지 않고, 이를 뒤집어서 페이스북의 이름과 주소를 담아 표지판으로 달았다고 한다. 즉, 페이스북 본사 표지판 뒷면에는 과거 선마이크로시스템스의 표지판이 아직도 그대로 있다. 선마이크로시스템스처럼 정상에 있던 회사도 지속적으로 혁신하지 않았을 때 어떻게 될 수 있는지 직원에게 보여주려는 것이 저커버그의 의도라고 한다.

저커버그는 하버드대학 졸업식 축사에서 자신만의 목적을 갖는 것에서 더 나아가 주변 사람이 목적을 갖도록 도와야 한다고 강조했다. 직장 내에서는 많은 제약이 있지만, 자신이 가진 권한으로 주변 사람을 도울 수 있다. 만약 다른 사람들과 함께 일하고 이야기함으로써 그들이 자신의 목적을 찾고 명확히 하는 데 도움을 줄 수 있다면 그것처럼 보람된 일이 또 있을까? 물론 이런 상사가 직장에서도 더 오래 생존할 것이다.

회의를 즐기지 말자

우리는 일하기 위해 회의를 하는 것일까, 아니면 회의를 하기 위해 일하는 것일까? 어느 것이 정상일까? 당연히 전자가 정상이지만, 현실은 후자인 경우가 많다. 만약 당신이 직장에서 회의를 소집할 권한이 있다면, 그리고 좀 더 생산적으로 일하고 싶다면 첫 번째 해야 할 일은 직원에게 혼자서 일에 집중할 수 있는 시간을 최대한 확보해주는 것이다. 직장인은 회의 때문에 정작 일할 시간이 없다.

월요일 주간 미팅은 꼭 필요할까? 한나절 걸리는 월간 미팅은? 조직 컨설턴트들이 회의 문화를 혁신할 때 종종 던지는 질문은 다음과 같다. "만약 앞으로 2주 동안 모든 회의를 취소한다면, 이 조직에는 무슨 큰일이라도 일어납니까?" 대부분 아무 이상 없다.[59] 그럼에도 회의를 고집하는 '높은' 사람들의 심리는 왜일까? 자신이 회의를 소집하면 사람들이 수첩 들고 다 모이는 이벤트로 자신의 힘과 위치를 확인할 수 있고, 직원들을 눈앞에 두고 이야기해야 뭔가 일하고 있다는 묘한 심리적 만족감을 느끼기 때문이다.

회의가 필요한 경우는 딱 두 가지다. 다양한 사람이 서로 모여 생각을 확장하고 아이디어를 내야 하거나, 아니면 생각을 좁혀서 중요한 의사결정을 할 때다. 회의의 원래 목적에는 정보 공유도 있었지만, 그건 20세기 일이다. 요즘은 이메일이나 메신저로도 얼마든지 할 수 있다. 지금은 21세기다. 4차 산업혁명을 이야기하는 시대에 습관처럼 하는 회의 문화를 돌아볼 필요가 있다. 회의는 직장에서 가장 오랜 시간을 쓰는 활동이면서도 혁신에서 소외되어 있는 경우가 많다. 회의를 꼭 소집해야 한다면 오후 2~5시 사이에 하는 것은 어떨까. 오전에는 직원들이 맑은 정신으로 일에 집중할 수 있도록 놔두자. 오후 5시 넘어 퇴근 시간에 회의를 소집하는 꼰대 짓은 이제 줄이자. 퇴근 무렵에 회의를 소집해 다음 날 아침까지 새로운 업무를 끝마치라는 지시는 정말 긴급한 일이 아니면 피하자.

횟수를 줄이는 게 회의 문화 혁신의 첫 번째 방법이라면 두 번째는 참석자를 엄선하는 것이다. 어떤 윗사람은 별생각 없이 "다 모이라고 해"라고 말한다. 정말 다 필요할까? 몇몇 선진 기업에서는 회의 주관자가 회의 목적과 시간, 장소만 공지하고 참석 여부는 직원 각자가 정한다. 자신의 일에 회의 참여가 도움이 된다고 생각하면 참석하고 아니면 참석하지 않는다. 직원에게 당연히 그 정도 판단력은 있다고 보는 것이다. 회의에는 꼭 와야 할 소수의 핵심 담당자가 있다. 바로 사안에 대해 정보를 가장 많이 가지고 있는 사람, 의사결정을 하거나 관여하는 사람, 결정된 사안을 실행할 사람 그리고 사안의 성공에 절대적으로 필요한 사람이다.

'꼭 참석해야 할 사람'과 '참석하면 좋을 사람'은 다르다. 참석하면 좋을 사람이란 참석하지 않아도 좋을 사람일 가능성이 크다. 아이디어 회의라면 다양한 부서 혹은 외부 사람을 초대하는 것이 좋고, 의사결정 회의라면 그 사안에 익숙한 사람끼리 모이는 것이 좋다. 의사결정에서 별다른 이견 없는 만장일치는 위험한 결정일 수 있다. 이때는 의

심해보고 반대 관점에서 생각해보는 것이 좋다.

셋째, 회의 건수를 대폭 줄이되 어차피 해야 할 회의라면 제대로 하자. 회의의 성공은 목적과 의제 설정 같은 회의 이전 준비와 후속 조치에 달려 있다. 우리는 수많은 회의를 하고도 아무런 결과물을 만들어내지 못하고, 회의를 위한 회의를 계속 만들어낸다. 회의 어젠다를 만들 때 발표 순서나 내용보다 중요한 것이 목적이다. '예산 부족 문제해결 아이디어를 세 가지 만드는 것'과 같이 구체적인 목적을 명확히 하자. 그리고 모든 회의는 액션플랜을 만드는 것으로 마무리하는 게 좋다. 논의만 하다가 끝나는 게 아니라 회의 종료 10분 전에는 각자 자리로 돌아가 해야 할 구체적 행동을 정하는 것으로 결론을 내린다.

10명을 모아놓고 한 시간 동안 회의하는 것은 한 시간 회의가 아니라 '10시간 회의'다. 당신이 직장에서 회의를 소집할 힘을 갖고 있다면 회의를 덜 소집하는 것만으로도 조직과 직원에게 크게 이바지할 수 있다. 경제학자인 토머스 소얼Thomas Sowell은 이렇게 말했다. "회의를 즐기는 사람은 그 어떤 것의 책임자도 되어서는 안 된다." 전적으로 공감한다.

당위가 아닌 필요의 문제, 성평등 사고와 언어

1. 식당 직원이 어려 보이면 반말을 한다.

2. 실랑이를 벌일 때 여성에게 윽박지르다 남성이 나타나면 태도를 바꾼다.

3. "우리 때는 안 그랬는데…"라는 표현을 종종 한다.

4. 남자의 성욕은 본능이다.

5. 남자가 유흥업소에 가는 것은 사회생활의 일부다.

6. 여직원이 나대는 꼴은 못 보겠다.

모두 내가 참여한 세미나의 토론 과제로 나온 것이다. 나는 3년 동안 20회 가까이 페미니즘 '과외'를 받을 기회가 있었다. 나는 학생이었고, 선생님은 따로 있었다. 내게 페미니즘을 가르치던 문현아 박사는 한동안 위와 같은 질문을 던지며 세미나를 시작했다. 이 세미나는 내가 얼마나 남성 위주의 사고와 언어에 익숙해져 있는지를 발견하는 과정이었다.

세미나를 시작한 이유가 있었다. 몇 년 전 한 라디오 프로그램에서 책을 소개할 때 '여류 작가'라는 표현을 쓴 적이 있다. 방송을 들은 아내가 내게 '여류 작가'라는 표현은 쓰지 않는 것이 좋겠다고 조언했을 때, 부끄럽게도 나는 그게 왜 문제인지를 몰랐다. 곧이어 아내가 "남성 작가를 소개할 때, 그 사람이 남자라는 것을 밝히거나 남류 작가라고 말해?"라고 반문하자 나는 충격을 받았다. 페미니즘에 진지한 관심을 가져본 적이 없지만 막연하게 스스로 성평등적인 사고를 한다고 생각해왔기 때문이다. 굳이 성별을 표현하고 싶다면 여성 작가라고 하면 될 것이었다. 하지만 어느새 '남자=인간'이라는 남성 중심 사고를 하는 나 자신을 발견했고, 결국 젠더를 연구하는 문 박사에게 도움을 요청했다.

위의 토론 과제를 보면 페미니즘에 대한 몇 가지를 깨닫게 된다. 첫째, 줄리아 우드Julia Wood가 정의하듯 페미니즘이란 여성 우선주의라기보다는 '삶을 존중하고 평등을 위해 적극적으로 헌신하는' 태도와 행동을 뜻한다. 어리다고 반말을 하거나 차별적 언사를 하는 행위를 피하는 것이 페미니즘에서는 기초다. 둘째, 위의 문제 중 4번은 언젠가 어떤 장관 내정자가 책에 썼던 대목인데, 쉽지 않은 문제였다. 친구나 선배들에게 술자리에서 받은 성교육이 전부였기 때문이다. 문 박사는 성욕이 본능이라면 남성만이 아닌 인간 모두의 것임을 가르쳐 주었다.

앞으로 직장에서 생존하고 리더로 성장해가기 위해서는 여성과 남성 모두 성평등 관점에서 페미니즘에 대한 이해와 실천이 필수일 것이다. 언어생활을 돌아보는 것은 페미니즘 실천의 시작점이 될 수 있다. 종종 들을 수 있는 "젊은 여자가…", "나보다 어린 것이…"와 같은 언어 사용이 문제가 된다는 점을 자각하고 주의하는 것이다. 만약 누군가를 선발하고 승진시키는 위치에 있다면 성평등이라는 관점을 기반으로 그 과정을 들여다보자. 단순히 직장 내 여성의 수보다는 팀장 및 임원 회의 때 과연 남성과 여성의 수는 균형을 이룬 것인지, 더 나아가 의견 개진이나 의사결정에서도 성평등 원칙이 지켜지고 있는지 살펴보는 것이다.

대기업 임원 세미나에 가보면 여성 임원을 찾기가 쉽지 않다. 반면 국내에서 활동하는 외국계 기업에서는 여성 임원은 물론 최고경영자도 쉽게 찾을 수 있다. 여성 인재가 없어서가 아니라 우리 기업문화가 아직 성평등 시각을 갖추지 못했음을 드러내는 단적인 사례다. 아주 솔직히 말하면, 내가 페미니즘에 관심을 두게 된 것은 앞으로 직업인으로서 생존하고 성장하기 위해서다. 실제 미투운동이 우리 사회에서 본격화된 2018년 이후로는 고객사 임원의 메시지 컨설팅이나 리더십 워크숍 등에서 성평등적인 시각을 점차 적용하기 시작했다. 이 점을 유의하지 않고는 고객의 리더십이나 커리어에 부정적 영향을 줄 수 있기 때문이다. 나이, 성별, 성적 취향, 학력 등과 상관없이 다양한 인간의 삶을 존중하고 평등하게 바라보지 않고서는 앞으로 리더로 성장하기가 힘들어질 것이다.

약점을 숨기지 말고 나눠라

힘 빠질 때가 있다. 몹시 힘들고 괴로울 때도 있다. 머릿속이 정리가 되지 않은 상태로 지낼 때도 있다. 서로 시점이, 이유가, 정도가 조금씩 다를 뿐 누구나 그런 시간을 겪어왔고, 또 앞으로도 종종 겪을 것이다. 이런 시간으로부터 자유로울 순 없다. 이럴 때 필요한 것은 무엇일까?

가장 최근 '진짜' 대화를 한 때는 언제였을까 생각해보자. 직장에서 하는 수많은 '대화' 가운데 정말 마음을 나누는 경우는 얼마나 있을까?

많은 일을 빨리 처리해야 하는 직장에서 소통의 목적은 대부분 업무 추진과 관련된 것이다. 직장에서 대부분의 상사나 후배, 동료와 마음까지 나눌 필요는 없다. 하지만 우리 모두 직장 안팎에서 다양한 사람들과 부딪치고, 힘든 상황 앞에서 절망할 때가 있다. 이때 텅 빈 회의실에서 전화기를 들고, 혹은 퇴근 후 차 한잔 마시며 진정한 마음을 나누며 대화할 사람이 적어도 한 명은 필요하다. 그는 오래된 친구일 수도 있고, 혹은 말과 마음을 잘 들어주는 지인일 수도 있다.

"사람의 마음과 마음은 조화만으로 이어진 것이 아니다. 오히려 상처와 상처로 깊이 연결된 것이다. 아픔과 아픔으로, 나약함과 나약함으로 이어진다." 무라카미 하루키의 말이다. 하루키의 이 말에서 영감을 받아《공감의 언어》를 쓴 정용실 아나운서는 우리에겐 "아픔과 아픔으로, 나약함과 나약함으로 깊이 연결된 존재"가 필요하고, 그런 상대와 서로 '공감의 언어'를 나눌 수 있다고 말한다. 나에게 그런 존재는 누구일까? 나는 누구에게 깊이 연결된 그런 존재일까? 사실 우리는 직장에서 오랜 시간을 실제보다 '센 척'을 하면서 살아간다. 몰라도 아는 척, 문제가 있어도 없는 척, 약해도 강한 척. 마음 한편으로는 '다른 사람들은 모두 일이 잘 풀리는데 왜 나만 이렇지…' 하면서 속상해한다.

하지만 '센 척'은 경쟁 상황에서 때로는 도움이 될지 모르지만 함께 마음을 나누는 친구 사이는 물론이고 일을 하는 동료 사이에서도 별 도움이 되지 않는다. 하버드대 경영대학원에서 조직행동론을 연구하는 제프 폴저Jeff polzer는 '취약성의 고리vulnerability loop'라는 개념을 만들었다.⁶⁰ 이는 한 사람이 자신이 취약하다는 신호를 보내면 상대방이 자신도 취약하다는 신호로 화답하면서 서로 취약성을 공유하고 이는 높은 신뢰도로 이어진다는 개념이다. 조직 컨설턴트인 패트릭 렌시오니Patrick Lencioni는 이를 '취약성 기반의 신뢰vulnerability-based trust'라고 부른다.

상대방에게 먼저 약하다는 신호를 보낼 때 상대방이 내게 계속 '센 척'을 하는지, 아니면 같이 "실은 나도 힘든 일이 있어"라고 하면서 자신의 취약성을 드러내는지를 보면 이 사람과 내가 진정한 대화를 나누고 관계를 맺을 수 있을지, 제대로 된 신뢰와 팀워크를 이룰 수 있을지 감을 잡을 수 있다.

얼마 전 워크숍에서 참석자들이 서로 취약성을 나눌 기회가 있었다. 사장과 고위 임원들이 둘러앉아 매출 실적이 아닌, 살아오면서 가장 어렵고 힘들었던 일, 그리고 자신이 했던 인생 최대의 실수 등에 대해 나누는 자리였다. 약점을 나누는 일이 사람을 약하게 하는 게 아니라 마음을 가볍게 해주는 동시에 연결을 만들어내는 것을 확인할 수 있었다.

활발한 정보의 공유와 느슨한 연결을 만들어내는 장점이 있는 소셜미디어가 때론 사람들을 불행하게 느끼도록 하는 이유는 저마다 최고의 순간을 나누는 경우가 많기 때문이다. 소셜미디어를 보고 있으면 다른 사람들은 모두 '잘나가는 것'처럼 착각하게 된다. 사교를 위한 모임에 나가면, 때론 소셜미디어로는 얻을 수 없는 고급 정보를 얻거나 인맥을 쌓기도 하지만 어색하고 마음이 피곤해질 때가 있는 것은 저마다의 방식으로 '센 척'을 해야 하거나 이를 지켜봐야 하기 때문이다.

소셜미디어를 하지 말고, 사교적 모임을 나가지 말자는 게 아니다. 약한 부분을 서로 나눌 수 있는 상대가 지치고 힘든 직장생활을 해나가는 데 꼭 필요하며, 그런 상대나 기회가 얼마나 고마운 것인지를 잊지 말자는 것이다. 때론 따뜻한 차 한잔을 놓고 빈 노트에 혼자 끼적이는 메모가 그런 고마운 상대가 될 때도 있다.

제대로 사과하는 법

자동차 운전과 삶은 비슷한 점이 있다. 특히 살아가면서 누구나 겪게 되는 '배드 뉴스bad news'가 그렇다. 첫째, 눈길에서 브레이크를 잘못 밟거나 핸들을 잘못 돌려 접촉사고가 날 수 있다. 삶에서 우리는 익숙지 않거나 의도치 않은 실수를 해서 사고를 내기도 한다. 둘째, 술을 마시고 운전하다가 사고를 내는 경우가 있다. 때로 우리는 살면서 잘못임을 알고도 안 좋은 일을 만들기도 한다. 마지막으로, 다른 운전자의 실수나 잘못으로 내가 사고를 당하는 경우도 있다. 살다 보면 운이 없어 안 좋은 일을 겪는 때도 있다.

직장생활을 하면서도 내가 실수나 잘못을 저지를 때가 있고, 또 때로는 다른 사람의 실수나 잘못으로 운이 없어 일정 부분 영향을 받거나 책임질 때가 있다. 나의 실수나 잘못으로 사고가 터지고, 누군가 피해를 보며, 그 때문에 내가 궁지에 몰리는 순간이 올 수도 있다.

우리는 뉴스에서 실수나 잘못으로 궁지에 몰린 유명인들이 어떻게 반응하는지 지켜볼 때가 있다. 침묵으로 일관하거나, 거짓 해명을 하거나, 사과의 시점이나 내용과 태도에 문제가 있어 더 비난받는 것을 보곤 한다.

직장생활에서도 크고 작은 실수와 잘못 앞에서 사과해야 하는 순간이 오게 된다. 사과에 대해 알아야 할 것은 무엇일까? 첫째, '미안하다'라는 말을 사과의 전부로 생각하는 것은 오해다. 한마디로 사과를 해야 한다면 "죄송합니다I am sorry"보다는 "제가 잘못했습니다I was wrong"가 더 맞다. 사과의 핵심이란 잘못의 인정이기 때문이다.

미안하다는 유감의 표현에 '하지만'과 같은 접속사를 써서 변명이 길어지거나 '(피해자가) 기분 나쁘셨다면'과 같은 가정형을 쓰는 순간 사과는 그 힘을 잃는다. CNN에서 "완벽한 사과를 하는 법"[61]이라는 기사를 소개하면서 자신이 저지른 잘못이 사소한 것이라 할지라도 그것을 '산더미'처럼 만들어 사과하라고 조언한 적이 있다. 이는 자신의 실수나 잘못을 스스로 축소하면 상대방, 특히 피해자의 분노를 키우게 되기 때문이다. 이런 경우 역사상 가장 오래된 갈등 '조정' 도구인 사과가 오히려 갈등을 '조장'할 수 있다.

둘째, 사과를 '루저loser'의 언어로 생각하는 것 또한 오해다. 자신의 실수와 잘못을 인정하지 못하는 심리에는 자신의 권위가 떨어지지나 않을까 하는 두려움이 자리하고 있다. 사회심리학자 로버트 치알디니는 신뢰받는 권위에 대해 설명하면서, 사람들은 신뢰를 평가할 때 그 사람이 자신의 약점을 어떻게 다루는지를 보고 평가한다고 말한다. 경영학자인 숀 터커Sean Tucker와 연구팀은 연구 실험을 통해 사람들이 자신의 잘못을 인정하고 사과하는 사람에게서 더 변혁적인 리더십을 발견한다는 것을 입증했다.[62]

전문가의 논문까지 가지 않더라도 직장 내에서 자신의 실수나 잘못에 대해 책임을 인정하고 진심 어린 사과를 하는 사람과 그렇지 않은 사람에 대해 우리가 어떻게 평가하는지를 생각해보면 내가 그 상황이 되었을 때 어떻게 해야 할지 답이 나온다.

그런데 제대로 사과하는 일에 왜 그렇게 많은 사람이 서투른 것일까? 신경과학에서 그 답을 찾을 수 있다. 스트레스를 받을 때 인간의 뇌에서 가장 발달한 영역이자 의사결정에 핵심적 역할을 하는 전전두엽 피질prefrontal cortex의 역할은 줄어들고, 감정과 연관된 편도체amygdala의 역할이 커진다. 합리적 의사결정이 과학적으로 힘들게 되는 순간이 되는 것이다. 다른 사람이 아닌 자신의 실수와 잘못 앞에서 사람들은 당황하고 스트레스 수준이 올라가면서 합리적인 사고를 하지 못하게 된다.

그렇다면 어떻게 해야 할까? 그런 경우에는 혼자서 판단하지 않는 것이 좋다. 나와 이해관계가 없으면서 신뢰할 만한 지인에게 전화를 걸어 상의하는 것이 합리적 판단을 하는 데 도움이 된다. 자신이 무엇인가를 잘못했을 때는 방어적이 되는 스스로의 판단은 의심하는 것이 좋다. 자신을 합리화하는 사과는 듣는 사람에게 매우 비합리적으로 다가온다.

선물의 기술

선물을 하는 것과 행복감 사이에 관련이 있을까? 캐나다 브리티시 컬럼비아대학에서 심리학을 연구하는 엘리자베스 던Elizabeth Dunn 과 라라 애크닌Lara Aknin 교수, 하버드대 경영대학원의 마이클 노턴 Michael Norton 교수는 2008년 이에 대한 흥미로운 논문을 〈사이언스〉에 실었다.[63] 이들은 사람들이 수입을 자기에게 필요한 비용으로 지출하는 경우를 개인적 지출, 그리고 남을 위해 선물을 사거나 기부하는 경우를 사회적 지출로 나눈 뒤 어느 것이 그 사람의 행복도를 예측하는 데 더 나은 지표인지를 실험했다. 결과는 남을 위한 사회적 지출이 행복도와 더욱 유의미한 관련성이 있음을 입증했다. 이들은 실험 결과를 설명하면서 돈을 버는 것만큼이나 어떻게 쓰느냐가 중요하다고 말했다.

우리는 직장이나 가정에서 때때로 선물을 주고받는다. 선물의 원래 의미는 되돌려 받으려는 기대 없이 주는 것이다. '기대 없이'라는 부분에 대해 순진하다고 생각하는 이도 있을 것이다. '김영란법'이 보여주는 현실은 우리 사회에 특정한 기대를 하고 주고받는 과도한 '선물'이 많았다는 의미이기도 하다. 사실 선물이 갖는 진정한 힘은 상대방이 내게 아무런 기대를 하지 않고 주었다는 점을 느낄 때 발생한다. 더 큰 감사를 느끼며 나도 무언가를 되돌려주고 싶다는 마음을 불러일으키기 때문이다.

선물을 주는 데도 기술이 있을까? 로버트 치알디니는 선물의 효과를 증폭시키는 세 가지 조건을 말한다. 첫 번째는 상대방에게 맞추었을 때다. 진정한 선물은 진심 어린 관심에서 나온다. 상대방이 좋아하고 필요로 하는 게 무엇인지를 알아두었다가 취향에 맞춰 주는 것이다. 치알디니 교수와 일주일간 함께 보낸 적이 있다. 그는 만난 첫날 인사를 나누며 자연스럽게 내가 무엇을 좋아하는지 물었다. 나는 취미인 목공에 대해 말했고, 그는 이를 기억했다가 일주일 후 헤어질 때 내게 목공 도구와 관련된 예쁜 장난감을 주었다. 그제야 그가 왜 첫날 취미를 물어보았는지 깨달았다.

두 번째, 의미를 담았을 때다. 선물을 줄 때 상대방에게 맞춰 주는 것도 좋지만, 때로는 당신이 정말 좋아하거나 관심 있는 물건을 주는 것도 좋다. 선물을 보낼 때 자신이 정말 좋아하는 노래의 음원이 상대방이 좋아할 것이라고 생각하는 노래의 음원보다 친밀감을 더 높인다는 것을 입증한 실험 결과도 있다.[64]

세 번째는 기대하지 않았을 때다. 상대방이 나에게 선물을 주리라고 기대할 때보다는 기대하지 않을 때 받는 선물이 더 큰 힘이 있다. 추석과 같은 명절이나 생일 등 상대방이 기대할 때 선물을 주는 것도 필요하겠지만 가족이나 친구, 동료에게 기대하지 않았을 때 선물을 주는 것은 놀라움과 감동을 불러일으킨다.

선물을 줄 때, 예를 들어 와인을 주면서 와인 따개와 같은 작은 선물을 덧붙여 주는 것은 선물의 가치를 높여줄까? 최근 연구에 따르면, 큰 선물과 작은 선물을 합쳐서 줄 때 받는 사람은 무의식적으로 선물 아이템들의 총합이 아닌 평균값으로 선물을 평가한다. 즉, 심리적으로 와인에 와인 따개를 함께 받기보다 와인 한 병만 받는 것을 더 가치 있는 선물로 인식한다는 것이다.[65]

상사나 후배에게 좋은 선물을 주고 싶다면 내가 직장생활을 하면서 받은 선물 가운데 가장 기억에 남는 것이 무엇인지를 되돌아보면 된다. 종종 기억에 남는 선물은 물건을 주는 것보다 시간을 내서 고민을 들어주고, 진심 어린 칭찬이나 도움이 될 자료를 건네주는 것이기도 하다. 오랫동안 못 만난 선후배나 동료에게 오랜만에 작은 선물과 함께 카드를 보내보는 것은 어떨까? 혹은 내가 일하는 사무실을 청소하고 지켜주는 분들에게 선물을 하는 것은 어떨까? 진정한 선물은 받는 사람은 물론이고 주는 사람도 행복하게 한다.

Side Note 19	정치 컨설턴트에게서 배우는 직장생활

대통령 선거에서 후보에게 선거 전략에 대한 조언을 하는 정치 컨설턴트라는 직업은 이제 우리에게 익숙하다. 정치 컨설턴트라는 용어를 처음 사용하고, 전문 직업으로 체계를 잡고 세상에 소개한 사람은 누구

일까? 바로 미국의 조지프 나폴리탄(Joseph Napolitan, 1929~2013)이다. 존 F 케네디 대통령을 비롯해 린든 존슨 대통령, 휴버트 험프리 부통령 등 수많은 정치인에게 조언했을 뿐 아니라 유럽과 아시아의 정치인도 그에게 선거 컨설팅을 요청했다.

그가 정치 컨설턴트로서 처음 일을 시작한 것이 1956년이었다. 30년이 되던 1986년을 기념하여 그는 〈정치 컨설턴트로서 30년 동안 배운 100가지〉라는 글을 내놓았다.[66] 발표된 지 30년이 지났지만, 이 내용을 다시 읽으며 현대를 살아가는 직장인에게도 시사하는 바가 적지 않다는 생각을 했다.

대통령 선거에 출마하는 사람들은 자신이 왜 출마하는지에 대해 출마의 변을 발표하곤 한다. 이는 사실 에드워드 케네디 상원의원의 실수와 관련이 있다. 1980년 당시 현직 대통령이었던 지미 카터에게 도전하며 예비경선 참여를 선언했던 그는 "상원의원께서는 왜 대통령에 출마하려 하십니까?"라는 기본적인 질문에 머뭇거리다 횡설수설하고 말았다. 가장 중요한 질문에 답변을 제대로 하지 못했던 그는 결국 대통령의 꿈을 접어야 했다.

선거에 나서는 후보는 아니지만, 이 일화는 직장인에게 중요한 질문을 던진다. 직장 입사 인터뷰 혹은 직장 내 새로운 역할에 지원하거나 승진을 요구할 때, "왜 다른 사람이 아닌 나여야 하는지"라고 물으면 뭐라고 대답할 것인가? 내가 하는 일이나 하고자 하는 일과 관련해 나의 차별성은 무엇인가? 이 질문은 자신만의 전문성을 만들어가는 데도 매우 중요한 질문이다. 왜 내 고객은 나와 일해야 하는가? 이에 대한 답변은 쉽지 않다. 하지만 이를 생각해보는 과정은 자신의 차별적 전문성을 돌아보게 한다. 당신이 직장인에서 직업인으로 변화하는 과정에서 하나의 분야로 자신의 전문성을 직업으로 정하고 나면 왜 그 일을 업으로 삼으려고 하는지를 설명할 수 있어야 한다.

나폴리탄은 누군가가 험담을 할 때 어떻게 대처해야 하는지에 대해서도 조언한다. 직장생활을 하다 보면 종종 누군가가 내게 제삼자가 내 험담을 했다고 전할 때가 있다. 이럴 때는 당황스럽기도 하고 화도 날 텐데, 과연 정치 고수 나폴리탄은 어떻게 조언할까?

그는 다음 네 가지 중 하나일 수 있다고 말한다. 설사 누군가가 내 험담을 했다 하더라도 공개적으로 하지 않았을 가능성이 크고, 나에게 전해진 부분은 전체 맥락에서 일부만 따서 전한 것일 수 있으며, 말을 전하는 사람이 당신을 자극하기 위해 과장했을 수도 있고, 마지막으로 제삼자가 험담하고 나서 후회하고 있을 수도 있다고 말한다. 따라서 다른 사람이 전하는 험담에 지나치게 과민 반응 하지 말라고 한다. 실제 험담을 전하는 이들은 정말 그 사람을 위해서 전하는 것보다는 과장해서 전하는 경우가 많다. 과민 반응 하면 혼자서만 속상해지는 때도 많다. 오히려 신경 쓰지 않는 편이 더 나을 수 있다. 하지만 만약 누군가 우리를 공식적으로 비방하고 우리에게 확실한 피해를 끼치는 경우는 어떨까? 나폴리탄은 옛 정치 속담을 인용하여 냉정하게 조언한다. "화내지 말고 똑같이 갚아주어라."

마지막으로, 그는 선거 캠페인에서 승리보다는 패배를 통해 더 많은 것을 배울 수 있다고 말한다. 직장생활을 하면서 우리는 크고 작은 실패를 경험한다. 승진이 누락되기도 하고, 상사나 고객에게 제안한 아이디어가 거절당하는 경험도 한다. 팀원을 제대로 리드하지 못해 좌절하기도 한다. 누구나 실패를 하지만 차이를 만드는 지점은 이러한 실패의 경험으로부터 배우면서 크고 작은 전환점을 내 삶 속에 만들어가는가, 아니면 그저 실패의 경험을 외면하려고만 하는가다.

'어쩌다 마주친 그대'의 중요성

다음에 옮길 직장에 대한 중요한 정보는 누구에게 얻을 수 있을까? 이에 대해 실험을 한 학자가 있다. 현재 미국 스탠퍼드대학 교수이면서 가장 인용이 많이 된 사회학 논문 중 하나로 손꼽히는 〈약한 연대의 강점The Strength of Weak Ties〉의 저자 마크 그래노베터Mark Granovetter다. 1973년 〈미국 사회학 저널〉에 실린 이 논문은 얼마나 자주 만나는가를 기준으로 '자주'(적어도 일주일에 두 번은 보는 관계), '어쩌다'(1년에 한 번은 더 보지만 일주일에 두 번 미만 보는 관계), '거의 안 보는'(1년에 한 번 이하로 보는 관계)으로 나눈 뒤, 새로운 직장에 대한 정보를 얻는 경로가 어느 쪽인지를 보았다. 결과는 '자주'가 16.7%였으며, '어쩌다'가 55.6%, '거의 안 보는'이 27.8%였다. 논문 제목이 알려주듯, 자주 얼굴을 보지 못하는 약한 연대에서 중요한 정보를 얻을 가능성이 크다는 게 이 논문의 중요한 발견이다.

생각해보자. 직장에서 매일 만나는 동료라면 그들이 알거나 생각해본 아이디어는 나도 알거나 생각해봤을 가능성이 크다. 유사한 환경에서 비슷한 정보를 받아보고 회의 등으로 공유하기 때문이다. 회사 동료끼리 브레인스토밍을 해도 좋은 아이디어가 나오기 힘든 이유이기도 하다. 설사 내 동료가 나는 모르는, 하지만 내게 중요할 수 있는 정보를 안다면 그는 나와 공유하지 않을 가능성이 '약한 연대'에 비해 상대적으로 크다. 내가 잠재적 경쟁자이기 때문이다. 하지만 1년에 한두 번 볼까 말까 한 사람과 의미 있는 대화를 나누다 보면 그들에게 크게 중요하지 않은 정보가 내게는 신선하고 좋은 정보일 수 있다. 출판된 지 40년이 지난 이 논문은 약한 연대와의 소통이 활발해진 소셜미디어 시대에도 여전히 많이 읽히고 있다.

이 연구는 직장인에게 중요한 네트워킹의 본질에 대해 다시 생각하게 한다. 네트워킹이란 무엇일까? 직장 선후배와 일주일에도 몇 번씩 술잔을 기울이는 것이라고 생각한다면 이번 기회에 다시 생각해보자. 네트워킹이란 약한 연대에 있는 사람들과 1년에 단 한 번이라도 정보와 생각을 나누며 의미 있는 대화(서로 덕담만 나누는 표피적인 대화 말고)를 하는 것이다. 좋은 정보나 아이디어가 네트워킹을 통해 내게 올 수 있는 방법을 생각하다 보면 상호성의 법칙을 떠올리게 된다. 다른 사람이 내게 좋은 정보나 아이디어를 주기를 바란다면 내게 그런 정보나 아이디어가 있을 때 먼저 상대방에게 주라는 것이다. 투자가 있어야 수익을 거둘 수 있듯, 관계에서도 먼저 신뢰를 보여주고 도움을 주면 시간이 지나서라도 직간접적으로 본인에게 도움이 되어 돌아온다.

2016년 미국 출장 중 워크숍에 참석해 우연히 뉴욕에서 프로 재즈 뮤지션으로 활동하는 마이클 골드Michael Gold 박사와 만나 이야기를 나누다가 공통의 관심사를 발견했다. 재즈의 즉흥연주가 비즈니스에 주는 영향에 대한 이야기였다. 그 후 나는 한국의 한 세미나에서 발표를 의뢰받고는 그를 떠올렸고, 주최 측에 추천하여 한국에서 공동으로 발표했다. 이후에는 그가 미국에서 발표하는 자리에 나에게 공동 진행의 기회를 주었다. 우리는 함께 경영잡지에 재즈와 리더십의 관계에 대한 글을 기고하기도 했다.

이뿐 아니다. 일자리나 사업의 기회가 있을 때 사람들은 종종 약한 연대의 지인 가운데 최근에 만났거나 그와 나눈 인상적인 대화가 기억 나서, 혹은 그 사람이 도와주었던 데 보답하고자 전화기를 든다. 앞에 서 말했듯이 나이가 들고 사업 경험이 쌓일수록 소개와 추천이라는 것 이 얼마나 큰 영향을 주는지 몸으로 느끼게 된다. 네트워킹을 하라는 말이 사람들과 더 많이 만나고 더 자주 술이나 밥을 먹으라는 의미는 아니다. 우연한 기회에 만난 사람들과 가능하면 서로의 관심사에 대해 깊이 있는 대화를 나누고, 만약 내가 갖고 있는 정보나 기술로 큰 부담 없이 도움을 줄 수 있는 부분이 있다면 당장 내게 돌아오는 것이 없더 라도 먼저 베풀라는 뜻이다. 약한 연대의 인연에게 베푼 작은 도움이 때로는 다음 직장 선택에 큰 영향을 미치기도 한다.

직장에서 나와 함께 일했던 사람은
나를 어떤 리더로 기억할까?

(식사 후 카페)

💬 이번 장이 이 책에서 가장 분량이 많았어.

💬 맞아. 이번 장은 리더십 평판을 만드는 것에 대한 내용이고, 여기에는 다양한 요소가 작용하거든. 리더의 행동, 소통, 언어 사용, 실수와 사과, 선물, 네트워크 등 다룰 것이 많았어.

💬 나는 아직 과장이고, 한 번도 리더로서 나 자신에 대해 진지하게 생각해본 적이 없었어. 그런데 이번 장을 읽으면서 리더십이라는 관점에서 나의 직장생활을 돌이켜본 게 가장 의미 있었어. 사실 며칠 전에 360도 평가를 받았거든. 괜히 긁어 부스럼 만든다는 생각이 있었는데, 들어보니 과장급에서 그것도 자원해서 360도 평가를 요청한 경우는 거의 없다고 하더라고.

💬 잘했어. 결과는 나왔어?

💬 응. 상사, 동료, 후배 직원까지 포함해 총 여덟 명이 참여했어. 예상했던 부분이 많았지만, 예상 밖이었던 건 내가 피드백을 주거나 다른 아이디어를 제시할 때 방어적인 것 같다는 의견이 여러 명 있었어. 후배들은 내가 무섭지는 않은데, 다가서기

쉽지 않다는 의견도 있어서 좀 놀라기도 했어.

💬 누구나 그런 점이 있어. 자신은 보지 못하지만 남들에게는 잘 보이는.

💬 우선 이번 장에 나온 피드포워드를 써볼 생각이야. 이번 평가에 참여해준 여덟 명을 한 사람씩 만나서 간단하게 내가 깨달은 걸 디브리핑한 후에 "제가 이 조직 내부에서 더 나은 리더로 성장하려면 어떤 행동을 하면 좋을까요?"와 같이 피드포워드를 물어보려고. 선배든, 후배든 간에.

💬 좋아. 그리고 직업에 대해 생각해온 것처럼 어떤 리더가 되고 싶은지도 한번 생각해보면 좋을 것 같아. 잘 듣는 리더가 되고 싶은지, 아니면 보다 자신의 의견을 명확하게 개진하는 리더가 되고 싶은지, 다가서기 좋은 리더가 되고 싶은지, 방어적이기보다 건설적인 리더가 되고 싶은지 등등.

💬 오케이. 그건 한번 따로 생각해볼게. 나중에 호가 괜찮으면, 내가 되고 싶은 리더와 관련해서 나랑 그로GROW 대화를 하면 좋을 것 같아. 참, 한 가지 또 깨달은 것이 있어.

💬 뭔데?

💬 360도 평가 항목에 내가 직장 내에서 업무상 잘하는 것이 무엇인지에 대해 여덟 사람이 각자 의견을 넣었는데, '책임감이 있다, 성실하다, 기획 때 아이디어가 좋다…' 등등 좋은 이야

기는 많지만 정작 내가 나의 직업 브랜드로 생각하는 'CSR을 잘 안다'와 같은 이야기는 없더라고. 어쩌면 당연한 것이기도 하지만….

💬 좋은 발견이야. 지난번에 이야기한 것처럼 지금 보람의 머릿속에는 '보람=CSR 전문가'가 있는데, 정작 직장에서 보람과 함께 일하는 동료에게는 아직 그 공식이 머릿속에 존재하지 않는 거지. 하지만 실망할 필요는 없어. 중요한 발견을 했으니 이제 남은 건 직업인으로서 내부에서 전략적으로 보람만의 커리어 캠페인을 해나가면 되는 거니까.

💬 그래. 근데 한 가지 질문이 더 있어. 리더의 평판을 만드는 게 중요한 건 알겠는데, 직장인에서 직업인으로 변환해나가는 데 정확히 어떤 관련이 있는 거지?

💬 그래, 그 부분을 제대로 설명하지 않았구나. 지난번까지 해온 대화에서는 모두 '직업인'이라는 단어 중에서 '직업'에 관해 이야기했다면 이번과 다음 장에서는 '인人', 즉 사람에 관해 이야기할 거야. 만약 보람이 '직업'은 만들었는데, '사람人'으로서 직장 내부에서 존중받지 못한다면, 즉 리더로서 평판이 안 좋다면 어떻게 될까?

💬 아하, 직업인으로서 내 브랜드와 평판에 타격을 주겠구나….

💬 맞아. 그렇게 되면 아무런 소용이 없어. '일은 잘하는데 싸가

지 없는 놈'이 될 수 있다는 거지.

💬 직업인을 하나의 개념으로 생각했는데, 기술적 측면인 '직업'
과 인격이나 리더십의 관점에서 평판과 관련되는 '인'으로 나
누어 생각해보니 이제 이해가 되네.

💬 맞아. 때로는 조직에서 '싸가지 없는 사람들' 때문에 보람이
난감한 상황에 처할 때도 있는데, 다음번에는 이런 경우에 어
떻게 나를 지켜야 할지에 대해서 같이 살펴보자.

9장

조직으로부터
나를 지키는 법

"다 하는 말이 그래요. '업무 힘든 건 참을 수
있다. 사람 힘든 건 못 참는다.' 직장 내에서
X 같은 직원도 아래 있고요. 업무 안 하는
팀장님도 위에 있어요. 위아래서 조율하는
게 참 힘들죠."

39세, 직장인

💬 이곳 좋은데? '울프소셜클럽'이라는 이름도 독특하고. 인터넷에서 버지니아 울프Virginia Woolf에게 영감을 받아서 만든 공간이라고 읽었어. 사진보다 실제 와보니 더 아늑한 공간이네.

💬 응. 내가 좋아하는 카페 겸 바야. 술도 팔거든. 호가 위스키를 좋아하는 것 같아서 내가 한잔 사려고. 난 저 위에 걸려 있는 글 "More Dignity, Less Bullshit(보다 품위 있게, 헛소리는 그만하고)"라는 말이 참 마음에 들어. 이번엔 내가 좋아하는 장소에 호를 초대해보는 것도 좋을 듯해서.

💬 좋은 선택이야. 오늘 이야기 나눌 주제랑도 잘 어울리는 장소네. 오늘의 질문하고 연결돼.

**직업을 만들어가는 데 나에게 장벽이
되는 것은 무엇이고,
나는 단순히 주변 사람의 기대를 만족시키기 위해
내가 나에게 기대하는 것을
억누르고 있지 않은가?
이 장벽을 넘기 위한 나만의 방법을 찾아보았는가?**

💬 꽤나 현실적이고 그래서 어려운 질문이네.

💬 맞아. 이번 장을 읽으면서 우리가 직장인이 아닌 직업인, 즉 독립된 프로페셔널로 자신을 바라볼 때 외부 압력이나 불공정한 처사에 대해 어떻게 대처할 수 있는지 생각해보면 좋을 것 같아.

○

그 인간이 변하는 일은 절대 없다. 지금 당신을 불편하게 하는 바로 그 사람 말이다. 그는 직장 상사, 고객, 동료, 부하직원일 수도 있고 친구, (시)부모, 자매나 형제, 배우자일 수도 있다. 살면서 괴로움을 느끼는 것은 '무엇(일)'보다는 '누구(사람)' 때문인 경우가 많다. 내게 상처를 주는 사람이 앞으로 절대 변하지 않는다면 희망이 없는 것일까?

내가 변화시킬 수 있는 것은 딱 한 가지, 내가 그 사람을 대하는 방식뿐이다. 혼자 불평과 걱정만 해봐야 그가 나를 대하는 방식을 바꿀 가능성이 없다. 물론 나를 불편하게 하는 사람과 마주하고 내가 하지 않던 말이나 행동을 그에게 하는 것은 생각만 해도 부담스럽다. 문제를 더 크게 만들지 않을까 걱정되기도 한다. 더 많은 경우 "해봐야 변화되는 것은 없을 거야"라고 스스로에게 말하며 당하고 있는 나를 합

254

리화하게 된다.

국가기관으로서는 처음으로 국가인권위원회가 1506명을 대상으로 직장 내 괴롭힘 실태를 조사하여 2018년 발표했다. 직장인 네 명 중 세 명(73%)이 최근 1년간 직장에서 존엄성을 침해받거나 적대적·위협적·모욕적인 경험을 한 차례 이상 겪은 적이 있다고 응답했다. 한 달에 한 번 이상 괴롭힘을 당하는 사람도 절반(47%)에 가깝다. 세 명 중 두 명(67%)은 직장 내 괴롭힘 때문에 이직을 고민한 적이 있으며 최근 1년 안에 직장을 그만둔 경험이 있는 사람 가운데 절반(48%)은 괴롭힘 때문이었다.

피해자는 어떻게 대처했을까? 10명 중 여섯 명(60%)은 특별한 대처를 한 적이 한 번도 없었다. 가해자에게 직접 문제를 제기한 경우는 네 명 중 한 명(26%), 상급자 혹은 고충처리기구에 조치를 요청한 경우는 10명 중 한 명(12%)이었다. 대처를 했을 때 가해자에게 어떤 변화가 있었을까? 절반(54%)은 아무런 일도 벌어지지 않았다. 하지만 공식적 사과(39%), 개인적 사과(9%), 징계나 근무지 이동(8%), 자발적 이동이나 퇴사(8%), 금전적 손해배상(5%) 등 변화도 있었다(중복 응답).

이러한 통계를 보면서 '그래, 절반 이상은 아무런 대응을 하지 않잖아…' 혹은 '무언가 해봐야 절반은 가해자에게 아무런 일도 벌어지지 않잖아'라고 생각할 수 있다. 하지만 다른 각도에서도 한번 바라보자. 하나는 그래도 어떤 방식으로든 대응을 해야 무엇인가 그 사람에게 변화가 일어날 가능성이 생긴다는 점이다. 또 하나는 내가 대응하는 방식을 어떻게 바꿔야 가해자의 변화를 이끌어낼 수 있는지를 고민해볼 필요가 있다는 점이다.

직장 내 괴롭힘은 개인뿐 아니라 집단을 대상으로도 벌어진다. 2015년, 휴일인 크리스마스 새벽에 회사 단합대회의 일환으로 무리하게 지리산을 등반하다가 직원이 사망한 사건이 있었다. 국내 대표 은행이 신입사원에게 100킬로미터 행군을 시키면서 여성 직원에게 생리 조절을 위한 피임약을 제공했다가 문제가 되기도 했다. 이 은행은 이제야 직원 행군 행사에 대해 변화를 고민할 것이다. 현실적으로 사고가 터지거나 누군가 문제를 제기하기 전에는 변화하지 않는다. 매년 일상적으로 해오던 것을 문제라고 인식하지 않기 때문이다. 거절이 우리 삶에서 중요한 이유다.

문제가 심각해지기 전에 말을 꺼내는 것이 좋다. 어떻게 말해야 할까? 첫째, "당신이 내게 이렇게 할 때, 나는 이렇게 느낀다(불편하다, 화가 난다, 마음이 힘들다)"라고 말하는 것이다. 둘째, "당신과 잘 지내고 싶다. 그러려면 내게 이런 말이나 행동은 삼가달라"라고 말하는 것이다. 가슴이 떨려서 얼굴 보고 말하기가 도저히 힘들다면 서면으로 하는 것도 한 방법이다. 믿을 만한 전문가에게 상담을 받거나 때로는 무기명으로 고충을 털어놓을 수 있는 소셜미디어에서 문제를 제기할 수도 있다.

'해봐야 소용없다'거나 '했다가 잘못되면 어떡하나'라는 걱정을 할 수 있다. 그래서 아무 조치를 하지 않겠다면 그것도 자신의 선택이다.

하지만 내게 다른 선택이 있을 수 있다는 점, 내 안에 이전과는 다른 방식으로 그 사람을 대할 힘과 지혜가 있다는 것도 생각해봤으면 한다. 우리는 스스로 생각하는 것보다 더 큰 통제력과 힘이 있다.[67] 다만 힘 있는 사람 앞에서 쓰지 않는 데 익숙할 뿐이다. 그가 나를 계속 괴롭히도록 놔두기에는 내 삶이 너무나 소중하다.

직장인에서 직업인으로 되는 과정이란 보다 독립적인 사람으로 서는 것이다. 직장인이든 직업인이든 조직 생활에서 여러 속상한 일이 발생할 수 있다. 누구에게나 발생할 수 있는 위기겠지만, 직장에 매여 있는 사람으로서 자신을 바라볼 때와 독립적인 개별 인간으로서 자신을 바라볼 때 대응은 다를 수 있다. 이번 장에서는 조직 내에서 겪을 수 있는 다양한 어려움으로부터 나를 지키는 법에 대해 살펴보려고 한다.

때로는 좀 버릇없게 굴 필요가 있다

"제도는 스스로를 보호하지 못한다." 홀로코스트를 연구하는 예일 대학 사학과 교수 티머시 스나이더Timothy Snyder가 한 말이다.[68] 직장인은 법적으로 휴식을 보장받으며, 제때에 적정한 임금을 받아야 하고, 상사를 포함하여 회사에서 정당한 인간적 대우를 받을 권리가 있다.

하지만 주변에는 자신의 의지와 상관없이 1년에 5일도 휴가를 가지 못하고 격무에 시달리거나, 임금을 떼이거나, 욕설이나 폭력에 시달리는 직장인이 있다. 회사에서 제도상으로는 재택근무나 유연근무제 등 훌륭한 복지제도를 만들고 대외 홍보에 활용하면서도 정작 현실 속에서는 말뿐인 경우가 생긴다. 불만은 직원이 삼삼오오 모인 자리에서 나타날 뿐, 현실에서는 아무런 변화도 생기지 않는다. 스나이더 교수의 개념을 빌려 말해보면 직원을 위한 이러한 제도가 직장 현실 속에서 제대로 작동하기 위해서는 사용자의 도움이 필요하다. 회사가 알아서 그 제도를 활성화할 때까지 기다리지 말고, 직장인들이 연합하여 요구해야 그 제도가 보호된다는 것이다.

런던에 갔다가 뮤지컬 〈마틸다〉를 본 적이 있다. 초능력을 가진 5세 소녀 마틸다가 '개념 없는' 부모와 교장을 혼내주고 담임선생님의 잃었던 삶을 되찾도록 도와준다는, 그리고 결국은 부모가 아닌 담임선생님과 살기로 결심한다는 내용이다. 이 뮤지컬에서 핵심 단어 중 하나는 버릇없고 말을 잘 안 듣는다는 뜻의 '노티naughty'다. 뮤지컬에 나오는 '노티'라는 노래의 가사 일부를 옮겨보자. "시키는 대로 해야 한다고 들었어. 하지만 때로는 좀 버릇없게 굴 필요가 있어. 삶이 공평하지 않다고 해서 쓴웃음 지으며 참아야 하는 것을 의미하지는 않아. 매번 묵묵히 참아내고 받아들이면 아무것도 바뀌지 않아. … 하지만 누구도 나를 위해 상황을 바꿔주지는 않아. 나만이 내 이야기를 바꿀 수 있어. 때로는 약간 버릇없게 굴 필요가 있어."

우리는 어릴 때는 가정과 학교에서, 그리고 성인이 되어서는 직장에서 '윗사람의 말을 잘 듣는' 것을 지나치게 미덕으로 여겨왔다. 때론 부당한 부모, 교사, 선배, 상사의 행동에도 그저 묵묵히 따르는 것이

'착한 삶'이라고 잘못 생각해온 게 사실이다. 직장인이 자신들의 권리를 지키고, 직장에서 만든 좋은 제도를 보호하기 위해서는 때론 마틸다처럼 '노티'해져야 한다. 부당한 조치에는 '버릇없이' 굴어야 할 필요가 있다는 말이다.

2014년 '땅콩 회항' 사건과 2018년 '물컵 갑질' 사태의 중요한 차이점 한 가지는 2018년에는 직원들이 연대해 가면을 쓰고 공개 시위를 했다는 것이다. 이들이 원하는 건 회사가 망하는 게 아니라 오히려 그 반대로 자신들이 좋아서 입사한 회사를 보호하고, 더 좋은 일터로 만드는 것이다. 회사 내에서 당연한 권리인 인간적 대우를 받도록 해달라는 요구이고, 오너 일가의 불법 행위에 자신들이 동원되지 않게 해달라는 것이다. 2014년의 사건으로 오너 일가가 변화할 거라고 공개적으로 약속했고, 기대를 했지만 결국 아무런 변화도 없음을 확인한 직원들이 보호받아야 할 기본적인 제도를 지키기 위해 스스로 일어난 것이다. 회사를 더 사랑하는 존재는 고객사의 처벌을 원치 않는다고 한 광고업체가 아니라 위험을 무릅쓰고 거리로 나선 직원들이다. 자신들이 몸담고 일해야 하는 회사니까 말이다.

제도를 보호하는 방법은 이런 사태처럼 직원들이 직접 나서는 경우도 있지만, 이 같은 문제를 제기하고 제도를 보호하는 정치인을 후원하는 방법도 있다. 2016년 말 한 외식업체가 4만 4000여 명의 임금 83억여 원을 체불한 것을 밝혀내고 문제를 제기한 사람은 한 정치인이었다. 정치 성향을 떠나 직장인은 자신과 같은 평범한 시민이 인권을 존중받으며 일할 수 있도록 대신 싸워주는 정치인을 선택해 지지하고 후원함으로써 도움을 받을 수 있다.

스나이더의 조언이 역사뿐 아니라 직장인에게도 매우 중요한 교훈이 된다는 점을 생각해볼 필요가 있다. "우리가 품위를 유지할 수 있도록 돕는 것은 제도다. 제도도 우리의 도움이 필요하다. 제도를 위해 행동함으로써 그 제도를 우리 것으로 만들지 않는다면, '우리의 제도'가 어떻다는 이야기는 하지도 말라. 제도는 스스로를 보호하지 못한다."

갑질은 스스로 멈추지 않는다

만약 상사나 고객이 고성과 폭언을 일삼는다면? 심지어 자신의 감정을 제어하지 못하고 물컵을 직원들에게 던질 때도 있다면? 잊을 만하면 사회적 이슈가 되는 오너 일가의 갑질은 이제는 놀랍지도 않다. 주변에서 그 정도까지는 아니더라도 지나치게 공격적인 성향의 상사나 동료 때문에 고생하는 경우를 볼 수 있다. 나 역시 비슷한 마음고생을 한 적이 있다.

우선 직장에서 지나친 공격적 성향을 보이는 사람의 심리를 살펴보자. 조직행동 전문가 로버트 쿡Robert Cook과 임상심리학자 클레이턴 래퍼티Clayton Lafferty는 리더의 행동을 크게 세 가지로 분류한다. 먼저 건설적 성향constructive style은 능숙한 업무 수행 능력은 물론 사람들과 협조적으로 일을 도모하는 능력을 말한다. 수동적 성향은 다른 사람들의 인정을 받기 위해 자신의 의견을 명확히 말하지 않거나 관습대로 행동하는 성향을 말한다. 공격적 성향은 반대를 위한 반대를 일삼고, 지나치게 경쟁적이고 권력을 추구하는 성향을 말한다. 여기에서 흥미로운 것은 수동적·공격적 성향 모두 방어적이라는 점이다. 즉 정확하게 말하면 수동적-방어적passive-defensive, 공격적-방어적 aggressive-defensive 성향이다.

수동적 성향이 방어적이라는 것은 쉽게 이해가 간다. 자기주장을 제대로 하지 않고 갈등을 회피하면서 다른 사람의 지시에 순응하는 자세는 자신의 안전을 보호하기 위해 방어적으로 행동하는 것이다. 하지만 공격적-방어적 성향이라는 말 자체는 모순처럼 보인다. 공격과 방어는 반대말이기 때문이다. 왜 공격적인 자세가 방어적일까? 회의에서 자주 고성을 지르거나 심지어 물건을 던지기까지 하는 극도의 공격적 성향을 보이는 사람의 내부에는 자신을 방어하려는 심리가 강하게 작용하고 있다. 개가 공격적으로 짖는 게 두려움의 표시인 것과 마찬가지다. 나와 다른 의견을 표시하는 것이 혹시 자신을 무시하는 건 아닐까와 같은 방어적 심리를 공격적으로 표현하는 데 익숙해진 것이다. 공격적-방어적 성향 중에서도 권력 성향이 높은 사람은 자신의 지위에 집착하고, 상대방이나 상황이 자신의 뜻대로 항상 통제되지 않으면 심리적으로 두려움을 느끼며, 이를 종종 분노로 표출한다. 이들에게 직원은 통제의 대상이지 함께 일하는 동료라는 의식은 희박하기 때문에 그들의 질문이나 다른 의견을 자신의 권위에 대한 도전이라고 받아들이며, 폭력적인 방식으로 반응한다. 자신의 실수를 인정하는 경우는 물론 드물다. 당연히 주변 사람은 물론이고 자신에게도 건강하지 못하다. 이러한 강압적 방식은 단기적으로는 실적을 높일 수 있지만 그에 따른 손실이 너무 크다. 그러한 손실에는 직원들의 이직, 리더로서 자신의 평판, 심리적 건강 등이 포함된다.

만약 나의 상사나 고객이 이런 성향이라면 어떻게 해야 할까? 지나치게 공격적 성향의 사람이 스스로 바뀌는 경우는 드물다. 상황을 바꿔주어야 한다. 내가 상대방을 대하는 방식은 그에게 중요한 상황 요인이 된다. 무슨 말일까? 자신의 폭력적인 행동에 대한 사람들의 반응이 과거와 다를 때 이들은 조금씩 경각심을 느끼게 된다. 예를 들어, 과거에는 자신이 폭언을 해도 고분고분하던 직원들의 표정에 예전과는 달리 불쾌함이 드러나고, 나아가 반발하기 시작할 때 이들은 상황이 예전 같지 않음을 느낄 것이다.

핵심은 폭력적인 행동을 지속하면 자신이 소중하게 여기는 지위를 잃을 수 있겠다는 신호를 감지할 때 그나마 변화가 가능하다. 새로운 사장이 왔는데 폭력적인 임원의 행동을 용납하지 않고 경고를 내린다든지, 직장 내 자신의 폭력적 행동이 블라인드앱과 같은 소셜미디어에 퍼질 수 있고 그것이 자신의 지위를 위협할지도 모른다는 것을 알게 될 때, 자기와 일하는 부서의 인재들이 계속해서 그만두고 부서 실적에도 영향을 줄 때에야 이들은 자신의 행동을 다시 생각해보게 된다. 그렇기 때문에 폭력의 직간접적인 피해자들이 공개적·비공개적인 대응 조치를 고려해야 할 필요가 있는 것이다.

모든 것이 그렇듯 공격적 성향은 일의 추진을 위해 제한적으로만 필요하다. 지나친 공격적 성향은 타인과 조직 그리고 자신까지 파괴한다. 폭언과 폭력으로 자신의 지위를 입증하려는 사람은 마거릿 대처 전 영국 총리의 말을 음미해볼 필요가 있다. "힘이 센 사람이 된다는 것은 마치 교양 있는 여성lady이 되는 것과 같다. 만약 당신이 힘이 세다고 사람들에게 말해야 한다면, 당신은 힘이 없는 것이다."

부당한 청탁을 당당하게 거절하기

그가 강의 수면 위로 비행기를 착륙시키는 훈련을 한 적이 있었을까? 2016년 개봉한 영화 〈설리: 허드슨강의 기적〉의 실제 인물 체슬리 술렌버거 3세Chesley Sullenburger Ⅲ. 그는 2009년 여객기 기장으로 뉴욕 상공을 날다가 새 떼와의 충돌로 엔진 두 개가 모두 고장 났다. 엔진이 연기에 휩싸인 상태에서 그는 과감하게 뉴욕 허드슨강 위로 비행기를 착륙시켜 승객과 승무원 전원을 안전하게 구조했다. 당시 미국 민간 항공사에는 수면 위 착륙, 소위 디칭ditching을 훈련하는 시설이 없었다. 그는 단지 수면 위 착륙 상황을 머리로 떠올리는 훈련을 받은 적이 있는데, 그것이 실제 상황에서 도움이 되었다고 말했다. 극장에서 영화를 상영하기 전이나 비행기가 이륙하기 전 위급 상황에서 비상구가 어느 방향인지 안내할 때 이를 주의 깊게 보면서 비상시 동선을 미리 머릿속으로 그려 봐야 하는 이유다. 위급 상황에서는 누구나 허둥지둥한다. 하지만 비상시 어느 방향으로 어떤 행동을 취할지 미리 생각해놓는 것만으로도 우리는 실제 상황에서 도움을 받는다.

메리 젠틸러Mary Gentile 교수는 기업윤리교육의 주요 질문을 '무엇이 옳은 행동인가?'에서 '이미 상식적으로 알고 있는 옳은 행동을 실제 상황에서 어떻게 실천할 수 있는가?'로 바꿔야 한다며 새로운 패러다임을 제시했다. 그는 직장인이 자신의 가치관과 배치되는 상황에서 적절하게 대응하기 위해서는 미리 머릿속으로 하는 사고실험thought experiment과 시뮬레이션이 중요하다고 말한다.[69]

만약 동창이 "친구 좋다는 게 뭐냐?"라고 말하면서 신입 직원 채용이나 협력사 선정 같은 부당한 청탁을 해온다면, 그리고 친구와의 관계 때문에 망설이면서도 나의 가치관과 상충되는 일을 하는 데 부담을 느끼는 상황이라면 어떻게 해야 할까? 젠틸러 교수는 '상황 재구성'이라는 도구를 써서 사고실험을 해보도록 유도한다. 우정을 들먹이면서 부정한 청탁을 하는 친구에게는 똑같이 우정이라는 가치를 활용하되, 상황을 재구성하라는 것이다. "나는 친구인 너의 기분을 상하게 하고 싶지 않아. 그렇다면 친구인 너도 이런 부탁을 받고 부담을 느끼는 내 기분을 고려해주어야 하는 게 아닐까?" 이렇게 상황을 다른 각도에서 해석하면서 역으로 그들의 우정에 호소하는 훈련을 해보라고 한다.

실제 한 기업에서 팀장을 맡고 있는 지인이 고민을 상담해온 적이 있었다. 그는 모처럼 어렵게 회사로부터 새로 팀원을 한 명 늘려 선발할 수 있는 승인을 받아 외부에서 전문가 한 사람을 뽑을 생각을 하고 있었다. 그때 사장이 팀장을 불러 자신의 비서를 그 자리에 뽑으면 어떻겠느냐고 물었다. 그 비서는 좋은 직원이었지만, 자신의 팀에서 일할 전문성이나 준비가 전혀 안 된 상황이었다. 팀장은 어떻게 이 곤란한 상황에 대처했을까? 사장이 자신을 비롯한 팀장들에게 평소 강조해온 부분을 역으로 활용했다. "사장님. 올해 저희 부서 목표 성취와 함께 직원들의 전문성 개발을 강조하셨습니다. 저는 사장님께서 제게 주신 그 목표를 꼭 달성하고 싶습니다. 그렇게 하려면 지금 이 자리에는 제가 꼭 필요한 사람이 있습니다." 결국 사장은 비서를 다른 부서로 배치했고, 그 팀장은 지금 임원으로 직장생활을 하고 있다.

젠틸러 교수가 강조하는 또 하나의 시뮬레이션이 있다. 우리는 직장생활을 하면서 중요하게 생각하는 가치에 따라 행동했던 경우도, 그리고 그렇게 하지 못했던 경험도 모두 갖고 있다. 그때 그렇게 하거나 하지 못했을 때 내게는 어떤 일이 벌어졌는지, 그렇게 하거나 하지 못했던 이유는 무엇인지, 그리고 만일 다시 그 상황으로 돌아간다면 어떻게 할지를 생각해보자.

이 새로운 윤리 프로그램의 이름은 '가치관에 따른 행동Giving Voice to Values'이다. 이름이 암시하듯, 새로운 패러다임을 적용하기 위해 가장 먼저 해야 할 작업은 직장생활을 하거나 살아가면서 내가 정말 지키고 싶은 중요한 가치가 무엇인지를 생각해보는 것이다. 그것은 용기일 수도 있고, 공정함이나 책임감일 수도 있다. 자신의 가치관을 세우고, 이를 실천할 준비가 될 때 "저는 윗사람이 시키는 대로 했을 뿐입니다"라는 변명을 하지 않게 된다.

여성, '결혼, 육아'라는 장벽 넘기

30대 직장인이 겪게 되는 커다란 변화는 결혼과 육아다. 이는 남성에게도 커다란 변화지만 여성 직장인이 겪게 되는 변화나 장벽(혹은 좌절)이 더 큰 것이 현실이다. 여성이 직장에서 어려움을 겪는 부분을 좀 더 깊이 이해하기 위해 관련 자료 조사와 함께 실제 여성 직장인과 인터뷰를 했다. 4장에 나왔던 황유진 대표, 외국계 기업에서 커리어를 쌓아오면서 지금은 임원으로 근무하고 있는 A씨, 20대 후반 창업했다가 두 아이를 낳으면서 워킹맘이 되었고 여러 어려움을 겪으며 사업을 접고 현재는 임금노동자로 활동하고 있는 B씨였다. 프롤로그에서 밝힌 것처럼 자신에게 맞는 방식과 견해를 선택하는 데 이런 사례와 다양한 의견이 도움이 되기를 바란다.

워킹맘이 겪는 어려움은 크게 두 가지로 요약됐다. 첫째, 여성이라는 것 자체가 직장 내에서 부딪히게 되는 장벽에 대해서는 상황마다 달랐다. 대기업에서 근무한 황 대표의 경우 처음 입사했을 때 '어린 여자애'라는 프레임에 갇혀 실제 자신의 가치와 역할을 제대로 인정받지 못하는 경우를 직간접적으로 많이 보았다고 했다. 젊은 여성이 팀에 들어오면 '싹싹하고 부드러운 분위기 메이커 역할'을 부여받고, 중요한 업무에서 남성 직원이 여성 직원보다 우선시되며, '나이가 어리다'는 이유로 승진이 누락된 경험이 황 대표 자신이나 여성 동기에게 있었다고 했다. 반면 외국계 기업에서 커리어를 쌓은 A씨의 경우는 젊은 여성이라서 받는 차별은 크게 느끼지 않았다고 했다. B씨는 20대 창업 당시 여성 가산점이 있어서 각종 지원금이나 우대금리 등을 받는 혜택이 있었고, 사업 운영에서 성별 때문에 느낀 어려움이나 차별은 거의 없었다고 했다.

직장 내부에서 여성이어서 차별을 받는 것에는 어떤 요인이 있을까? 내가 살펴본 바로는 두 가지 가설이 있다. 첫째, 회사의 여성 인력에 대한 인식과 정책, 가장 중요하게는 현실에서의 차이다. 예를 들어, 국내 한 여성 관련 제품 회사의 임원진 50명을 대상으로 세미나를 한 적이 있는데, 놀랍게도 여성 임원은 거의 찾아볼 수 없었다. 반면 외국계 기업의 임원 세미나에서는 15명 정도의 임원진 중 남성은 세 명뿐이었다. 중요한 지표는 정책이나 가치보다 실제 임원진과 중간 매니저 층에서 여성과 남성의 성비가 어느 정도인지를 보는 것이다. 한국의 잡지사에서 20년 넘게 근무해온 아내의 경우, 회사 창업자가 여성이며 실제 회사에 여성이 많아서 그런지 직장 내에서 성차별을 경험해보지 못했다고 한다. 앞서 A씨는 외국계 기업에서 근무한 점과 직장 내의 여성 인력이 절반을 넘는 곳에서 일함에 따라서 여성이 어느 정도 파워를 형성할 수 있었던 점이 영향을 미친 것 같다고 말했는데, 나도 그 분석에 동의한다.

둘째, 육아와 관련된 부분에서는 여러 조사 결과나 인터뷰 한 세 사람의 의견이 거의 일치했다. 〈2019 한국 워킹맘 보고서〉[70]와 비교해 살펴보자. 먼저 워킹맘의 95%는 퇴사를 고민한 경우가 있었다. 물론 남성 직장인도 퇴사를 고민한 경우가 많겠지만, 워킹맘의 주된 퇴사 고민 이유는 자녀 관련 이슈와 직장에서 받는 불이익 혹은 업무 과중과 같은 직장 관련 이슈였다. 황 대표는 결혼이 직장생활에 미친 영향은 크지 않지만, 여성은 육아를 하게 되면서 커리어에 큰 위기와 갈등을 맞이하게 된다고 했다. 그는 첫아이를 임신한 해에 최하위 고과를 받았고, 육아휴직을 쓰겠다고 했을 때 팀장의 한숨과 눈총을 견뎌야 했으며, 휴직 기간에 다른 팀으로 전출되기도 했다. A씨 역시 육아 고민으로 휴직, 퇴사의 경험을 모두 갖고 있었다. B씨는 워킹맘이 되고 난 뒤 사업과 육아 사이에서 이도 저도 제대로 할 수 없었고, 결국 아이에 대한 죄책감과 매출 압박으로 몸과 마음이 만신창이가 되어 사업을 접어야 했다. 보고서에 따르면 워킹맘이 퇴사나 이직을 가장 많이 고민한 시기는 자녀의 초등학교 입학 때라고 답했으며, 자녀가 중학생이 되었을 때 비로소 주변의 도움 없이 스스로 생활할 수 있었다고 답했다. 황 대표나 A씨 모두 남편이 가사 노동 분담에 적극적인 편이었지만 그럼에도 육아와 관련되어 여성으로서 어쩔 수 없는 부분이 있었다. B씨는 그나마도 쓰기 어려운 남편의 육아휴직은 1~2년이지만 육아는 임신과 출산 기간을 포함해 한 아이당 대략 10년이 걸리고, 육아의 동일한 주체인 남편과 비교했을 때 워킹맘이 경험하는 삶의 변곡

점은 너무나 크고 급격하다는 점을 말했다. A씨는 아이가 엄마를 많이 찾는 초등학교 저학년 때까지는 좀처럼 본인의 시간을 갖기 어려웠다고 했다. 세 사람 모두 워킹맘으로서 경험한 지배적인 감정이 죄책감이라고 말했다. 황 대표는 "아이를 내 손으로 돌보지 못했다는 미안함, 같이 있는 그 순간 좋으면서도 도망가고 싶다는 모순 등 그런 죄책감이 워킹맘을 지배"한다고 했다.

세 사람은 워킹맘으로서 어려움을 어떻게 극복했으며, 다른 워킹맘에게 어떤 조언을 해주고 싶을까? 세 사람은 비슷하면서도 서로 다른 이야기를 들려주었는데, 이를 요약해보면 다음과 같다.

황 대표는 여성 동료들과 연대하여 고민을 나누고, 조언을 구할 필요가 있다고 강조한다. "생각을 나누고 지지받을 안전한 공동체의 힘"이 워킹맘에게는 꼭 필요하다는 것이다. 또한 워킹맘이 육아와 일 사이에서 힘든 고비를 마주하게 될 때, 남편과 밀접하게 상의하라는 말을 해주었다. 그의 경우 남편이 1년 넘게 육아휴직으로 육아와 살림의 부담을 줄여주었고, 그동안 일을 늘리고 책을 쓸 수 있었다.

A씨는 세 가지 조언을 주었다. 첫째, 경계의 명확성이다. 아내와 남편 사이에 가사일을 평등하게 분담하는 것이 중요하며, 가사일에서 한 사람의 헌신과 희생은 장기적으로 부부에게 좋을 것이 없다. 둘째, 많은 워킹맘이 아이와 오랜 시간을 보내지 못하는 것에 죄책감을 느끼는데, 꼭 그럴 필요가 없다. 시간의 양보다는 아이와 함께 있는 시간이 오늘 한 시간이라면 그 시간만큼은 온전히 아이에게 집중해서 아이와 눈

을 맞추고 시간을 보내야 한다. 셋째, 자기만의 시간을 주도적으로 확보하는 노력이다. A씨는 주말에는 남편과 상의하여 일정 시간은 돌아가면서 아이를 보고, 그동안 서로 자기만의 시간을 갖도록 배려한다.

B씨는 가정에서의 육아 분담이나 역할 조정도 중요하지만 국가적 시스템의 필요성에 대해 강조했다. 시간제 보육이나 긴급 돌봄 서비스를 실제 이용해본 결과 대기 시간은 많이 줄어들었지만 연장 보육을 하면 선생님들의 눈치를 봐야 하고 긴급 돌봄은 최소 이틀 전에는 미리 전화를 돌려 사용 가능한 센터를 찾아야 했다. 그나마 영유아에 대한 서비스만 가능하고 7세부터 초등학교 저학년 아이들은 학원 셔틀이 아니면 도무지 맡길 곳이 없어서 취학 전후 모든 돌봄 활동은 전적으로 엄마 몫으로 돌아간다는 것이다.

이번 글을 쓰면서 나는 미국의 사회심리학자이자 페미니즘 학자 샌드라 벰Sandra Bem이 떠올랐다. 그는 코넬대학의 사회심리학 교수인 대릴 벰Daryl Bem과 결혼하면서 평등한 부부로 살며 성평등적인 방식으로 두 아이를 양육하고자 노력했다. 샌드라 벰은 자전적인 책《평범하지 않은 가족An Unconventional Family》에서 평등한 부부 생활을 위해 어떻게 노력했는지를 썼다. 아이가 새벽에 울 때는 남편이 아이를 데려오고 샌드라는 모유 수유를 했다. 그러고서 다시 아이를 데려가 재우는 것은 남편 몫이었다. 날짜를 번갈아 가면서 당번을 정하여 당번이 아이에 대한 모든 결정을 하게 했고, 당번이 아닌 사람은 마치 할아버지나 할머니처럼 아이를 보고 싶으면 보고 아니면 보지 않아도 됐다. 이들은 그날 부모 중 누가 당번인지를 부엌에 붙여놓았고, 만약 아빠가 당번인데 아이들이 엄마에게 와서 무엇인가 부탁하면 아빠에게 가서 물어보도록 교육했다.

　여성 직장인은 결혼과 육아라는 과정을 거치면서 자기 계발과 관련해 많은 도전을 겪는다. 〈2019 한국 워킹맘 보고서〉에 따르면 워킹맘의 현재 생활 우선순위는 직장〉가정〉개인의 순위로 자기 자신을 거의 돌보지 못하고 있다. B씨는 인터뷰 말미에 가정에서 벌이는 '전투'의 중요성에 대해서도 강조했는데, 나만의 '하루 한 시간과 한 평의 공간 확보'를 권했다. 혼자만의 시간과 공간을 확보해야 후일을 도모할 수 있다는 것이다. 이곳에서 "모성애는 의심받을지언정, 나를 지키는 일은 절대 포기하지 않기를 스스로 다짐 중"이라고 말했다. 나는 여성 직장인이 결혼이나 육아로 생기는 위기를 극복하는 데 가장 중요한 것은 남편과 동등한 결혼생활을 유지하는 것이라 생각한다. 가장 가까운 사람인 남편이 동등한 결혼을 지지하고 협조하지 않는다면 여성은 좌절할 가능성이 커지기 때문이다. 다행히 세상은 더디지만 조금씩 변화하고 있다.

좋은 며느리, 좋은 사위가 될 필요는 없다

　나는 지난 2016년 거절을 주제로 책을 쓰면서 성평등에 대해 진지한 관심을 갖게 되었다. 그 이후로 주변에서 누군가 여성이 결혼한다고 할 때 꼭 카드에 쓰는 말이 있다. "좋은 며느리는 되지 마세요." 이 말은 사실 남성에게도 적용된다. 좋은 아들이나 사위보다는 좋은 남편이 되는 것이 가장 중요하다. 여성뿐 아니라 남성 역시 결혼하게 되면 더 큰 책임감을 느끼는 동시에 '현실적 이유로' 직업인보다는 직장인으로 타협하기도 한다. 예를 들어, 대기업에서 중소기업으로 옮기려는 남성 직장인이 아내나 아이들의 압박으로 자신의 커리어를 개발하지 못하는 경우도 있다. 남성 직장인 역시 고부간 갈등으로 고민이 생기기도 한다.

아내와 남편의 동등한 결혼생활(물론 무엇이 동등한 결혼생활인지는 당사자인 두 사람만이 정의 내릴 수 있다)은 단지 아내만을 위한 것은 아니다. 남편을 위한 것이기도 하다. 아내와의 관계에서 '전통적인' 역할을 강요하는 남성 직장인이 미래 지향적인 '직업인'으로서 변화가 가능할까? 이를 위해서는 진정성 대화Authentic Conversation[71]의 세 가지 질문을 부부의 대화로 가져가 보기를 권한다. 세 가지 질문이란 중요, 걱정, 상황에 대한 것이다. 부부가 다음과 같은 질문을 하고 이에 대한 솔직한 대화를 할 수 있다면 어떨까?

- 당신에게는 (우리의 결혼생활에서, 그리고 자신만의 커리어 개발에서) 가장 중요한 것이 무엇인지?
- 당신에게는 (우리의 결혼생활과 커리어 개발에서) 가장 걱정되는 것이 무엇인지?

• 현재 우리의 결혼생활과 자신의 커리어 개발을 어떻게 보고 있는지?

부부 각자의 직업적 성취와 결혼 사이에서 갈등이 생기는 지점에 대한 사회심리학자 엘리 핀켈Eli Finkel의 조언을 참고할 만하다.[72] 부부가 각자 갖고 있는 직업적인 꿈이나 개인적 성취에 대한 그림을 되도록 빨리 나누라는 것이다. 한쪽이 갖고 있는 성취의 꿈이 상대방에게는 이상적이지 않을 수 있다. 예를 들어 해외에서 취업하려는 경우, 국내에서 만족스럽게 직장에 다니는 상대방은 불만스러울 수 있다. 핀켈은 결혼생활과 개인적 성취와 관련된 두 가지 결혼 모델을 보여준다. 결혼생활의 즐거움을 강조하는 행복 기반의 모델에서는 장기적으로 결혼생활과 개인적 성취는 양립할 수 없다고 생각하며, 행복한 결혼생활에 인내심은 필요하지 않다고 생각한다. 반면 자아를 표현하고 삶의 의미를 강조하는 의미 기반의 결혼 모델에서는 행복한 결혼생활에 인내심과 관용이 필요하다고 생각하며, 결혼생활과 개인적 성취를 양립할 수 있다고 본다. 만약 결혼을 했다면 자신과 배우자는 어떤 모델을 갖고 있는지 생각해보자. 어쩌면 두 사람이 서로 다른 모델을 생각하며 함께 살고 있을지 모른다. 상대방과 함께 이런 대화를 하면서 각자의 개인적 성취를 서로 어떻게 도울 수 있을지 혹은 최소한 장벽이 되지 않기 위해 어떤 노력을 할 수 있을지 찾아보자.

결혼식과 신혼여행 준비보다 더 중요한 것은 위와 같은 주제의 대화다. 이러한 대화를 거치면서 서로가 기대치의 재조정 작업을 할 수 있다. 결혼을 한 뒤 "그들은 평생 행복하게 살았답니다"와 같은 현실은 거의 존재하지 않는다. 시간이 흐르고 상황이 변화(육아, 직장의 변경)함에 따라 부부관계에서도 서로에게 기대할 수 있는 것이 바뀌거나 줄어든다. 아이가 생기거나, 회사의 중요한 프로젝트에 참여하게 되어 한동안 출장이나 야근으로 바빠질 때, 미리 기대치를 재조정하는 대화를 하는 것이 갈등을 이겨낼 수 있는 방법이다. "아이를 낳고, 우리는 당분간은 예전처럼 둘만의 시간을 가질 수 없을 테고, 대화도 많이 할 수 없을 거야"와 같이 서로가 생각만이 아닌 대화를 나누면 갈등 해소에 도움이 된다.

다른 부부의 사례나 의견을 무조건 따르기보다는 각자의 상황에 맞는 대화를 시도해보면 어떨까? 또 다른 30대 워킹맘 이윤경 〈대학내일〉 수석은 아이 둘을 키우면서 남편과 대화를 통해 부부가 육아와 관련해 고려해야 하는 다섯 가지를 정리했다. 즉, 부부의 대화로 자신들에게 맞는 방법을 찾은 것이다.

첫째, 부부의 육아와 가사 참여가 한쪽으로 기울어지지 않도록 할 것. 둘째, 육아에 시간을 충분히 할애할 수 있는 업무 환경일 것. 셋째, 도움을 받을 수 있는 사람을 확보할 것. 넷째, 재정적 안정을 갖출 것. 다섯째, 아이의 건강에 특별히 신경 쓸 것. 아울러 이윤경 수석은 부모로서의 삶과 오롯이 자기 자신으로서의 삶의 균형도 필요하다고 말했다. 결론적으로 워킹맘이 자신의 직업을 온전히 가져가기 위해서는 육아가 혼자만의 '전쟁'이어서는 안된다. 남편과 자신들의 상황에 맞는 방법을 찾아야 하며, 이는 워킹맘 혼자의 고민이 아닌 함께 대화를 통해 찾아갈 때 비로소 가능하다.

여성 임원과 직장인의 리더십 코칭을 주로 하고 있는 양윤희 대표는 후배 여성 직장인에게 "모니터만 보지 말고 고개를 들고 사람을 보라"라는 조언을 해주었다. 꼼꼼하고 책임감 있게 자신의 일을 완수하는 것도 중요하지만, 직장생활이란 인적 네트워크로 이루어져 있다. 따라서 위로 올라갈수록 협업과 네트워크 관리가 더욱 중요해진다며 사람들과의 접점을 늘리면서 일하라고 조언한다. 사람들과 대화하면서 자신의 성취를 알리고 욕망을 명확하게 말하는 것도 중요하다고 언급했다. 이렇게 할 때 자신의 업무에 대해 제대로 된 평가를 받고 인정도 받을 수 있다. 남성 중심으로 돌아가는 직장 분위기에서 자신에게 주어진 일만 혼자서 열심히 하기보다는 자신이 하고 싶은 역할과 보상은 무엇인지에 대해 기회를 잡아 명확하게 이야기할 수 있어야 한다. 자신의 기여와 성취를 자신의 것으로 만들 수 있는 홍보 기술이 필요하다는 뜻이다.

혼자 산다는 것 vs. 같이 산다는 것

직장생활을 하면서 우리가 경험하게 되는 삶의 커다란 변화는 혼자 살거나 누군가와 함께 사는 것이다. 어떤 사람은 처음부터 혼자 살겠다는 결심을 하거나, 혹은 혼자였다가 누군가와 같이 살기도 하고, 반대로 함께 지내다가 혼자가 되기도 한다. 형태는 다양하다. 싱글로 사는 사람도 있고, 이성과 동거나 결혼을 하는 경우도 있으며, 싱글이면서 셰어하우스에서 사는 사람도 있다. 동성 친구나 연인과 함께 사는 경우도 있고, 아직 국내에서는 법적으로 인정되지 않지만 동성끼리 결혼식을 하고 사는 경우도 있다. 이혼과 이별도 있다. 커리어와 사는 형태가 무슨 관련이 있을까?

물론 육아와 마찬가지로 누군가와 함께 살거나 혼자 사는 것이 커리어에 미치는 영향은 모두 다르다. 다만 혼자 살다가 누군가와 함께 살거나 반대로 함께 지내다가 헤어져 혼자 사는 것은 직장인들이 사적인 삶의 영역에서 겪게 되는 커다란 변화 중 하나다. 어떤 사람은 결혼하거나 누군가와 함께 살게 되면서 더 큰 책임감과 동시에 안정감을 느끼고 커리어에서 더 발전하기도 한다. 맞벌이이기 때문에 두 사람 중 하나가 수년에 걸쳐 무엇인가를 배우거나 커리어적인 모험이 가능한 경우가 있는가 하면 반대로 '책임감'으로 더 이상 모험을 하지 못하고 자신의 욕구를 충족하지 못하는 경우도 있다. 함께 사는 사람과의 갈등이 커리어에 영향을 미치기도 한다.

여기에서도 정답은 없다. 다만 두 가지를 언급하고자 한다. 첫째, 어떤 형태의 삶에서 가장 본인이 행복한가를 생각해보고 아는 것이 중요하다. 그 행복에서 자신의 직업이 차지하는 비중 역시 사람마다 다르다. 혹시 나는 삶의 형태에 대한 생각 없이 그저 주변 사람들이 사는 형태로 따라가려는 것은 아닐까? 혹은 이미 그렇게 따라온 것은 아닐까? 지금 자신의 삶의 형태가 너무 불행하다고 느낀다면, 무엇이 내게 가능한 삶의 형태일지를 생각해보고, 때로는 과감한 선택을 할 수도 있다. 과감한 선택은 그동안 갈등을 빚었던 동반자와의 대화일 수도 있고, 싸움일 수도 있다. 다만 다른 사람의 시선이 두려워 자신의 삶의 형태를 바꿀 수 없다면 그 부분은 다시 생각해보았으면 한다. 또 이런 변화의 과정에서 주변에 도움을 받을 수 있는 곳이 있는지도 적극적으로 찾아보자.

둘째, 직장인에서 직업인으로 변화하는 과정에서 자신이 현재 살고 있는 삶의 형태가 장벽으로 느껴지는 경우도 있겠지만, 그것을 '변명'으로 삼고 있는 건 아닌지 자신과 솔직하게 마주하여 생각해볼 필요가 있다. 책 쓰는 과정에서 만난 한 직장인은 상당한 책임감을 보여주었다. 그는 직장의 팀원과 후배들에 대한 막대한 책임감을 보여주었고, 함께 사는 사람에 대한 책임감도 상당했다. 하지만 정작 자기 자신을 돌보고 있지는 않은 것 같아 이 부분에 대한 질문을 했고, 그는 그렇게는 생각해보지 못했다고 답했다.

비슷한 형태의 책임감을 종종 다른 곳에서도 발견할 때가 있다. "나는 결혼했기 때문에"라거나 "나는 아이가 있어서"라고 하면서 자기 내부에 있는 욕망을 억누르고 자기 직업 세계를 확장하거나 개발하려는 노력에 눈감고 있지는 않은지 생각해보자.

어느 쪽이 되었든 선택은 각자가 하게 되어 있다. 다만 한쪽 눈을 감고 자신의 현재 상태가 최선이라는 식으로 생각하고 있지는 않은지, 내 삶의 형태를 바꾸기보다는 이를 변명의 방패로 삼고 있지는 않은지 꼭 생각해보길 바란다.

**직업을 만들어가는 데 나에게 장벽이 되는 것은 무엇이고,
나는 단순히 주변 사람의 기대를 만족시키기 위해
내가 나에게 기대하는 것을 억누르고 있지 않은가?
이 장벽을 넘기 위한 나만의 방법을 찾아보았는가?**

💬 치어스cheers! 9장을 읽으면서 느낀 점은?

💬 난 아직 결혼을 안 했고 워킹맘도 아니지만, 워킹맘 인터뷰 부분이 와닿았어. '어린 여자애' 프레임은 나도 20대에 처음 직장생활을 시작할 때 많이 느꼈고, 실제 우리 회사에서도 여성 임원은 손에 꼽을 정도니까. 내가 일하는 홍보팀에도 여성이 절반이지만 부장 이상에서 여성의 숫자는 절대적으로 적어. 이번에 우리 부서 차장 둘 중 한 명이 부장이 되었는데, 직원들이 보기에 모두 될 거라고 예상하던 선배가 아니라 다른 사람이 되었어. 승진에서 누락된 일 잘하는 선배는 여성이었거든. 사실 그래서 오늘 술 한잔 하고 싶기도 했어.

💬 그래, 전혀 낯선 이야기가 아니지. 그런 이야기를 나도 종종 듣게 돼. 나 역시 이번에 워킹맘과 여성 직장인을 인터뷰하면서 느낀 점이 많았어.

💬 최근에 멀린다 게이츠Melinda Gates에 관한 칼럼[73]을 읽었어.

멀린다도 빌 게이츠와 결혼하고 아이를 키우기 시작하면서 10년 동안 잘 해오던 일을 그만둔 걸 후회하고, 회사에서 잘 나가는 남자들의 방식을 따라 하는 것에도 회의를 품게 되었다고 해. 직장에서 나도 그렇게 생각했던 것 같아. 성공하려면 '남자처럼' 일해야 한다고 말이지.

💬 그래 나도 그 기사 읽었는데, 나 역시 생각해보지 못했던 부분이야.

💬 이번 승진 건을 보면서 나도 이 직장에 대해 다시 생각해보게 되더라고. 과연 이 직장이 내가 직업을 만들 수 있는 최선의 선택일까? 물론 아직 결론이 나지는 않았지만, 우선은 직장 내부 여성 직장인끼리 만나서 이야기를 해보려고 해. 책에도 나오지만 연대가 중요한 것 같더라고. 만약 개선되지 않는다면 내게 맞는 조직은 어디에 있을지 생각해봐야겠어. 어쩌면 이직할 때 무작정 대기업에서 경험을 쌓아보고 싶어서 왔는데, 이번에 직업인으로서 나를 바라보며 이곳이 과연 내가 직업인으로 성장하는 데 가장 좋은 환경인지, 이곳을 더 좋은 환경으로 만들기 위해 내가 할 수 있는 건 무엇인지 생각해보게 되었어.

💬 그래, 보람에게 나도 응원을 보내고 친구로서 도울 것이 있을지 찾아볼게.

💬 고마워. 난 상사가 물컵을 던진다든지, 회의 시간에 고성을 지른다든지 하는 일은 없어서 다행인 것 같아. 다만 과거에 협력업체 선정에 관여한 적이 있는데, 그때 협력업체에서 온 담당 직원이 내 친구였던 적은 있어.

💬 **좀 난감했겠네. 어떻게 했어?**

💬 일단 심사에 참여한 사람들에게 친구라는 관계를 밝혔고, 그 업체 심사에는 내가 들어가지 않기로 했어. 나로서는 순간적으로 고민됐던 시간이었어. 하지만 앞으로도 같은 상황이 되면 똑같이 할 것 같아.

10장

이렇게 계속
달려도 될까?

"쉼이 없어서 나에 대해 생각하는 시간을 하루만이라도 좀 가져보면 좋겠어요… 지금까지 10년 동안 한 번도 없었어요."

39세, 직장인

💬 보람! 반가워. 오늘은 경의선 숲길을 걸으며 얘기해볼까?

💬 그래, 안 그래도 요즘 통 걷지를 못했는데 잘됐다.

💬 맞아. 천천히 걸으면서 오늘 한번 끝까지 걸어보자. 어느새 오늘이 마지막 코칭 대화네.

💬 정말 그래. 시간이 빨라. 처음 직장생활 한 게 엊그제 같은데 벌써 10년 차에 접어들었어.

💬 나이가 들수록 더 그런 것 같아. 오늘 마지막 대화 주제도 시간과 관련된 내용이야. 오늘의 원포인트 코칭 질문은 이거야.

나는 나만의 워라밸 해석을 갖고 있으며, 쉬고 떠나는 문제에서 주도적인가?

💬 공감되는 질문이야. 나도 종종 '이렇게 계속 달려도 되는 걸까?'라는 생각을 해오고 있었거든. 다들 워라밸, 워라밸 하는데 사실 정시 퇴근 하는 것조차 마음먹기 쉽지 않거든.

💬 맞아. 다들 알고 있지만 명확한 답을 찾지 못하는 질문이지. 너무 어렵게 생각하지 말고 나는 주말에 무엇을 하고 싶은지에서 시작해 답을 찾아보면 좋을 것 같아. 그게 음악을 들으며 쉬는 거든, 책을 읽는 거든 간에.

○

"만약 1년 동안 연봉을 그대로 받으면서 지금 다니는 직장을 떠나 하고 싶은 대로 할 수 있다면 무엇을 할까?" 농담이 아니라 정말 한번 심각하게 생각해보자. 어떤 사람은 차를 몰고 국내 혹은 유럽이나 미국 동서횡단 등 여행을 하겠다고 할 것이다. 누구는 단기 연수나 요리, 목공과 같은 기술을 배우겠다고 할 것이다. 도서관이나 시골에 가서 책을 실컷 읽겠다고 할 사람도 있을 것이다. 누군가는 자기만의 재능을 시험해보기 위해 소설을 쓰거나 그림을 그려보겠다고 할 것이다.

이런 이야기는 카페에서 나누는 백일몽 같은 잡담에 그치는 것일까? 영어 표현에 '퍽유머니fuck you money'란 말이 있다(욕설이 들어가 있는 표현인 점 사과드린다. 하지만 용어에 대해 설명할 필요가 있기에 서술했다). 이에 대한 정의는 조금씩 그 범위가 다르지만, 이 단어를 정의하는 데는 다음 세 가지가 핵심이다. 첫째, 맘에 안 드는 상사나 직장에 욕을 하고 그만둘 수 있을 정도의 돈을 가진 상태를 의미한다. 둘째, 넓은 정의로 쓸 때는 회사를 때려치우고 평생 일하지 않고도 살 수 있는 금액을 말한다. 마지막으로 그보다 좁으면서 다소 현실적인 정의는 회사를 그만두고 한 해 동안 자기가 원하는 대로 살아볼 수 있는 정도의 금액을 말한다.[74] 쉽게 말하면 1년 치 연봉으로 보는 것이다. 그것이 3000만 원이든 4000만 원이든. 자, 이제 퍽유머니가 얼마인지 계산하려 하지 말고 현재 받고 있는 연봉을 1년 동안 받으면서 정말 무엇을 하고 싶은지 생각해보자. 아마도 이런 생각을 한 지 10분도 지나지 않아 '1년을 쉬는 건 좋은데, 그다음에 돌아와서 직장은 어떻게 하지?'라는 걱정이 들 수도 있을 것이다. 당연하다. 퍽유머니는 자신만의 커리어 여정과 발전의 측면에서도 생각해볼 수 있다.

축구에 전반전과 후반전이 있고 그사이 하프타임이 있는 것처럼 직장생활을 하는 내 삶에도 전반전과 후반전이 있고, 하프타임이 있을 수 있다. 대략 25세에 직장생활을 시작한다고 가정하고 50세에 그만둔다고 가정해보자. 직장에서 일하는 25년의 중간 지점을 잡아보면 37~38세가 된다. 하프타임이란 전반전에 내가 어떻게 뛰었는지 되돌아보고 잠깐 쉬면서 후반전에 역전을 하거나, 전략을 한번 생각해볼 수 있는 시간이다. 쉬고 나서 다시 뛸 가능성이 거의 없다면 그때는 진정한 하프타임이 아닌 것이다. 40대 중반을 넘어서면 하프타임을 갖기가 현실적으로 어려워진다. 1년 연봉을 갖고 쉬었다가 다시 나를 고용해줄지에 대한 불안감이 실제로 너무 크기 때문이다.

최근에 만난 한 직장인은 30대에 배우자 출산휴가로 1년 동안 아이와 시간을 보내면서 나름의 하프타임을 가졌다. 40대 중반에 가까운 또 다른 직장인은 휴직을 하고 1년간 뉴질랜드로 떠났다. 한국 시간으로 오전 9시에서 낮 12시까지만 이메일로 일하고, 나머지는 뉴질랜드의 해변에서 시간을 보냈다. 이렇듯 다양한 형태의 하프타임은 모두 현실적으로 자기 나름의 픽유머니가 있었기에 가능하다. 내 직장생활에도 하프타임이 필요할까? 그렇다면 픽유머니를 위한 통장을 하나 만들어보면 어떨까?

나 역시 39세가 되던 해 잘 다니던 회사를 그만두고 하프타임을 반년 넘게 가졌다. 여행을 하고, 생전 처음 바다에서 고래를 보았으며, 푹 쉬었고, 과거와 미래에 대해 많은 생각을 했다(걱정도 많이 했다). 하프타임에 이어 사업을 시작했지만 대전으로 옮겨 주로 학교를 다니며 주간에는 수업을 듣고, 수업이 없는 날이나 저녁을 이용해 일했다. 완전히 풀타임으로 일에 복귀하기까지는 4년이 걸렸다.

나는 직장에 충성하다가 몸이 아파서 쉬게 되는 비자발적 휴식 말고 자발적 휴식의 한 형태로서 하프타임을 권하는 편이다. 앞 장에서 말했던 의도적인 혼자만의 시간을 하프타임 형태로 가질 수도 있다. 계속 달리면 안 된다. 중간에 쉬면서 어디까지 왔는지, 앞으로 어디로 갈지 지도를 꺼내어 살펴봐야 한다. 직장인은 쉬는 것을 두려워한다. 뒤처지는 것은 아닐까 하고. 직장 내에서 경쟁자를 이겨야 한다는 두려움은 이해가 간다. 하지만 직업인으로서 길게 내 삶을 생각해보면 중간의 휴식은 어쩌면 당연할지 모른다. 쉬고 나서 원래 있던 자리로 돌아갈 수도, 갈아타게 될 수도 있다. 그 형태와 길이가 어떻게 되든 쉼은 선택이 아니라 필수라는 점을 기억하길 바란다. 마지막 장에서는 휴직, 퇴직, 전직 등 중지하는 것(쉼)과 갈아타는 것에 대해 이야기해보려 한다. 그전에 먼저 워라밸work and life balance에 대해 이야기하고 넘어가자.

"내가 원하는 균형이란 무엇인가?" - 워라밸의 재구성

《서울의 3년 이하 퇴사자의 가게들: 하고 싶은 일 해서 행복하냐 묻는다면?》은 30대 중반에 평균 회사 경험이 7년 정도 되고, 퇴사 후 약 3년이 경과했으며, 자신의 가게를 오픈한 지 2년 내외인 퇴사자 일곱 명을 인터뷰한 책이다. 이 책이 의미 있었던 것은 퇴사 후 자기 사업을 시작한 지 얼마 안 된 사람들이 바닥을 구르며 경험한 실수와 솔직한 느낌을 들을 수 있어서 더 현실적이었기 때문이다.

책에 나온 일곱 가게 중 네 군데를 직접 가보고 이들과 비슷한 경험을 한, 즉 30대에 직장을 나와 자신이 하고 싶은 일을 한 사람을 만나 이야기를 들어보았다. 한 가지 눈에 띄는 공통점이 있었다. 자신이 하고 싶은 일을 하기 위해 모험한 이들은 워라밸 관점에서 보면 직장에 있을 때보다 더 좋지 않은 상황이었다. 휴가도 마음대로 가지 못하고,

매일 일하는 시간도 직장에 다닐 때보다 늘어났다.

밀레니얼 세대 직장인을 대상으로 한 조사에 따르면 좋은 직장의 1위는 워라밸이고 2위가 급여였다.[75] 그만큼 워라밸은 새로운 세대의 직장인에게 월급보다 중요한 조건이 되었다. 그렇다면 역시 밀레니얼 세대이면서 '하고 싶은 일'을 하기 위해 독립한 사람들은 과연 어떻게 된 것일까? 이들은 대부분 직장에 있을 때보다 돈도 적게 벌고(특히 초기 몇 년간은 더더욱 그렇다) 일도 더 많이 해야 해서 워라밸은 더 안 좋았다. 직장인들이 가장 중요하게 생각하는 1위와 2위 요인이 모두 독립하면서 악화된 것이다. 이쯤이면 실패라고 봐야 하지 않을까?

여기에서 우리는 워라밸에 대해 한 걸음 더 들어가 진실을 살펴봐야 한다. 워라밸은 남의 조직에서 일할 때는 중요한 요소가 되지만, 자기가 하고 싶은 일을 하면서는 그렇지 않다. 물론 이들도 마음 편하게 쉬고 여행도 가고 싶지만, 직장 다닐 때만큼 워라밸이 중요하지는 않았다.

워라밸에는 세 가지 단어가 들어가 있다. 일work, 삶life, 균형 balance. 우리는 워라밸을 직장에서 일하는 시간을 줄이거나, 사무실이 아닌 곳에서도 일할 수 있는 자유, 출퇴근 시간을 유연하게 운영하는 제도로 연결지어 생각한다. 물론 국가에서 실행하는 노동법이나 회사의 규정과 업무 정책 등은 워라밸을 추구하기 위한 가장 기본틀이며, 조직이 이런 기본틀을 지키지 않을 때 우리는 문제를 제기하여 바로잡으려는 노력을 해야 한다. 여기서는 이 기본틀 위에서 내가 바라보는 워라밸이 무엇인지 이야기하려 한다.

앞에서 나는 좋은 삶이란 자신이 원하는 삶의 모습이 어떤 것인지를 알고 있으며, 그 방향으로 살려고 노력하는 것이라고 말한 바 있다. 워라밸 역시 동일하다. 워라밸에서 제일 중요한 질문은 "내가 원하는 균형이란 무엇인가?"인데, 달리 말하면 "나는 무엇과 무엇을 균형잡고 싶은 것일까?"에 대한 정의가 있어야 한다. 워라밸을 재구성하기 위해서는 이 질문에 답해야 한다.

워라밸이라는 말에서 무엇이 일이고, 무엇이 삶인지를 자신의 맥락 안에서 재해석해야 한다. 사람마다 다를 수 있겠지만, 내가 해석하는 워라밸이란 다음과 같다.

워라밸	=	남을 위해 내 시간을 팔아 돈을 버는 활동(A)과 나를 위해 내 시간을 쓰는 활동(B) 사이의 균형

여기에서 A는 우리가 기본적인 삶을 살아가기 위해 돈을 벌어야 하는 것이고, B를 통해서는 돈을 벌 수 없을지도 모르지만 그렇지 않은 경우도 있다. 그리고 균형이란 반드시 50:50을 의미하는 것이 아니라 개인마다 가중치가 다를 수 있다.

자, 이제 왜 똑같은 밀레니얼이면서도 직장을 나와 자신이 하고 싶은 사업을 하는 사람에게는 워라밸의 중요성이 직장인만큼 높지 않은지를 알 수 있다. 자신이 하고 싶은 일을 하는 사람에게는 A와 B의 교

경우 1   경우 2   경우 3

A = 남을 위해 내 시간을 팔아 돈을 버는 활동
B = 나를 위해 내 시간을 쓰는 활동

집합이 많아지게 된다. 즉, 자신이 하고 싶은 일로 돈을 벌기 시작하면 남을 위해 내 시간을 쓰기도 하지만, 동시에 그 시간이 나를 위해 내 시간을 쓰는 것이 되고, 그 안에서 성장하는 재미를 느끼기 때문이다. 워라밸은 내가 남 좋은 일만 하고 있다고 생각할 때 중요도가 올라가지만, 자기에게 좋은 일을 하고 있을 때는 그 중요도가 상대적으로 내려간다.

똑같은 직장에 근무하면서도 직장에서 하는 일이 자기에게 에너지와 재미를 준다고 느끼는 사람에게는 일반적인 의미에서 이야기하는 워라밸의 중요성이 그리 높지 않을 수 있다. 하지만 많은 경우 직장생활을 어느 정도 하다 보면 종종 이런 말을 하곤 한다. "인풋input은 없이 아웃풋output만 하는 것 같아." 즉, 직장에서 실적을 내는 데만 신경 쓰다 보니, 정작 내 안에서 무엇인가 배움이 쌓이고 성장한다는 느낌을 잃어버릴 때이다. 이런 경우에도 워라밸은 중요해진다.

그림으로 표현해보면 위와 같다. 〈경우 1〉은 직장에서 하는 일 전체를 남을 위해 내 시간을 팔아 돈을 버는 활동(A)이라 느끼고, 나를 위해 내 시간을 쓰는 활동(B)은 직장 밖, 즉 새벽이나 저녁 시간, 주말에만 허용된다. 〈경우 2〉는 A와 B 영역이 조금 겹치는 상태, 즉 직장에서 하는 일 중에 많지는 않지만 일부는 자기를 위한 활동이라고 느낀 경우이다. 〈경우 3〉은 이 두 영역이 상당히 겹치는데, 이런 경우는 회사에서 하는 일이 자기에게 재미와 성장을 주는 일과 상당 부분 겹치거나, 자기가 하고 싶은 일을 하기 위해 독립해서 바쁘게 일을 한다. 동시에 그 일이 자기에게 에너지를 주고 자신의 성장을 만들어주는 시간이라고 느낀다.

2007년 회사를 나오면서 나는 '앞으로는 30대 때처럼 바쁘게 살지 말아야지'라고 생각했다. 하지만 그 이후의 내 삶을 돌아보면 만만치 않게 바쁘게 살아왔다. 비슷한 정도로 바쁘다 하더라도 30대와 40대의 내용은 달랐다. 예를 들어, 2008년부터 7년 반을 대학원에 다녔다. 첫 4년 동안은 아예 대전에서 지내면서 수업을 듣고, 서울로 KTX를 타고 오가며 일했다. 이런 생활을 일반적인 의미에서 워라밸이 좋다고 할 수 있을까? 하지만 그 시간은 나의 성장을 위해 쏟은 시간이었다. 지금도 마찬가지다. 고객을 위한 일로도 바쁘지만 책을 쓰고, 독자들과 만나 이야기를 나누고, 아내와 블로그(her-report.com)를 운영하고, 목공을 하는 등 많은 일을 한다. 하지만 나를 위해 내 시간을 쓰는 비중은 30대에 비해 훨씬 높아졌다. 1인 기업으로 어차피 많은 일을 할 수도 없기 때문에 고객의 요청이 있다고 무조건 하기보다는 내가 정말 고객에게 기여할 수 있고, 의미 있다고 생각하는 프로젝트를 중심으로 일하기에 바빠도 워라밸이 큰 문제가 되지 않는다. 여기에서 "큰 문제가 되지 않는다"라는 말 뜻을 정확하게 설명할 필요가 있는데, 워라밸이 중요하지 않다기보다는 워라밸이 나쁘다고 느끼지 않는 것이다.

이 지점에서 직장인이 스스로에게 물어봐야 하는 질문은 내가 직장에서 하는 일 가운데 무엇이 '남을 위한 일'이 아닌 '(회사에도 도움이 되지만) 나를 위한 일'이라고 느껴지는지 찾아보는 것이다.

'노'라고 말할 수 있는 용기

한 걸음 더 들어가 보자. 워라밸과 이 책의 주제인 '직장인에서 직업인으로'는 과연 어떤 관계가 있을까? 결론부터 말하면 이렇다. 직장인에서 직업인으로 변환되었을 때, 우리는 워라밸을 개선할 여지를 더 만들 수 있다. 이게 도대체 무슨 뜻일까? 직장에서 우리는 상사에게 끊임없이 '추가적인' 일을 할당받는다. 직장에서 벌어지는 한 대목을 상상해보자. 임원과의 회의에 다녀온 이 부장(나의 상사)이 사무실로 돌아와 회의를 하면서 나(천 과장)에게 이야기한다.

이 부장: 천 과장, 상무님과 회의하고 오는 길인데, 이번에 회사에서 비용절감을 위한 특별 프로젝트가 떨어졌어. 여기에 각 부서에서 한 명씩 뽑아 태스크포스를 만든다고 하니

천 과장이 가줘야겠어.

나　　: (힘들다는 표정을 지으며) 부장님, 저 안 그래도 지난번에 시키신 일도 있고, 지금 할 일이 많은데요.

이 부장: 이게 다 천 과장 위해서 하는 말이야. 이렇게 해서 다른 부서와 네트워킹도 하고, 이 프로젝트를 회사에서 중요하게 여기니까 천 과장의 사내 인지도도 올라가고 좋잖아. 알겠지? 하는 거다?

나　　: 어휴. 그래도….

이 부장: 에헤. 다 자넬 위한 거라니까.

나　　: (아주 몸서리치게 싫지는 않은 듯한 표정을 지으며) 네, 알겠습니다…. 잘해보겠습니다.

이런 경우에 당신은 상사의 추가적인 업무 요청에 대해 무조건 맡는 사람일 수도 있고, 선별을 잘하는 사람일 수도 있으며, 무조건 빠지려고 하는 사람일 수도 있다. 워라밸을 개인 차원에서 잘 유지하려면 상대방, 특히 나보다 힘있는 사람에게 '노No'라는 말을 잘 할 수 있어야 한다. 그런데 '노'라는 말을 제대로 할 수 있으려면 무엇에 '예스Yes'라고 말할지가 명확해야 한다. 앞서 소개했던 《아웃퍼포머》의 저자 모튼 한센Morten Hansen은 성공한 직장인이 되려면 전통적인 근면·성실 패러다임, 즉, 상사의 말을 잘 듣고, 주어진 일을 성실하게 잘하고, 책임 범위도 넓어지는 것에서 벗어나야 한다고 조언한다.

직업인이란 직장에서 일하든, 밖에서 독립적으로 일하든 간에 자신의 전문 분야가 뚜렷한 사람을 의미한다. 한센은 성과가 높은 직장인과 그렇지 않은 직장인의 차이점 일곱 가지를 밝혀냈는데, 그중 가장 강력한 차이를 만들어내는 특징은 자신의 일을 줄이고, 그 대신 맡은 일은 거의 완벽에 가깝게 실행하는 것이다. 자신의 전문성이 확실하고, 직장에서 그 전문성을 인정받게 되면, 여러 선순환이 일어날 수 있다. 첫째, 자신의 전문 분야에 대한 프로젝트에 참여할 기회가 높아지면서 자신의 직업과 관련된 전문적인 경험을 축적할 수 있다. 둘째, 자신의 전문 분야와 상관없는 일을 상사가 시킬 때 그것을 거절할 명분이 생긴다. 이는 결국 워라밸을 개선하는 데 기여한다. 한센은 이런 경우 자신의 전문 분야가 아닌 일을 추가적으로 한다면 현재 진행 중인 전문 분야 프로젝트의 성과가 떨어질 수 있다는 점을 들어 거절하라고 조언한다. 우리는 상사의 요청을 거절하면 혹시라도 이후 평가에서 불리하지 않을까 지나치게 걱정한다. 결국 일을 떠맡으면서 집중력이 분산되고 성과도, 워라밸도 모두 떨어지게 된다. 자신의 전문성(직업)을 확립할수록 내가 맡아야 하는 분야('예스'라고 말해야 할 부분)와 맡지 말아야 할 분야('노'라고 말해야 할 부분)가 명확해진다. 그 대신 자신이 맡은 전문 분야 프로젝트에서는 최고의 성과를 만들어야(다른 말로 하면 회사에서 시키지 않거나 기대하지 않은 일까지 완벽하게 해내야) 자신의 업무 경계가 더 명확해진다. '선택과 집중'이라는 '뻔한' 구호를 나의 업무에 실질적으로 적용할 때 워라밸도 좋아질 수 있다. 이렇게 했을 때 앞서 이야기했던 직장에서 하는 일 가운데 나를 위해 쓰는 시간의 비중도 높아질 것이다.

여기서 한 가지 짚고 넘어갈 것이 있다. 직장을 다니는 동안 직장인에서 직업인으로 변환하는 과정, 달리 말해 자신의 전문성을 확립하기 위해 직장 내에서 관련 프로젝트에 참여하고, 그 일에 집요하게 매달리는 과정에서 일정 기간은 워라밸이 안 좋아지는 시점이 생긴다. 전문성을 인정받는 사람들은 나름의 헌신이 있었기에 가능하다. 자신의 기술을 가다듬기 위해 때로는 밤늦게 온라인 강의를 듣거나 책을 읽고, 관련 자료를 살펴보면서 '직장에서 시키지도 않은' 일을 하기 마련이다. 나는 이를 '워라밸의 역설'이라고 부르는데, 직업인으로서 워라밸을 개선하기 위해서는 일정 기간 워라밸이 안 좋은 시기를 거쳐야 한다(하지만 워라밸이 안 좋은 시기의 투자 시간을 자신을 위한 시간이라고 여기는 사람이라면 그렇게 느끼지 않을지도 모른다. 하지만 어쨌든 일하는 시간이 하루 여덟 시간이 아니라 12시간을 넘어서서 일하는 때가 있다). 심지어 2장에서 말했던 자비로 출장을 가기도 하고, 자기 자신과의 회의를 하면서 개인기를 갈고 다듬는 기간 말이다.

일이 직장에서의 근무시간을 뜻한다면, 내 삶을 위한 시간은 나에게 어떤 의미인가? 누구에게는 화실에서 미술에 몰입하는 것이 될 수 있고, 또 누구에게는 친구나 가족과 보내는 시간이나 휴식 혹은 여행이 될 수 있다. 누군가에게는 독서나 음악감상이 되기도 하고, 또 누군가에게는 자기 성장을 위한 학습이 되기도 한다. 이에 대한 답이 생기면 내가 원하는 워라밸이 어떤 모습인지를 생각할 수 있고, 이에 대한 의사결정을 할 수 있다. 커리어의 어느 단계에서는 퇴근 시간이 중요하다기보다는 그 직장에서 좋은 프로젝트를 경험하는 것이 중요할지도 모른다. 이런 사람에게는 정시 퇴근이 중요하지 않을 수도 있다. 워라밸이 의미 없는 시기를 보내야 진정한 워라밸을 확보할 수 있다는 것은 아이러니이지만, 현실적이다.

2018년 나는 〈박명수의 라디오쇼〉 '직업의 섬세한 세계' 코너에 출연한 적이 있다. 이 코너 출연자는 당혹스럽지만 '박명수다운' 질문을 통과해야 하는데, 바로 "얼마나 벌어요?"라는 질문이다. 나는 당시에 물론 박명수 씨만큼은 아니지만 대충 삶을 즐기고 지낼 만큼 번다고 멋없이 대답했는데, 이후에 그 질문에 대한 정말 나다운 답이 무엇일까를 생각해본 적이 있다. 만약 내가 "얼마나 벌어요?"라는 질문을 다시 받는다면 이렇게 답할 것이다.

"얼마나 버는지라는 질문을 저는 두 가지로 해석합니다. 하나는 돈, 하나는 시간인데요. 돈은 당연히 박명수 씨보다 많이 벌지 못하지만, 제가 시간으로는 박명수 씨보다 훨씬 부자일 거예요. 저는 매년 한 달 혹은 두 달 동안 여행을 갈 수 있는 시간이 있고, 실제 그렇게 할 수 있는 정도의 돈은 벌거든요."

내게도 30대에는 하루 15시간씩 일하던 시절에 사무실에서 프로젝트를 하다 보니 새벽 5시가 되었던 때, 자정에 퇴근했다가 새벽 3시에 출근하던 때가 있었다. 한동안은 토요일마다 출근해서 일하기도 했다.

이런 경험이 바람직하다고 볼 수는 없다. 그리고 그 모든 시간이 직업을 만들기 위한 시간도 아니었을 것이다. 하지만 자신의 전문 분야를 다듬기 위해서는 9시 출근, 6시 퇴근 이외에 자기 나름의 시간과 노력 투자가 있어야 한다. 내 경우에는 30대에 그런 시기를 지내면서 직업, 즉 조직에 기대지 않고 팔 수 있는 기술을 만들었고, 40대 이후에는 상당한 시간의 자유를 얻을 수 있었다.

흐름을 보려면 흐름에서 벗어나야 한다

'회사 때려치우고 여행이라도 다니며 쉬어볼까?' 직장인이라면 이런 생각을 여러 번 해봤을 것이다. 집은 잠만 자고 나오는 '숙소'가 되고, 가족은 있지만 가정생활은 없고, 저녁이 없는 직장생활에 지쳐갈 때면 우린 이런 욕구를 느끼고 인터넷을 뒤지며 어디로 갈지 즐거운 상상을 하기도 한다. 동시에 '그럼 뭘 먹고 살지?', '돌아오면 취업이 가능할까?'라는 생각에 한숨을 쉰다.

몇 년은 물론 몇 개월을 쉰다는 것, 아니 나에게 보장된 휴가를 한 주 붙여서 떠나는 것에 대해서조차 '죄책감'을 느낄 때도 있다. 이렇게 되면 쉬는 꿈을 꿀 수는 있지만, 결국 쉬지는 못한다. 쉰다는 것을 '논다'고 생각하면 곤란하다.

쉰다는 것은 세 가지 의미가 있다. 첫째, 과거 돌아보기다. 어린 시절 가졌던 꿈이나 능력은 무엇이었는지, 지금까지 직장생활은 돈을 버는 것money maker 외에 내 삶에 어떤 의미를 만들어내고 있는지 meaning maker 돌아보는 기회다. 둘째, 현재의 나와 거리 두기다. 지금 내가 서 있는 자리가 어디인지, 원하는 방향으로 가고 있는지, 아니면 방향성조차 없이 바쁜 일상을 지내고 있는 것은 아닌지 살펴보는 작업이다. 셋째, 미래를 미리 보기다. 10년 뒤의 나는 무엇을 하고 있을까, 그때 나는 어떤 상태이길 바라는가, 그때의 시점에서 지금을 바라본다면 무엇이 아쉽고, 무엇이 다행일까?《삼국지》에 흐름을 보려면 흐름에서 벗어나야 한다는 말이 나온다. 쉰다는 것은 내 삶의 흐름을 면밀히 살피고 새로운 방향을 정하기 위해 잠깐 그 흐름에서 벗어나는 일이다.

여기에서 쉰다는 것은 최소 6개월 이상을 말한다. 만일 6개월에서 1년 정도를 쉴 수 있다면 많은 사람이 꿈꾸듯 그것이 국내이든 국외이든 낯선 환경을 찾아 떠나는 여행, 혹은 살아보기를 권하고 싶다. 낯선 장소, 낯선 사람들 속에서 익숙했던 나의 삶을 비로소 낯설게 바라보는 여유를 누릴 수 있다.

많은 사람이 타의로 조직에서 밀려나 쉴 수밖에 없을 때에야 자신의 과거와 현재를 둘러보고, 막막한 미래를 걱정한다. 그때는 현실적으로 무엇을 하기란 힘들다. 쉬는 것도 타이밍이 중요하다. 30대에는 1년을 쉬거나 공부해도 돌아와 새로 무엇인가를 시작할 가능성이 크다. 40대 중반만 지나도 쉬거나 변화를 추구하기란 현실적으로 힘들다. 1년을 쉬기 위해서는 적어도 1년간의 준비 기간이 필요하다. 위험을 감행한다는 뜻의 리스크 테이킹risk taking 앞에는 한 단어가 더 붙어야 한다. 계산된calculated이란 단어 말이다. 쉬는 데도 계산이 필요하다.

<table>
<tr><td>Side
Note
21</td><td>공부 못하면 기술이나 배워라?</td></tr>
</table>

"일요일과 월요일은 휴무입니다. 화요일도 휴무입니다."
서울 양천구 오목교역 근처에 있는 한 목공소 건물에 붙어 있는 안내 공지다. 이 건물은 이 지역에서만 30년 넘게 목공소를 운영하고 있는 목수 유우상 대표 소유다. 10년 넘게 그를 알아오면서 부러울 때가 많았다. 확고한 자기만의 기술이 있고, 서울에 4층 건물을 갖고 있을 정도로 성공했으며, 일주일에 3일은 목공소 문을 닫고 가족과 자기만의 시간을 보내는 것이다. 그만의 비밀은 무엇일까.

"난 학교에서 공부하는 건 딱 질색이었어요." 유 대표는 인천 강화가 고향이다. 친척이나 동네 어른들이 나무로 배를 만드는 것을 보며 컸고, 그래서 목공 연장을 다루는 데 익숙해졌다고 한다. 그는 남들이 다 하는 공부 대신 자신이 하고 싶은 목공을 평생의 업으로 선택했다. 자신이 하고 싶은 것과 그렇지 않은 것이 어린 시절부터 비교적 명확했던 것이다.

"난 디자인 이런 것은 잘 모릅니다. 그건 각자 알아서 그려오세요. 그 대신 그걸 실제로 만드는 것은 제가 얼마든지 도와드릴 수 있어요."
나의 목공 선생님이기도 한 그를 예술가라고 부를 수 없을지 몰라도 스케치와 아이디어만 있으면 무엇이든 만들 수 있는 확실한 기술을 갖췄다. 내가 그에게 감탄하는 부분은 자신이 잘할 수 있는 것과 그렇지 않은 것을 명확하게 선을 그어 구분하며 실제 그 기준에 맞게 산다는 점이다.

1990년대 말부터 많은 목공소가 문을 닫았다. 시스템가구를 만드는 회사들이 활발하게 영업하면서 더는 목공소에 가구나 문짝, 마루 등을 주문하지 않게 된 것이다. 그즈음 유 대표는 학생들을 모아 목공 기술을 가르치고 싶다는 생각을 했다고 한다. 체계적으로 사람들을 가르치고 싶어 2004년 독일 하드웨어 회사에서 주관하는 목공학교에 들어가 목공과 목공 교수법을 공부했다. 그 후로 지금까지 직접 목공일을 하는 것보다 수강생에게 목공 기술을 가르치면서 가끔 만들고 싶은 것만 만든다. 적절한 시기에 자신의 전문적인 기술은 유지하면서 목수에서 목공 선생으로 전환을 시도한 것이다.

이런 사례에서 직장인이 생각해볼 수 있는 것은 무엇일까? 첫째는 '내 삶에서 정말 내가 하고 싶은 것은 무엇일까'를 생각해보는 게 중요하다. 직장에서 시키는 것을 실행하는 삶에 길들여지다 보면 정말로 자신이 재능을 발휘하여 몰두하고 싶은 일이 무엇인지 명확하게 알 수가 없다. 어린 시절부터 지금까지 삶을 돌아보며 무얼 할 때 가장 즐거웠나 생각해보면 그 해답의 단초를 찾을 수 있다.

둘째는 '내가 잘하는 것과 그렇지 않은 것은 무엇일까'다. 사람은 누구나 자신만의 재능을 갖고 있으며 아주 사소한 분야라도 전문성을 갖췄기 마련이다. 한 TV 프로그램에서 아이유가 선배 가수인 이효리에게 "언니는 정말 자신 있는 것이 무엇이에요?"라고 질문하는 장면이 나왔다. 이 질문에 나는 어떤 답을 할 수 있을지 생각해보자.

셋째는 '자신의 전문성을 오랫동안 직업으로 유지하기 위해 시대의 흐름에 맞게 전환이 필요한 것은 무엇일까'다. 유 대표는 가구를 만드는 목수에서 이제 목공일을 하고 싶어 하는 사람을 가르치는 목공 선생으로 자신의 영역을 확장했고, 이에 필요한 교육을 받았다. 각자의 전문성을 유지하면서 세상의 흐름에 맞게 확장하거나 개선할 부분은 무엇일까? 직장에서 강제로 시키는 교육이 아니라 내가 배우고 싶고 변화하고 싶은 부분을 적극적으로 찾아보자.

어린 시절 많은 부모가 "공부 못하면 기술이나 배워라"라는 말을 했다. 이는 20세기 한국 사회에서는 말이 되었을지 모르지만 21세기에는 완전히 틀린 말이다. 왜 수많은 직장인이 40대 후반에서 50대 초반에 회사를 나와 자리를 못 잡고 프랜차이즈 요식업을 최우선 순위로 두나 생각해보면 자기만의 확고한 기술과 전문성이 없기 때문이다. 직장에 다니는 동안 자기만의 기술을 만들어야 이를 직업으로 만들 수 있고, 직장을 떠나서도 독립할 수 있다. 유우상 대표는 환갑을 넘겼지만, 앞으로도 또 새로운 목공 사업을 할 꿈에 부풀어 있다. 지난 10년 동안도 그렇지만 앞으로도 계속 그가 부러울 것 같다.

퇴사, 나를 마주하는 시간

"사표 냈어요." 오랜만에 만난 A는 의외의 소식을 전했다. 무슨 일인가 싶어 물었다. 다른 곳으로 옮기는 것도 아니고, 그냥 많이 지쳤고, 일단 쉬고 싶다고 했다. 나 역시 사표를 내고 반년 동안 쉬어본 사람으로서 그 말이 무엇을 뜻하는지 조금은 알 것 같았다. "직장을 떠나 쉬는 동안 무엇을 하면 좋을까요?" 그의 질문에 생각을 나누면서 이야기가 이어졌다. 갈 곳을 정하지 않은 채 사표를 낸다면 불안한 마음이 들수 있다. 그 역시 사표 낸 것이 과연 잘한 일인지 스스로 묻고 있을 수 있다. 하지만 이미 한 결정에 대해 후회할 필요는 없다. 그보다는 익숙함을 떠나 어떻게 새로운 길을 만들어볼지 고민하는 것이 더 중요하지 않을까?

갈 곳을 정하고 사표를 낸 경우에는 그냥 쉬고, 다음 직장에서 어떻게 잘할지 걱정하면 된다. A 같은 경우는 어떨까? 자신의 커리어와 삶을 한번 심각하게 돌아보면 어떨까. 직장생활에서 나에게 남는 것이 무엇이고, 앞으로 채워야 할 것이 무엇인지. 나는 그 기간이 3개월이든 6개월이든 A에게 처절하게 자신과 마주하는 시간이 되기를 바란다. 그동안 바쁘고 지쳤다는 이유로 마주하기 어려웠던 나 자신과 말이다. 어떻게 마주할 수 있을까?

첫째, 현재의 몸과 마음을 챙기는 일이다. 밤에는 푹 자고 낮에는 몸을 많이 움직여보라고 하고 싶다. 좋아하는 지역을 걸어보면 어떨까? 오랜 직장생활로 많이 지쳤을 것이다. 오랜만에 알람이 아닌 햇빛에 눈을 뜨고 잠을 푹 자기를 바란다. 하지만 집에만 있기보다는 몸을 움직이면서 걷다 보면 많은 생각을 하게 될 수 있다. 내 몸을 찾아가면서 지친 마음도 조금씩 회복될 것이다. 정신건강의학과 의사이자 《이제 몸을 챙깁니다》를 쓴 문요한 작가는 마음은 몸에 깃들어 있기 때문에 마음을 챙기려면 몸부터 챙겨야 한다고 말한다.

둘째, 과거의 좋은 기억을 살려내는 일이다. 사표를 내고 길을 잃은 것 같은 느낌이 들 수 있다. 나는 A가 겪을 수 있는 혼돈이 실은 새로운 길을 찾기 위한 시작이라는 점을 잊지 않기를 바란다. 앞을 바라보기 위해서는 뒤를 돌아봐야 한다. 회사에서 주어진 일을 열심히 하느라 돌아볼 여유가 없었을 것이다. 자신이 신나서 일했던 경험을 돌아보자. 수많은 프로젝트를 했을 것이다. 그중에 단지 결과보다는 그 과정을 즐겼던 것이 무엇인지를 돌아보면 좋겠다. 그리고 왜 그 경험을 즐겼는지를 찾아내다 보면 자신의 장점과 직업적 욕망이 무엇인지 아는 데 도움이 될 것이다. 노트에 지난 직장생활을 돌아보며 이런저런 생각을 적다 보면 자신이 더욱 잘 보일 것이다(노트에 무엇을 적어야 할지 모르겠다면 이 책 1부에 나와 있는 다양한 도구를 사용해보기 바란다. 6E 이력서, 미래 이력서, 당신만의 10대 뉴스, 내 삶의 역사 등). 1인 기업 기획서를 만들어보는 것도 좋다. 사업을 하라는 것이 아니다. 1인 기업 기획서를 만들기 위해서는 자신의 직업이 무엇인지, 강점을 어떻게 포지셔닝해야 할지에 대해 생각해보게 되고, 이는 앞으로 직장을 고르거나 가서 일할 때도 도움이 된다.

셋째, 미래로 미루기만 했던 경험을 해보라고 하고 싶다. 해보고 싶었지만 막상 하지 못했던 것이 있다면 지금보다 더 좋은 타이밍은 없다. 원한다면 창작 활동을 해보는 것도 좋다. 악기를 배우거나, 글을 써보거나, 아니면 그림을 그리는 것 등. 이러한 창작 활동의 과정도 자신을 알아가는 데 도움이 되기 때문이다. A와 이야기를 나누며 오래전 나는 사표를 내고 무엇을 했던가 돌아보았다. 그때 캐나다 핼리팩스란 곳으로 가서 티베트 불교의 가르침과 리더십을 연결하는 캠프에 참여했다. 아침과 저녁에는 참선을 하고, 그사이에는 관심 있는 주제의 수업을 들었다. 그 밖에 여행을 다니며 많이 걷고 푹 쉬며 앞으로 시작할 사업에 대해 고민하던 시간이었다.

변화change와 변환transition은 다르다. 사표를 내는 것은 외적인 상황 변화이며 순식간에 벌어진다. 심리적·내적 변환이 이루어지려면 시간을 두고 나를 살펴보면서 버려야 할 것과 살려야 할 것을 구분해야 한다. A가 10년 뒤 오늘을 돌아보면서 "그때 사표 내고 불안했지만, 정말 제가 원하는 것을 찾아가는 출발점이었어요"라고 밝게 말하기를 진심으로 바란다. 변화를 변환으로 만들어가는 과정에서 나만의 기쁨을 느끼기를.

저점이 아닌 고점에서 옮겨라

대기업 팀장이었던 A씨는 최근 중소기업으로 자리를 옮겼다. 주변에서는 반대가 많았다고 한다. 그가 대기업에서 한창 잘 지내고 있었고 상사에게 인정도 받았기 때문이다.

대기업 팀장인 B씨는 자발적 퇴직을 계획하고 있다. 재무 분야에서 일해온 그는 자기만의 사업을 차근차근 준비해왔다. 그는 적어도 앞으로 5년 동안은 대기업에서 아무 문제 없이 일할 수 있는 상황이지만 먼저 떠나는 쪽을 선택했다.

이 두 사람은 과연 옳은 선택을 한 것일까? 직장과 나의 관계는 '계약 연애'다. 이미 직장 입장에서도 나의 '매력'이 덜해지거나 나보다 '더 매력적인' 직원이 나타나면 쿨하게 헤어질 마음이 있다. 그러니 직원 입장에서도 결혼이 아닌 계약 연애로 관계를 규정할 필요가 있다.

"한 직장에 오래 다니는 것이 미덕"이라는 말을 들으며 직장과 나의 관계를 결혼처럼 생각했던 세대는 이제 거의 직장생활을 마무리할 때가 되었거나 더는 직장에 남아 있지 않다. 결혼 전에 여러 사람과 만나 연애해보는 게 좋다는 조언이 있듯, 이 시대의 직장인들은 '밀려나기' 전에 혹은 자기 사업을 시작하기 전에 여러 직장과 연애를 해보는 것이 좋다.

직장을 떠나고 옮긴다면 무엇을 고려해야 할까? 이직과 관련해 들었던 가장 중요한 말은 "저점이 아닌 고점에서 옮겨라"라는 어느 헤드헌터의 조언이었다. 우리는 보통 회사에서 일이 안 풀릴 때, 혹은 누군가와 사이가 안 좋아졌을 때 이직을 고민한다. 이는 마치 주식을 가격이 낮을 때 파는 것과 유사하다. 물론 저점에서 떠나는 것을 고려해야 할 때도 있다. 단순히 직장을 옮기는 것이 아닌 그동안 몸담았던 직업에 대한 회의가 들어 업業 자체를 변경하려고 할 때다.

고점에서 옮기라는 조언에 대해 일도 신나게 잘 풀리고 승승장구할 때 옮기란 말인가라는 의문이 생길 수 있다. 고점에서 옮기라는 말은 다시 풀어보면 무엇인가 익숙해질 때 옮기라는 말이다. 익숙하다는 말은 더는 배움이나 자극이 없다는 말이다. 커리어를 개발하면서 익숙함은 경계의 대상이다. 성장이 멈추었다는 뜻일 수 있기 때문이다.

직장을 떠나는 시점에 대해 손은정 작가(그는 공대 졸업 후 글로벌 기업에 들어가 싱가포르와 한국에서 근무하다가 대기업으로 옮겨 일했고, 그 후 놀랍게도 프랑스에서 전문적으로 꽃을 배워 수다 F.A.T라는 회사를 만들어 꽃을 이용해 자신을 표현하고 상대방을 이해하는 독특한 워크숍을 진행했던 사람이다. 지금은 또 다른 도전을 준비 중이다)는 최적화optimization라는 단어를 생각해보라고 조언한다. 직장에서 하던 분야를 밖에 나와서도 계속한다면 오십이 되어 직장을 떠나도 괜찮을지 모른다. 하지만 직장과는 다른 분야의 일을 해야 한다면, 즉 내 삶에서 두 가지 분야에서 일해야 한다면 어느 시점에 새로운 일을 시작하는 것이 최적의 시점일까? 삶의 최적화를 계산하는 공식은 없지만, 자기 기준에서 어느 시점에 삶을 전환하는 것이 최적화일지를 생각해보라는 말이다.

떠나기로 마음먹었다면 잘 헤어져야 한다. 보통 직장을 옮길 때 우리는 새로 옮기는 직장에 더 비중을 두고, 떠나는 직장에는 소홀히 하는 경우를 자주 보게 된다. 소셜미디어로 더 강하게 연결된 세상에서 이것처럼 자신을 망치는 일도 없다. 저점이 아닌 고점에서 떠나라는 조언처럼 '박수받을 때' 떠나는 것이 중요하지만 '박수받으며' 잘 떠나는 것도 그 못지않게 중요하다. 끝이 안 좋으면 앞으로 또 문제가 되어 돌아오기 마련이다.

A 팀장은 대기업에서 인정도 받았고 다양한 경험도 했지만, 자신의 전문성이자 열정이 있는 콘텐츠 분야의 사업을 주력으로 하는 중소기업 임원으로 옮겼다. 나는 그가 '신의 한 수'를 두었다고 생각한다. 고점에서 옮겼을 뿐 아니라 자신의 전문성을 더 발휘하고 주요 임원으로서 사업 전체를 바라보며 기획과 조정을 할 수 있는 곳으로 갔기 때문

이다. 기업은 더 작은 곳으로 옮겼지만 자신의 업무 분야에서는 더 큰 곳을 선택했다. 그는 이번 이직으로 대기업에 있을 때보다 적어도 은퇴 시점을 최소 5~10년은 더 늘려 일할 수 있다. 상대적으로 중소기업에서 그만한 경험이 있는 사람을 찾기 쉽지 않기 때문이다.

독립을 몇 개월 앞둔 B 팀장 역시 직장에서 밀어낼 때쯤 허둥지둥 다음 길을 찾는 여느 직장인과 달리 잘 지내고 있을 때 다음을 오랫동안 준비해왔고, 이제 독립을 눈앞에 두고 있다. 물론 현재 다니는 직장에서 좋은 마무리를 하는 것도 그런 준비의 일환이다. 그의 독립에 대해서도 상반된 의견이 있겠지만, 급하고 안 좋은 상황에서 어쩔 수 없이 독립하는 것이 아닌 느긋하고 안정된 상황에서 오랜 고민과 준비 끝에 독립하는 게 더 나을 수밖에 없다.

A와 B 팀장은 모두 박수받을 때 박수받으며 떠났거나 떠날 준비를 하고 있다. 이들의 공통점은 주변 상황의 변화에 어쩔 수 없는 수동적인 리액션(반응)을 하며 살아가는 것이 아니라, 자신의 주변 상황을 스스로 개척해 주도적인 액션(행동)을 취하며 살아간다는 점이다. 회사를 떠나는 일도 주도적으로 해야 한다.

직장과 직업이라는 버스 갈아타기

직업과 직장을 옮기고자 고민하는 두 사람의 이야기를 들을 기회가 있었다. 첫 번째 만난 사람은 40대 초반 남성. 그는 직장이 아닌 직업을 완전히 바꾸려고 했다. 컨설턴트와 사업가로 잘 지내오던 그와 함께 일한 적이 있는데, 발표 자료에 그림을 감각적으로 잘 사용했다. 이번에 그의 고민을 들으면서 왜 그렇게 그림 자료를 잘 썼는지 알게 되었다. 그는 원래 미대를 가고 싶었단다. 당시에는 사정이 여의치 않아 그 꿈을 접을 수밖에 없었다. 그러나 미술은 '심각한 취미'로 꾸준히 해왔다. 그는 더 이상 자신의 몸과 마음이 미술로 향하는 것을 거부할 수 없는 상황이 되었고, 늦었지만 미대 입시를 준비하고 있다.

두 번째 만난 사람은 40대 중반 여성. 그는 얼마 전 대기업으로 직장을 옮겼다. 그 이유는 그 회사에서 '높은' 임원의 추천을 받아 자신이 흥미를 갖고 있던 프로젝트를 주도적으로 해볼 수 있었기 때문이다. 그런데 프로젝트를 추진하던 중간에 하필이면 그 임원이 회사를 갑작스레 떠나게 되었다. 그러자 프로젝트가 갑자기 중지됐다. 새로 온 상사는 그 프로젝트에 전혀 관심이 없었고, 그도 새로운 직장에 관심을 잃었다. 더 많은 연봉을 바라고 온 것도 아니고, 꼭 해보고 싶었던 프로젝트 때문에 어렵게 자리를 옮긴 것이었다. 그는 옮긴 지 얼마 되지 않아 적지 않은 나이에 다시 회사를 옮겨야 하는 상황에 대해 고민했다. 지금은 어느 정도 마음을 정한 것으로 보인다.

두 사람의 사례를 접하면서 직장을 옮기거나 직업을 바꾸는 데 대해 다시 생각해보게 되었다. 첫째, 두 사람 모두 자신이 무엇을 원하는지가 명확했다. 한 사람은 새로 옮긴 직장에서 하고 싶은 프로젝트가 명확했고, 또 한 사람은 오랜 시간이 걸리긴 했지만 자신이 정말 원하는 미술을 포기할 수 없다는 점이 명확했다. 직장과 직업에서 자신이 무엇을 원하는지가 명확하다는 건 '이 직장과 직업을 지속할 것이냐, 아니면 갈아탈 것이냐'의 기준이 명확해지는 것과 같다.

어떤 직장인은 이런 기준이 명확해지는 것을 원치 않을 수 있다. 매달 월급이 꼬박꼬박 나오는 안정된 직장을 떠날 이유를 굳이 만들고 싶지 않기 때문이다. 물론 많은 직장인에게는 정기적인 수입이 생긴다는 게 직장과 직업에서 원하는 가장 중요한 것일 수도 있다. 직장이나 직업을 변경하지 않는다 하더라도 특정 직업을 갖거나 직장에 나가는 자신만의 이유를 스스로에게 물어보고 답하는 것은 어떨까?

둘째, 모든 일이 그렇듯 타이밍의 문제다. 직장과 직업이라는 '버스'를 언제 갈아타는 것이 좋을까? 두 사람의 이야기를 들으며 했던 생각은 직장과 직업을 바꾼다는 것은 인생에서 몇 번 안 되는 커다란 결정이므로 성급하게 결정할 필요는 없으나, 현재의 직장과 직업이 자신이 세운 목표와 기준에 맞지 않음이 명확하다면 더 늦출 필요는 없다는 것이었다.

이 글을 마무리하는 중에 이직을 고민하는 또 한 명의 지인과 이야기를 나누었다. 그는 '이렇게 사는 것이 맞을까'라는 질문을 스스로에게 던지고 있었다. 세 사람 모두 보수가 더 좋은 직장과 직업을 꿈꾸는 것은 아니었다. 그보다는 '직장과 직업의 전환'이라는 주제를 놓고, 자신이 삶과 일에서 정말 원하는 것이 무엇인지에 대해 깊은 고민에 잠겨 있었다. 나는 그들이 고통스러운 고민을 하는 모습을 보며 안타까

움도 느꼈지만 한편으로는 고민이 매우 건강하다는 인상을 받았다. 이 과정에서 돈을 더 많이 벌 수도 있고 아닐 수도 있겠지만, 이들은 무엇이 자신에게 의미가 있는지 그리고 없는지를 묻고 있었다.

우리는 때로 직장을 옮기고 직업을 바꾸기도 한다. 그 이유는 돈이나 함께 일하는 사람, 적성 또는 하고 싶은 프로젝트 등이 될 수도 있다. 그 기준이 무엇인지를 놓고 옳다 그르다 말하기는 어렵다. 각자의 상황과 선택이 있을 뿐이다. 다만 옮기고 바꾸는 과정 속에서 고민하며 점점 더 자신이 무엇을 원하는지를 뚜렷하게 알게 되는 사람이 있고, 반대로 그렇지 않은 사람도 있다.

Side Note 22 — ***40대, 직장에서 미래를 준비하는 마지막 10년***

직장인으로서 마흔 살이 된다는 것은 두 가지를 의미한다. 조직에서 매달 월급을 받으며 생활할 수 있는 날이 평균 10년 남았다는 뜻이고, 동시에 조직을 떠나 독립할 수 있는 자기만의 기술을 만들 수 있는 날이 10년 남았다는 말이다. 직장인에게 40대는 정기적인 수입을 얻으면서 미래를 준비할 수 있는 마지막 10년이다.

20대 후반부터 30대 말까지 옥수수 전분업체와 라면회사에서 영업을 하던 김현규 대표. 40세에 이르렀을 때 회사를 나와 기계 한 대를 놓고 충남 당진에서 기사 10여 명과 함께 국수 공장을 시작했다. 그때가 1987년이었다. 당시만 해도 대기업이 국수 사업을 할 수 없도록 제한이 있었지만, 세월이 흐르고 이 규제가 풀리면서 국수 사업도 어려워졌다. 결국 당진에서 공장을 접고 60세가 가까워진 2006년 고향인 경남 거창으로 내려가 다시 기계 한 대로 국수 공장을 시작했다. 이때는 혼자였다. 막상 혼자 국수를 만들려니 쉽지 않았다. 기계가 아닌 햇빛에 말리다 보니 비가 오면 만들지도 못하고 기껏 만들어도 국수가 퍼져서 말이 아니었다.

'안 하면 모른다. 직접 해봐야 안다'라는 생각으로 온갖 실험과 실패를 반복했다. 전분회사에서 일한 경험으로 여기저기 수소문하고 자료를 찾아보며 제대로 된 국수를 만들기 위해 노력했다. 이 과정에서 세상의 흐름을 자신의 시각으로 읽어냈다. 식생활의 주역이 쌀에서 밀가루로 변해가고 있고, 국수를 먹을 때는 밥처럼 반찬을 골고루 먹지 않아 영양에 문제가 생기는 점을 극복해야겠다고 생각했다. 국수 제조 과정에서 우리가 반찬으로 먹던 김치, 부추, 단호박, 양파 등을 통으로 갈아 넣고 미네랄과 식이섬유도 첨가해 더 건강한 국수를 만들고자 꾸준히 실험했다. 2014년이 되자 제품에 자신감이 생겼다. 하지만 여전히 동네 근처에서 저렴한 가격의 제품으로 판매하고 있었다.

2016년 공무원과 회사원 생활을 하던 딸 김상희 씨가 마흔 살이 되자 직장을 접고 국수 사업에 뛰어들었다. 아버지가 만든 국수를 동료와 친구들에게 나눠줬다가 특별하고 맛있다는 칭찬을 들었고, 거창에서만 팔지 말고 더 큰 시장에 소개하라는 권유에 힘을 낸 것이다. 영화 등에 대해 글 쓰는 것을 좋아하던 딸은 각 분야 전문가와 협업하여 아버지의 국수를 '거창한 국수'로 브랜딩하고 새로운 유통망을 찾아 고급 국수로 탈바꿈시키는 작업을 맡았다. 사진기자인 남편도 도왔다.

동네 주변에서 국수를 팔던 아버지는 딸의 브랜딩이 미덥지 않았고, 저러다 그만두겠지 했지만 이제는 없어서 못 사는 국수가 되었다. 여전히 기계 한 대를 놓고 채소나 과일을 통으로 갈아 넣어 만든 면을 햇빛에 말리는 방식을 고수하고 있기 때문이다. 70대가 된 아버지는 앞으로 다양한 국수를 개발할 생각에 흥분돼 있었다.

마흔 살에 새로운 전환과 실험을 시작한 부녀의 스토리를 접하면서 느낀 것이 있다. 첫째, 자기만의 기술이 있어야 하며 이런 기술의 발판을 40대에 만들지 못하면 직장을 떠나서 기반을 마련하기 쉽지 않다는 점이다. 둘째, 내가 가진 기술만으로 설 수도 있겠지만 나와 보완관계에 있는 전문가와 협업할 수 있는 방법이 있는지 찾아보는 것이다. 김현규 대표와 전화로 인터뷰했을 때 농촌에 과일 농사를 짓는 사람은 많지만 이를 도시 소비자의 입맛에 맞게 가공하고 브랜딩하여 인터넷 등을 활용해 새로운 유통망을 만들어낼 수 있는 건 도시에 있는 젊은이라면서 도시가 아닌 농촌에 젊은이들의 기회가 열려 있다고 강조했다. 여기에서 젊은 세대와의 협업을 생각해보는 것이 필요하다.

지금 시대는 아버지 어머니보다 자녀들이 더 힘들게 사는 세상이기도 하지만, 기술의 빠른 변화와 발전으로 부모 세대보다 젊은 세대가 더 똑똑한 세상이기도 하다. 주변에서 나보다 나이 어린 스승을 찾아낼 수 있어야 한다. 끊임없이 후배에게서 배우고 세상의 변화를 받아들여 새로운 것에 도전할 수 있어야 한다. 김 대표 역시 딸의 기술과 젊은 안목이 없었다면 자신도 지금과 같은 흥분되는 변화를 전혀 모르고 지냈을 것이라고 말한다. 40대는 또 금방 지나간다.

회사 밖은 지옥이 아니다

"서른여덟 살이 되던 해 회사에서 일하다가 쓰러졌어요." 커리어 컨설턴트이자 코치로 일하는 유재경 대표에게서 그가 밟아온 커리어 이야기를 들었다. 1990년대 말 졸업 후 처음에는 취업이 어려웠지만 중소기업에 들어가 일하다가 결혼하면서 그만두었다. 그 뒤 홍보회사에서 일하다가 외국계 제약회사 홍보팀으로 옮겼다. 영업에 관심이 생긴

그는 다시 영업으로 옮겼고, 홍보에서 배운 기술을 활용해 영업 실적
도 좋았다.

그러고는 기획 관련 부서의 팀장으로 가게 된 것이 30대 후반. 그동
안 잘해왔는데 새로운 분야에서도 잘하지 못하면 안 된다는 과중한 압
박에 시달리고, 집에서는 두 아이의 엄마 역할도 하면서 체력이 바닥
나고 스트레스가 극에 달했다. 당시 그는 마치 시한폭탄이 몸에 들어
있는 것과 같았고, 스스로 위험한 상황이라고 느꼈다고 말했다. 상담
까지 받으며 스트레스를 조절하고, 한 달간 쉬면서 테니스와 여행으로
보충하려고 했으나 극복은 쉽지 않았다. 결국 시름시름 앓던 그는 회
사를 그만두고 말았다.

전업주부로 사는 것이 자신에게 맞지 않음을 깨닫게 되는 데는 오
래 걸리지 않았다. 이후 헤드헌터로 일하며 커리어 컨설팅과 전문 면
접관의 전문성을 쌓은 뒤 독립했다. 독립 첫해에는 벌이가 시원치 않
았지만 2년 차부터는 수입도 늘어나기 시작했고, 지금은 사업과 함께
대학원에서 박사과정을 밟으며 여성 리더십에 대한 논문을 준비하고
있다. 그는 자신이 여성 팀장으로서 경험했던 실패를 자산으로 삼아
여성 리더를 위한 프로그램을 진행 중이다.

30대 여성 직장인에게 꼭 해주고 싶은 조언이 무엇인지 묻자 유 대
표는 세 가지를 들려주었다. 첫째, 약한 체력을 정신력으로 버틴다는
것은 말도 안 된다. 그는 건강한 체력에서 제대로 된 정신력이 나오며,
정신력이 약해지는 것은 약한 체력 때문이라고 딱 잘라 말했다. 좋은

것 먹고 운동으로 체력을 키워야 자신감도 생기고 직장에서 더 여유 있고 타인에게 관대해진다고. 그는 2016년 생활스포츠지도사 자격증까지 취득하며 운동을 꾸준히 해오고 있다.

둘째, 30대 중반이면 회사에서 승부를 걸고 싶은지, 아니면 회사를 떠나 자신만의 무엇인가를 하고 싶은지 결정해야 한다. 이에 따라 커리어 비전을 설정할 필요가 있다. 30대 중반이면 대략 10년을 일한 시점이고, 자신이 앞으로 어떤 길을 가야 할지에 대해 나름의 판단을 할 수 있다. 필요하다면 헤드헌터나 커리어 코치를 만나 조언을 들어보는 것도 좋다.

셋째, 일하다 보면 실제로는 그렇지 않은데 자신이 못한다는 생각이 들고 자신감도 떨어질 때가 있다. 이럴 때 주변에서 지지해주고, 일과 삶에 대한 의견을 들을 수 있는 멘토가 필요하다. 유 대표의 경우는 남편이 가장 좋은 멘토라고.

그날 유 대표의 이야기를 한 시간 넘게 들으면서 가장 마음에 남았던 것은 "회사 밖은 지옥이 아니다"라는 말이었다. 회사를 나와서도 얼마든지 살 수 있는 방법은 있으며, 다만 두 가지를 당부했다. 회사를 나와 불규칙한 수입으로 살아가려면 조직에 있을 때보다 소비를 줄일 수 있어야 하며, 조직에 있는 동안 나름의 경쟁력을 쌓아서 나와야 한다는 것이었다.

다수의 선택이 아닌 내 선택을 믿어라

우리는 종종 나에게 어떤 선택권이 있는지 모르고 삶을 살아간다. 우리에게는 돈과 시간이라는 선택이 있다. 하나는 더 넓은 집과 좋은 차를 가지고 비싼 외식을 할 수 있는 돈이다. 또 하나는 내가 하고 싶은 일을 할 수 있는 자유 시간이다. 이 선택권은 우리에게 딜레마를 안겨주기도 하는데, 대부분 시간의 자유를 넓히려면 연봉이라는 돈은 줄어들기 마련이기 때문이다. 하지만 많은 직장인은 이러한 선택권을 생각할 겨를 없이 좀 더 높은 연봉과 직책을 주는 쪽의 삶을 살아간다.

직장생활을 하다가 터닝 포인트를 만들어낸 사람들을 한꺼번에 만날 기회가 있었다.《땡큐, 내 인생의 터닝 포인트》를 쓴 강의모 작가의 북 콘서트에서 사회를 보면서 책에서 인터뷰한 25명의 실제 인물을 만나 이야기를 듣게 된 것이다. 이들을 만나보면서 한 가지 느낀 것이 있다. 이들에게 터닝 포인트란 돈에서 시간의 자유로 이동하는 삶이라는 점이다.

'바라봄사진관' 나종민 대표의 예를 들어보자. 그는 누구나 알 만한 세계적 기업의 영업 담당 전무를 거쳐 외국계 IT 기업의 지사장으로 승승장구하고 있었다. 하지만 그는 행복하지 않았고, 결국 사표를 내게 된다. 그러고는 자신에게 주어진 시간을 평소 좋아하던 사진을 찍는 데 쓰기로 한다. 그 과정에서 우연히 장애인들이 사진을 찍고 싶어도 눈치가 보여 사진관에 가지 못한다는 점을 알게 된 뒤로 사진관 운영 방침을 일반인이 유료로 사진을 의뢰하면 소외된 이웃을 위해 무료

사진 촬영을 해주는 원 플러스 원 방식으로 정하게 된다. 영리사업으로 시작한 사진관을 비영리로 전환했고, 현재 그의 뜻에 동참하여 정기적으로 후원하는 사람이 수백 명에 이른다.

또 한 명 인상적이었던 인물은 서울 은평구에서 헌책방을 운영하는 윤성근 씨였다. 보통 헌책방 주인이라면 할아버지일 것 같지만 그는 컴퓨터를 전공하고 IT 회사에 다니던 청년이다. 초등학교 시절부터 좋아했던 종로서적의 폐업에 충격을 받고 책 관련 사업을 시작한 그는 자신이 직접 읽어보고 좋아하게 된 헌책만을 판다. 북 콘서트에서 그가 "직장 다닐 때와는 달리 헌책방을 하면서 좋은 점은 거짓말을 하지 않고 살아도 된다는 것"이라고 이야기했을 때 나는 솔직히 움찔했다. 직장생활을 하면서 고객이나 상사에게 잘 보이려고 과장하거나 거짓말을 해왔던 내 경험이 탄로 난 것 같아서였다.

이들은 모두 자신이 좋아하는 곳에 시간을 쓰는 자유를 선택하기 위해 삶에서 돈이 차지하는 비중을 낮추는 선택을 했다. 공통점은 이들 모두 현재 만족한 삶을 살아가고 있다는 것이다.

하지만 이런 터닝 포인트를 만들어가는 직장인은 소수다. 왜 그럴까.《설득의 심리학》을 보면 사회적 증거의 법칙이 나온다. 사람들은 자신이 해답을 갖고 있지 않을 때 주변을 살피면서 다른 사람들이 어떻게 행동하는지를 관찰하고, 다수의 사람이 하는 방식을 따라가는 심리적 성향이 있다. 그렇기 때문에 우리는 '1000만 관객' 영화나 '100만 부가 팔린' 책을 왠지 봐야 할 것 같은 생각이 든다. 그런데 이 법칙의

부작용도 있다. 대학을 졸업하고, 직장에 들어가고, 승진을 하고, 50대 근처에서 직장을 나오면 퇴직금으로 살아가는 것이 대부분 직장인의 삶이기에 우리는 해답이 없는 삶을 남과 비슷하게 살아간다. 그런 삶이 만족스럽다면 다행이지만, 남과 비슷하게 살아가면서 우리는 스스로에게 주어진 선택권을 잃어버리고 사는 것은 아닌지, 정말 재능이 있고 좋아하는 일을 할 기회를 날려버리는 것은 아닌지 생각해볼 필요가 있다. 강 작가는 삶의 터닝 포인트를 만든 사람들을 인터뷰하고 나서 쓴 에필로그에서 이들의 공통점을 상대적인 가치보다 자신만의 절대가치를 찾는 것으로 보았다.

열심히 직장생활을 하면서도 내가 무엇을 하고 있는지 회의가 든다면 나에게 어떤 카드가 있는지를 다시 살펴보자. 내가 정말 좋아하고, 많은 돈을 벌지는 못해도 오랫동안 즐기며 할 수 있는 일이 무엇인지 살펴보자. 강 작가의 또 다른 책 제목을 기억하자. "누구에게나 인생은 열린 결말입니다."

Side Note 23	테크놀로지 회사 직원에서 목수로

"좀 더 일찍 할 걸 그랬어요." 미국 뉴욕주의 가구 제작자 겸 목수인 딘 바빈Dean Babin 씨의 말이다. 그는 대학 졸업 후 뉴욕에서 엔터테인먼트와 테크놀로지 분야에서 14년을 일한 뒤 30대 중반에 직업을 바꿨다. 미국 메인주에 있는 목공학교 CFC(Center for Furniture

Craftsmanship)에서 그와 함께 수업을 들은 적이 있다. 40대로 접어든 그는 행복해 보였다. 곧 한국에서 태어난 아내와의 결혼기념일이었고, 기업에서 일할 때보다 수입은 적지만 목공 분야에서 의미 있는 상과 지원금을 받고 전시를 앞두고 있었다. 그의 경험이 커리어 전환을 고민하는 직장인들에게 도움이 될 것 같아 함께 도서관에 앉아 이야기를 나누었다.

뉴욕의 잘나가는 테크놀로지 회사에서 안정된 직장에 다니던 그가 왜 그리고 어떻게 커리어를 전환했을까? 10년 넘게 직장생활을 하는 동안 일에 대한 열정을 느낀 적이 없었고 갑갑했다. 평생을 대기업 재무부서에서 일하다 은퇴한 아버지의 모습도 그다지 행복해 보이지 않았다. 자신도 이렇게 일하다가 60대에 은퇴한 뒤 삶을 돌아보면 후회할 것 같았다.

다른 일을 해보고 싶었다. 몇 가지 가능성을 생각해봤지만 뾰족한 답을 찾을 수 없었다. 그때 직장 동료이자 지금의 아내가 이렇게 말했다. "자기는 시간이 날 때마다 무엇인가 만드는 것을 좋아하잖아!" 그 말이 자신을 다시 돌아보게 했다(4장에서 살펴본 것처럼 때론 주변 사람이 나의 재능을 발견한다!). 어릴 때는 레고로 만드는 것을 좋아했고, 더 커서는 나무로 무엇인가 만드는 것을 좋아했다. 그렇게 생각이 이어졌고, 우선 CFC에서 2주간의 목공 기초 수업을 들었다. 목수로서 자신을 시험해보고 싶었다. 흥미가 생기자 9개월간의 정규 과정을 듣고 싶어졌는데 그러려면 직장을 그만두어야 했다. 안정된 직장생활을 했던 아버지나 삼촌은 반대하고, 어머니와 아내는 응원을 해주었다. 그는 정규 과정을 들었던 10명을 만나 이야기를 들었다. 자신이 가고자 하는 길을 앞서갔던 사람들의 이야기가 도움이 될 것 같아서였다. 안정된 수입이 없어진다는 걱정이 있었지만, 적어도 확실한 목공 기술을 갖게 될 것이고, 실패한다면 다시 기업으로 돌아갈 작정을 하고 모험을 시작했다.

바빈 씨는 가구를 디자인하고 만들며 살아온 지난 5년만큼 열심히 일한 때가 없다고 했다(앞서 살펴보았듯이 자신이 좋아하는 일을 할 때 워라밸은 큰 문제가 되지 않는다). 일이 정말 재미있고, 자신의 강점을 잘 살려주기 때문이다. 기업에서는 상사의 명령을 받아 수동적으로 일했지만 지금은 프로젝트를 주도하고 자기에게 주어진 시간을 스스로 계획할 수 있어서 기쁘다고 했다. 지금의 흐름이라면 몇 년 안에 기업에서 벌던 만큼의 수입으로 돌아갈 수 있을 거라고 했다.

최근 커리어 전환을 심각하게 고민하는 한국의 직장인과 이야기를 나누었다. 지금 하는 일이 자신과 안 맞고 조만간 떠날 생각은 확고했지만, 앞으로 무엇을 해야 할지 고민하는 상황이었다. 바빈 씨에게 조언을 구하자 그는 자신이 고민하는 길을 먼저 갔던 사람을 많이 만나보는 것이 특히 도움이 되었다고 했다. 그 밖에 직장에 다니는 동안 몇 가지 시나리오를 만들어 조사하고, 단기 과정이라도 관련 수업을 들어보는 것도 추천했다.

바빈 씨의 아내도 커리어 전환을 준비 중이다. 남의 이야기를 경청하고 도와주는 것을 좋아하는 아내는 테크놀로지 분야에서 심리상담사로 전환하기 위해 교육을 받고 있다. 바빈 씨는 직장을 떠나 목공학교로 가겠다고 했을 때, 생각보다 많은 동료가 자신에게 실은 기업에서 일하는 것이 적성에 맞지 않으며 전환하고 싶다는 고민을 이야기해놓았다고 했다. 작가 맥시 매코이Maxie McCoy는 길을 잃고 막막함을 느끼는 것은 매우 자연스러운 현상이며 삶에서 보다 명확한 길을 발견하는 과정이라고 강조했다.[76] 길을 잃어야 새로운 길을 찾을 수 있다는 뜻이다.

바빈 씨는 좀 더 빨리 직업을 전환하지 못한 것이 아쉽다고 했다. 커리어 전환이란 안정된 직장을 떠나 실패의 가능성을 끌어안는 모험이다. 바빈 씨가 말했다. "그래서 더 빨리 실패해보는 게 중요해요!"

내 인생의 특별한 순간은 오늘이다

영화 〈사이드웨이Sideways〉를 보면 원예학을 공부하며 식당에서 일하는 마야와 성공하지 못한 소설가 마일스라는 인물이 와인에 관해 대화하는 장면이 나온다. 마일스는 1961년산 슈발 블랑Cheval Blanc이라는 귀한 와인을 갖고 있었다. 마야가 언제 마실 거냐고 묻자, 마일스는 특별한 때가 오면 마실 거라고 답한다. 그러자 마야는 "당신이 61년산 슈발 블랑을 따는 날이 바로 특별한 때"라고 말한다.

세상에는 두 부류의 사람이 있다. 언젠가 다가올 특별한 날을 위해 좋은 술을 아껴두는 사람과 좋은 술을 지금 따서 마시면서 오늘을 특별한 날로 만드는 사람. 다양한 채널로 접하게 된 세 사람의 이야기는 이 중 한쪽이었다.

롱보드 라이더이자 콘텐츠 크리에이터인 고효주 씨. 누구나 부러워하는 직장에 다니며 받는 스트레스를 풀기 위해 활동적인 취미를 찾다가 우연히 롱보드를 타게 됐다. 롱보드의 매력에 푹 빠진 그는 회사에서 남을 위한 일보다는 지금 자신에게 재미있는 일을 해보겠다며 사표를 냈다. 회사에서 앞으로 하게 될 경험보다 롱보드와 함께 더 재미있는 경험을 할 수 있을 것 같아서 그랬다고 한다. 그는 세계 주요 도시에서 롱보드를 타며 동영상 콘텐츠를 올렸다. 그의 유튜브 계정은 28만 명, 인스타그램은 54만 명이 넘는 사람이 구독한다(2020년 5월 기준). 그는 이제 세계를 무대로 브랜드와 협업하고 광고를 찍으며, 자신만의 콘텐츠를 만들어가고 있다.

안무가 리아킴 씨. 그는 안무가로서 목표로 삼던 세계 대회에서 우승했지만, 막상 한국에서는 어두운 지하 연습실에서 어렵게 생활하며 슬럼프에 빠졌다. 새로운 도전을 찾아 자신이 안무를 가르쳤던 제자 가수들이 심사위원으로 있는 댄스 경연대회에 나갔지만 참패했다. 하지만 그는 실패로부터 더 성장할 수 있다는 목표를 찾아냈고, 유튜브를 자신의 새로운 무대로 생각했다. 지금은 댄스 스튜디오를 열어 자신이 하고 싶은 일을 즐기며 새로운 삶을 살고 있다. 그의 유튜브는 2000만 명 이상의 구독자가 있다. 그는 사람들이 누구나 쉽게 춤을 추고 접할 수 있는 문화를 만들어가고 싶어한다.

JTBC 오디션 프로그램 '슈퍼밴드'에 나왔던 벤지(배제욱) 씨는 4세부터 클래식을 시작해 세계적인 음악대학에 들어갔다. 하지만 보다 다양한 음악을 해보고 싶어 부모와 싸워가며 대학을 그만두었고 지금은 자신이 하고 싶은 음악을 자유롭게 하고 있다.

누군가는 이들에게 왜 잘 다니던 안정된 직장을 그만두느냐고, 왜 대학을 가지 않고 춤을 추는지, 왜 어렵게 들어간 일류 대학을 졸업하지 않고 중간에 그만두는지 의심 어린 질문이나 질책을 했을지 모른다. 무엇보다 지금은 재미있을지 모르지만, 나중에 나이 들어 어떻게 하려는지 걱정할지도 모른다. 물론 본인들에게 그런 걱정이 있을 수 있다. 하지만 지금 회사를 다니는 사람들은 과연 앞으로 '안정된 직장'을 가질 수 있을까? 40대 중후반이면 대부분의 직장인은 불안해진다.

나는 이 세 사람의 이야기를 접하면서 이들이 '지금을 살아감으로써 새로운 미래를 열어가는 사람'이라는 생각이 들었다. 많은 경우 미래를 위해 지금을 희생한다. 하고 싶은 일을 할 수 있는 것은 나중이라고 생각한다. 세 사람은 '앞으로 안정된 일이 무엇일까?'라는 질문이 아닌 '지금 내가 하고 싶은 것은 무엇인가?'라는 질문을 던졌다. 그러고는 모험을 하고 있다. 이 모험의 끝이 어떤 결론이 날지는 누구도 모른다. 대다수 직장인 커리어의 끝이 어떤 결론이 날지 모르는 것처럼 말이다.

세 사람의 이야기는 삶을 살아가는 또 다른 여정을 보여준다. 이들은 특별한 날을 기다리며 지금 자신에게 의미 없는 일을 하지 않는다. 자기에게 지금 특별한 일을 하면서 오늘을 살고 있다. 이들의 내일에 행운이 함께하길 빈다.

나는 나만의 워라밸 해석을 갖고 있으며,
쉬고 떠나는 문제에서 주도적인가?

💬 이번 장에서는 특히 워라밸의 재구성에 대해 느낀 점이 많았어.

💬 어떤 점에서 그랬어?

💬 호가 지적한 것처럼 나 역시 워라밸을 단순히 퇴근 시간이 빨라지는 것 정도로 생각했거든. 하지만 직장을 위해 쓰는 시간과 나를 위해 쓰는 시간의 균형으로 보니 좀 더 내 나름대로 워라밸을 정의할 수 있었어. 다행히 내 경우에는 직장에서 하는 일과 하고 싶은 일이 꽤 겹쳐서 단순히 직장에서 퇴근하는 시간이 빨라졌다고 워라밸이 좋다고 말할 수는 없겠구나 하는 생각이 들었고, 그럼 나를 위해 쓰는 시간에는 무엇을 하고 싶은지에 대해 다시 생각해보게 되었어. 퇴근 후의 삶이나 주말의 삶 등에 대해서.

💬 그래. 처음 코칭을 받을 때, 나는 워커홀릭처럼 일하고 있었어. 균형을 좀 더 잡으면 좋겠다는 코치의 조언을 듣고, 하루는 코치에게 "이제부터는 주말에 사무실에 나가지 않는다"라고 자랑스럽게 이야기했던 것이 기억나. 그러자 코치는 주말

에 사무실을 나가지 않기 시작한 것이 중요한 게 아니라 그럼 주말에 무엇을 하고 싶은지가 더 중요하다고 말해줬지. 그게 음악을 들으며 쉬는 것이든, 책을 읽는 것이든 간에. 그때 나는 단지 일을 하지 않는 데만 의미를 두고 있었는데, 아차 싶었지. 그러다가 우연히 시작하게 된 일이 목공이었고, 그때 시작한 목공을 아직까지 해오고 있어.

💬 나도 직장에서 하는 일이 내가 직업적으로 하고 싶은 일과 겹치지만, 그렇다고 해서 직장에 오랫동안 남아서 일하고 싶지는 않더라고. 그보다는 퇴근해서 CSR과 관련된 세미나를 찾아보거나 혹은 관심사가 같은 사람들과 만나고, 집에서 나 혼자만의 시간을 가지며 블로그도 쓰고 싶어. 또 한 가지는 현재 생각으로는 나는 호처럼 마흔 살이 되었을 때 직장을 떠날 것 같지는 않아. 아직 직장에서 내가 관심 있는 분야를 좀 더 찾아내고, 관련 경험을 더 오래 쌓고 싶어. 직장 내에서 말이지. 물론 직장을 옮길 수는 있겠지만. 하지만 이 책을 읽기 전과 이후에 한 가지 달라진 것은 내가 직장을 다니는 태도라고나 할까? 그런 것은 확실히 달라진 거 같아. 그동안은 상사를 만족시키고 인정받기 위해 노력했다면 이제는 나를 만족시키기 위해 직장을 보다 적극적으로 활용해야겠다는 생각을 하게 되었어.

💬 그래. 이 책에서 일관된 주제가 한 가지 있는데, 그것이 직업을 정하는 거든, 공부하는 방식이든, 되고 싶은 리더의 모습이든 자기가 원하는 게 무엇인지에 대해 자주 질문을 던지라는 거야. 그래야 자신의 모습으로 살아갈 수 있거든.

💬 맞아. 나도 아직 내 직업 브랜드를 확실하게 정하거나 만들지는 못했어. 하지만 이 책을 읽고 호와 10번에 걸친 대화를 하면서 얻은 가장 큰 수확이라면 그 어느 때보다 "보람, 네가 원하는 게 뭐야?"라는 질문을 집중적으로 나 자신에게 던져보게 되었다는 점이야. 한 번도 이렇게 생각해본 적이 없었거든. 처음에는 질문만 던지고 답을 어떻게 해야 할지 몰랐다면, 점차 아이디어가 떠오르고, 이를 노트에 적어나가고, 또 살펴보고 하면서 조금씩 내 개성을 찾아가는 것 같아.

💬 그렇게 이야기해주니 정말 뿌듯하네. 다른 독자들도 보람과 같은 경험을 꼭 했으면 해.

💬 그나저나 오늘이 마지막 대화라니 너무 아쉽네….

💬 그래, 우선 이 책을 놓고 진행하는 대화는 오늘로서 마감이지만, 앞으로도 보람과 가끔 직업인으로서 대화할 수 있는 틀을 만들어놓은 것 같아 나도 '보람' 있었어. 이 책을 읽고 대화하는 것은 이제 마무리하지만, 내가 기대하는 건 앞으로 보람이 자신과 마주하여 대화할 수 있는 방법과 동기를 얻었으면 하

는 거야. 예전에도 이야기했지만, 직장인에서 직업인으로 변환하는 과정은 시간이 걸리는 여정이거든. 보람이 그 여정을 즐기고, 고민이 있거나 토론하고 싶은 것이 있으면 언제든 연락주기를 바랄게.

💬 그래. 정말 고마워. 지난 10년 동안 성실한 직장인으로 살아왔다면, 앞으로 10년은 독립된 직업인으로서 직장을 다니고 싶어. 호가 말한 대로 직장에서 성공하는 것으로 내 전체 삶의 성공을 결정하는 게 아니라 이제는 시각이 바뀌어서 내 전체 삶을 놓고 직장을 바라보게 되었어. 주변 사람보다는 나의 욕망을 좀 더 바라볼 수 있게 되었고. 잘될 것 같아!

💬 다행이야. 저기 리스본이라는 책방 보이지? 저기 들어가서 우리 마지막 기념으로 책 한 권씩 살까?

에필로그

이 책을 한창 마무리하고 있을 때(2020년 1월) 파괴적 혁신 이론으로 유명한 클레이튼 크리스텐슨(1952~2020)의 부고를 접했다. 이 책에서도 인용한 그의 책 《당신의 인생을 어떻게 평가할 것인가》는 2012년 처음 읽은 뒤로 매년 한 해를 마무리하며 반복해서 읽는 책이기도 하다.

그는 자신의 삶이 어디로 가게 될지 알고 싶다면 나의 미래 계획을 살펴보는 것보다는 내가 현재 시간, 돈, 에너지 등 주어진 자원을 어디에 할당하고 있는지 보면 된다고 말한다. 즉, 자원 할당의 문제다. 많은 직장인이 잠까지 줄여가며 깨어 있는 시간의 대부분을 직장 일에 몰아넣는다. 나의 직업적 욕망이 무엇인지는 살펴보지 못한 채 말이다.

이렇게 이야기하면 많은 직장인이 "(우리나라에서) 직장생활을 하면 그럴 수밖에 없다"라고 한다. '일부분' 맞는 이야기다. 정말로 직장에서 요구하는 업무(혹은 업무 외 일)의 양이 많기 때문이다. 하지만 모두 맞는 것은 아니다. 이런 반응을 보이는 이유와 관련해 세 가지 가설이 있다.

첫째, 지금까지 직장생활을 하면서 직장인과 직업인으로 살아가는 것이 자신의 삶에서 어떤 차이가 있는지 진지하게 생각해보지 않았다. 그럴 기회가 없었다. 내가 이 책을 쓴 이유이기도 하다. 둘째, 주변에 있는 대부분의 사람이 직업인이 아닌 직장인으로 살아가기 때문에 무의식적으로 "나도 괜찮다" 혹은 "나도 어쩔 수 없다"라고 스스로에게 말하며 합리화를 하고 있을 수 있다. 셋째, 이 부분이 가장 중요하다. 자신의 삶에서 그리고 직업적으로 무엇을 욕망하는지를 알지 못하거나 '생각할 생각'조차도 하지 못했고, 어떻게 찾아내야 할지도 모를 수 있다.

현실적인 계산을 해보자. 먼저 내가 총 얼마를 살 것 같은지, 직장생활을 총 몇 년 할 것 같은지 정해보자. 80세까지 산다고 했을 때, 우리가 직장에 다니며 비교적 안정적인 수입을 받을 수 있는 기간은 35%(28년) 내외가 될 것이다(앞으로는 더 줄어들 것이다). 직장인에서 직업인으로 변화한다는 것은 비교적 안정적인 수입을 받을 수 있는 기간을 35%에서 50% 이상으로 올리는 것이다. 그러기 위해서는 남이 만들어놓은 직장에만 신경을 쓸 것이 아니라 내 몸과 머리 안에 만들 수 있는 직업, 즉 조직에 기대지 않더라도 내가 팔 수 있는 기술을 만드는 데 신경을 써야 한다. 직장생활을 하면서 내 시간과 에너지의 배분을 바꿔야 한다. 직장생활을 하는 동안 직장을 나와서 먹고살기 위해 저축도 하겠지만(그 저축으로 남은 여생을 큰 문제 없이 살 수 있다면 좋겠지만), 개인기(직업)를 만들어서 나와야 한다.

단순히 경제적 측면뿐 아니라 자신의 삶을 재미있게 살아가는 데 중요한 것은 조직에 기대지 않더라도 자신이 좋아하는 일을 하면서 그 가치가 남에게 도움이 되어 내게 돈으로 돌아올 수 있는 경험이라는 점에 동의한다면 말이다.

정말 궁금하다. 이 책을 읽는 독자는 과연 어떻게 살고 싶은지? 자신만이 갖고 있는 개성과 재주, 가치와 에너지에 대해 살펴본 적이 얼마나 있는지? 그리고 지금 직장을 다니는 나의 모습이 정말 내가 살고, 일하고 싶은 모습인지. 다시 말하지만 어떤 특정 직업을 가지라거나 지금의 직장을 무작정 박차고 나오라는 이야기가 아니다. 오히려 직장을 다니면서 직업을 찾으라는 것이 내가 이 책에서 전달하고 싶은 메시지다.

최인철 서울대 심리학과 교수는 《굿라이프》에서 영국 정부가 행복 측정을 위해 던지는 질문을 소개하면서 가장 주목해야 할 질문으로 "당신이 인생에서 하는 일들이 얼마나 가치 있다고 느끼십니까?"를 꼽았다. 삶의 의미와 목적을 묻는 질문이기 때문이다. 자신의 직업을 찾는 작업은 자기가 가치 있다고 느끼는 일에서 시작하는 것이다. 이 책을 읽으면서 자기가 원하는 삶이 무엇인지, 자신이 원하는 직업(직장이 아니라)이 무엇인지에 대해 진지하게 생각해보는 계기가 되었으면한다. 그리고 이 책이 그 여정(그 여정은 몇 달 만에 찾을 수 있는 것이아니라 몇 년이 걸릴 수 있기에 직장 다니며 월급 받는 동안 해야 한다)에도움이 되길 바란다.

　이 책은 내가 동아일보에 5년째 써오고 있는 '직장인을 위한 김호의 생존의 방식' 칼럼을 보고 김영사의 고세규 대표와 김윤경 이사가맛있는 밥과 차를 사주며 책으로 펴내자고 제안하면서 시작되었다. 내글의 가능성을 발견하고 응원해준 두 분에게 감사의 마음을 전한다.처음에는 칼럼을 써온 것이 있으니 편집만 잘하면 책이 금방 나올 줄알았다. 하지만 커다란 착각이었다. 칼럼은 쓰는 시점에 각각 독립된글로서 쓴 것이고, 직장인을 위해 내가 쓰고 싶은 책은 하나의 큰 틀이필요한 작업이었다. 그래서 원래 정해졌던 마감을 반년 미루고 백지상태에서 내가 하고 싶은 말이 무엇인지를 다시 정리했다. 결국 하고싶은 말은 직장을 다니는 동안 '직장인'에서 '직업인'으로 변화하는 것에 대한 이야기였다. 조직의 소속으로 나를 바라보는 게 아닌 나만이갖고 있는 개성과 능력을 찾아가는 흥미로운 여정에 대한 것이었다.이런 변환에 필요한 요소를 정리하다 보니 10개의 장이 정해졌고, 일부는 새로 쓰고 칼럼의 주제가 맞는 것은 새롭게 배열하고 수정을 거쳐 이 책이 나오게 되었다.

　이 책을 쓰는 데는 내가 그동안 해온 네 가지 작업이 기반이 되었다.첫째, 2016년부터 써오고 있는 칼럼 '직장인을 위한 김호의 생존의 방식'이다. 처음에 나를 필자로 섭외하고 추천한 동아일보 김유영 차장과 원고를 정성껏 실어준 오피니언팀(2020년 현재 홍수용 팀장, 이은택 기자, 김성경 님)에 감사드린다. 둘째, 〈최영아의 책하고 놀자〉(2020년 현재 최영아 아나운서, 이준원 프로듀서, 강의모 작가)에서 7년째 격주로 진행해오고 있는 '김호의 서바이벌키트'다. 방송 준비 과정에서 많은 책을 읽고 청취자와 나누기 위해 생각을 정리했던 메모가 이 책을 쓰는 데 큰 도움이 되었다. 셋째, 2014년 1월 한겨레에 썼던 '직장 다닌다고 직업 생기지 않는다'라는 칼럼과 같은 해 12월 책으로 냈던 《쿨하게 생존하라》의 1장 직업 편, 2016년 〈세상을 바꾸는 시간, 15분〉에서 했던 같은 제목의 강연(722회)이다. 지난 5년간 다양한 직장인 사례와 자료를 모으고, 직장인에서 직업인이 되는 방법에 초점을 두고 생각을 정리한 것이 이 책이다. 마지막은 나 자신의 경험이다. 2007년 조직을 떠나 홀로 1인 주식회사를 운영하면서 직장에 있을 때와 내 직업으로 살아가면서 해온 경험과 성찰이 이 책의 곳곳에 담겨 있다.

이 책에 나온 글을 쓰는 과정에서 실제 다양한 직장인의 사례를 접하는 것이 중요하기 때문에 많은 사람을 만나 인터뷰하고 이야기를 들었다. 강혁진 대표(월간서른, WorkBetterCompany), 김도엽 대표(머스타드), 김봉수 대표(피크15), 김현규·김상희 대표(거창한국수), 김서현 상무(에델만Edelman), 김윤재 변호사(YJ컨설팅), 나종민 대표(바라봄사진관), 딘 바빈(Dean Babin Furniture), 마이클 골드 박사(Dr. Michael Gold, Jazz Impact), 문현아 박사(서울대학교 국제이주와 포용사회센터

책임 연구원), 박유미 대표(마인드플로우), 손은정 작가(前 수다 F.A.T. 대표), 양윤희 대표(휴커뮤니케이션), 유민영 대표(플랫폼 9와3/4), 유연실 대표(업플라이), 유우상 대표(헤펠레목공방 목동지점), 유재경 대표(나비앤파트너스), 윤은노(자영업, 셰프), 이석호 전무(시공미디어 총괄임원), 이선아 피디(SBS 차장), 이용호 대표(前 게트라그Getrag 아태지역 CEO), 이유정 님(前 로슈 트레이닝 매니저), 이윤경 수석(대학내일 경영혁신팀), 장우혁 본부장(엔자임헬스), 전인주 부장(가스안전공사), 정미진(책 읽는 자영업자), 조르마 레티넌(Jorma Lehtinen, Notium Ltd) 진동철 팀장(두산그룹), 차미영 교수(기초과학연구원 데이터 사이언스 그룹/KAIST 전산학부), 퍼트리샤 지아노티 박사(Dr. Patricia Gianotti, The Woodland Group), 황유진 대표(그림책37도)에게 감사의 인사를 전한다.

장유진 대표(ALT+)는 30대 직장인 24명을 대상으로 세 그룹에 걸친 포커스 그룹 인터뷰를 진행하여 잘 정리해주었고, 그 결과는 이 책의 방향을 잡는 데 중요한 도움을 주었다. 인터뷰를 함께해준 직장인들에게도 감사 인사 드린다. 이 책의 편집을 맡은 박보람 편집자의 열정과 인내에도 감사를 보낸다. 기획 단계는 물론 원고 검토 과정에서 편집자뿐 아니라 직장인 독자 관점에서 다양한 아이디어와 조언 그리고 격려를 주었다. 작업을 하면서 기억에 남는 일은 기획 과정에서 편집진과 만나 회의를 하다가 우연히 반말이 주는 장점 - 간결성, 수평성, 솔직함 - 에 대한 의견을 나누었고, 나의 제안으로 이 책을 만드는 과정에서 서로 말을 놓고 작업해보는 실험을 한 것이다. 원래 제안은 말을 놓자는 것이었지만 편집자가 단계를 두고 싶다고 해서 우선 이메일로 소통할 때 서로 반말을 쓰기로 했다. 이 책이 나오면 얼굴을 보고도 서로 반말을 하며 동지처럼 지낼 수 있기를 바란다(나는 반말하면서도 얼마든지 서로 존중할 수 있다는 것을 몇 차례 실험으로 알게 되었다).

책에도 잠깐 나오지만 미국 출장 중 페이스북 본사에 들러 당시 그곳에서 연구를 진행하던 차미영 교수를 만나 이야기를 들을 기회가 있었다. 차 교수는 페이스북에서 인상적이었던 장면 중 하나로 이들이 장점과 약점을 어떻게 정의하는지를 들려주었다. 그곳에서 장점이란 단순히 잘하는 분야가 아니라 진심으로 관심 있어 하고, 배우려는 열정이 있으며, 지속적으로 하고 싶어 하는 분야를 뜻한다. 반면 자신이 잘하는 기술이 있더라도 별로 하고 싶어 하지 않는 것은 약점으로 정의한다(동일한 의견이 마커스 버킹엄Marcus Buckingham과 애슐리 구달 Ashley Goodal이 쓴 《일에 관한 9가지 거짓말》에도 나온다). 크리스텐슨은 자신의 인생 목적을 이해하는 것이 인생에서 가장 중요한 발견이며 어떠한 경영 이론도 목적을 떠나서는 가치가 없다고 말한 바 있다.

직업인으로서 스스로를 바라보는 과정에서 독자들이 그동안 발견하지 못했던 나만의 진정한 장점을, 내가 원하는 삶의 목적을 발견하는 데 이 책이 도움이 되길 바란다. 직장이 더 이상 내 삶을 보호하지 않는 이 시대에 직장인에서 직업인으로 갈아타길 바란다. 직장을 다니는 동안 직업인으로 변화한다는 점에서 보면 직장은 우리에게 종착

역이 아닌 환승역에 가깝다. 직장인으로서 '유통기한'이 길지 않다는 점도, 생각보다 변화를 위해 내게 남아 있는 시간이 그리 많지 않을 수 있다는 점도 이 책을 읽으며 생각해주길 바란다. 가장 좋은 삶은 자신이 원하는 삶을 사는 것이다. 그러기 위해서는 자신이 삶에서 원하는 것이 무엇인지를 알아야 하고, 그 방향으로 노력하며 살아가야 한다('당분간은 반대 방향으로 살다가 나중에 ~을 하면 그때에~'와 같은 시나리오는 좀처럼 현실화되기 어렵다). 나는 지금 그 방향으로 가고 있을까?

독자 여러분에게 보내는 마지막 코칭 편지

어느새 이 책의 에필로그도 모두 끝났습니다. 적지 않은 분량의 이 책을 여기까지 읽어주셔서 고맙습니다. 책을 마치며 이런 상상을 해보았습니다. "만약 이 책을 읽은 독자 여러분과 마주 보고 앉아 직장인에서 직업인으로 갈아타기 위한 코칭 대화를 한다면 과연 나는 어떻게 진행할까?" 하고요. 코칭 대화에서는 질문이 중요하기 때문에 독자 여러분에게 도움이 될 수 있는 10가지 질문이 무엇일까를 곰곰이 생각해보았습니다. 이 책은 직장인에서 직업인으로 변화하기 위한 10가지 항목을 중심으로 구성되어 있습니다. 각 장과 맞추어 10가지 질문을 만들어 독자 여러분에게 선물로 드리고 싶었습니다. 질문 10가지를 다음과 같이 정리하고 나니, 상상 속의 독자가 제게 이렇게 말을 걸어왔습니다. "질문을 정리해준 것도 좋은데, 실제 호 코치와 대화를 나누지는 못하더라도 그 대화를 한번 보고 싶다"라고요. 그래서 다시 맨 앞으로 돌아가 각 장의 시작과 마무리에 원포인트 코칭 대화를 쓰기 시작했습니다. 보람은 이 책의 편집자 이름에서 빌려온 것이고, 나머지는 모두 가상의 상황을 놓고 쓴 것입니다.

직장인에서 직업인으로 변화하기 위해 우리가 답해야 하는 질문이 있다고 생각합니다. 각각의 장은 바로 그 질문에 답하기 위한 코칭 노트입니다. 저는 이 책이 여러분에게 또 하나의 '노트'가 되길 바랍니다. 각 장에서 제시하는 직업인이 되기 위해 생각해봐야 하는 질문에 대해 여러분은 어떤 자기만의 답을 갖고 계시나요? 이 책을 읽어보신 분이라면, 지금이라도 다음 10가지 질문에 대한 답을 이 책의 빈 공간에 혹은 여러분만의 노트에 적어보셨으면 합니다.

답을 하는 과정에서 생각이 막히면 해당 장을 다시 살펴보는 것도 좋겠네요. 원래 10가지 질문만 제시하고 끝내려던 것이 이렇게 일이 커졌습니다. 아무쪼록 독자 여러분 각자가 원하는 삶과 직업을 위해 응원의 힘을 보내며 이 편지를, 그리고 이 책도 마무리할까 합니다. 고맙습니다.

김호 드림

직장인에서 직업인으로 '갈아타기' 위한 10가지 질문

1. 직장인으로서 나의 정의와 별도로 직업인으로서 나를 어떻게 정의
   할 수 있을까?

   _____

   _____

2. 지난 2주 동안 나를 위해서 의도적으로 혼자만의 시간을 만든 적
   이 있는가?

   _____

   _____

3. 지금까지 직장생활에서 그 과정을 즐겼고, 여러 난관이 있었지만
   높은 에너지를 유지하면서 일했던, 그리고 결과도 만족할 만했던
   장면 10가지를 적을 수 있는가?

   _____

   _____

4. 나는 주변 사람들이 욕망하는 것이 아닌 진정으로 내가 삶에서 그리고 직업에서 욕망하는 것을 아는가?

_____

_____

5. 나는 직장생활의 끝을 어떻게 마무리하고 싶은가?

_____

_____

6. 조직에 기대지 않고 돈과 교환할 수 있는(팔 수 있는) 나만의 개인기·전문성은 무엇인가?

_____

_____

7. 나는 직장에서 경쟁자를 이기기 위한 노력보다 나의 직업을 성장시키기 위한 공부를 해나가고 있는가?

_____

_____

8. 직장에서 나와 함께 일했던 사람은 나를 어떤 리더로 기억할까?

_____

_____

9. 직업을 만들어가는 데 나에게 장벽이 되는 것은 무엇이고, 나는 단순히 주변 사람의 기대를 만족시키기 위해 내가 나에게 기대하는 것을 억누르고 있지 않은가? 이 장벽을 넘기 위한 나만의 방법을 찾아보았는가?

_____

_____

10. 나는 나만의 워라밸 해석을 갖고 있으며, 쉬고 떠나는 문제에서 주도적인가?

_____

_____

직장을 떠나며…

나는 직장을 2007년에 떠났다. 당시 에델만 컨설팅사의 대표로 있었다. 2007년 4월 17일 직원들을 모아놓고 조만간 회사를 떠날 것이라는 발표를 했다. 회사에 사표를 낸 것은 2006년 말이지만, 상사와 상의 끝에 후임자를 정한 뒤 직원들에게 발표하기로 했다. 그 얼마 전 잡지사 기자인 친구에게 인터뷰 형식으로 나의 직장생활을 돌아보고 퇴직하는 심정을 글로 정리하는 작업을 도와달라고 부탁했다. 그리고 나의 퇴사를 발표한 날, 당시 나의 블로그에 이 글을 올렸다. 독자에게 이 글이 도움이 되기를 바라는 마음에서 몇 가지 편집하여 옮긴다(참고로 당시 나를 인터뷰했던 잡지사 기자 친구는 지금 내 아내이다).

친구가 인터뷰를 시작할 때 내게 한 말.

"솔직하지 않은 뻔한 대답을 하는 것은 의미 없고, 이 인터뷰는 누구에게 보이기 위한 게 아니니 있는 그대로 대답해야 해."

도대체 왜 이런 변화를 결심하게 되었는지? '중년의 위기' 혹은 '지루한 일상으로부터의 탈출'?

'도대체'라는 표현이 좀 걸린다. 왜 이런 변화를 하면 안 되는가? '중년의 위기'라… 내 나이가 한국 나이로 올해 마흔이니 중년은 중년이다. 그러나 아직 중년이라는 생각을 솔직히 심각하게 해보지는 않은 것 같다. 중년을 피하려고 한다는 의미는 아니다. 오히려 철없다고 할 수는 있겠지.

'일상으로부터의 탈출?' 그건 정확한 이유는 아니지만 '중년의 위기'보다는 훨씬 더 가깝다. 사실 나이 서른에 직장생활을 늦게 시작해서 10년째인데, 그중 8년을 에델만에서 보냈다. 지금까지 내 커리어의 거의 전부라 할 수 있는데…. 하지만 에델만에서 평생을 보낼 생각은 나도, 내 주위 사람도 하지 않았을 거라고 본다.

내가 사장이 되었을 때(2004년), 만 서른여섯 살이었다. 나로서는 큰 모험이기도 했다. 사람들이 사장이 되거나 높은 데 오르면 "기쁘다기보다는 어깨가 무겁다"라고 하는 게 모두 뻥인 줄 알았다. 그런데 사장이 되고 보니 정말 어깨가 무거웠다.

사실 사장은 PR을 잘한다고 될 수 있는 게 아니라 인생에 대한 경험과 경륜이 있어야 하는 자리인데, 서른여섯 살에 직원 개개인의 개성이 뚜렷한 프로페셔널 집단을 리드해가는 것이 결코 쉬운 일은 아니었다. 그래서 사장이 될 즈음부터 호주에 있는 코치와 개인적으로 계약을 맺고는 리더십에 대한 코칭을 받아왔다.

사장으로서의 생활은 PR 회사의 AE(Account Executive, 광고나 PR 회사에서 담당 직원을 가리키는 직책)나 부사장의 삶과는 많은 차이점이 있었다. 예를 들어 AE 시절에는 내가 클라이언트를 만족시키면 되었지만, 사장으로서 나는 내가 아닌 에델만의 프로페셔널들이 클라이언트를 만족시키도록 해야 했다.

어쨌든 2002년 12월에 부사장으로 에델만에 복귀하고, 2004년 8월 사장이 된 뒤 지금까지 4년 반 동안 열심히 일했다. 에델만코리아는 2002년까지 에델만 네트워크에서 가장 작은 오피스로 손꼽혔다. 하지만 이제는 아태 지역 15개 오피스 가운데 가장 큰 오피스로 성장했다.

그러나 잘나가는 PR 회사의, 더군다나 사장이라는 타이틀과 좋은 실적이 '성공'이라는 라벨을 붙여주었는지는 모르지만, 내가 나 자신을 볼 때 '행복'이라는 라벨은 붙여주지 못했다.

내 코치가 내게 준 커다란 화두는 '균형'이었다. 그는 살면서 네 가지 균형을 가져야 한다고 말했다. 일, 가족·친구와 시간을 보내는 것, 문화나 종교적인 삶 그리고 나만의 놀이. 너무 한쪽으로만 치우치지 않는 선에서 네 가지를 골고루 즐기며 살아가야 한다는 것이다. 그때까지 내 삶에서 일은 80% 이상이었다.

이렇게 변화하게 된 이유?

목공소에서 가구 만드는 일이 한 10% 정도는 영향을 끼쳤다고 본
다. 사실 목공을 하기 전에는 내가 할 줄 아는 것과 즐기는 것이 PR
밖에 없었다. 누가 나에게 "취미가 뭐냐?"라고 물으면 뭐 마땅한
답이 없었다. 목공소에서 가구를 만들며 세상에 PR 말고도 재미있
는 일이 많다는 것을 알게 되었고, 오히려 삶에 대해 더 배우고 더
즐거워졌다. 성공이라는 어젠다에서 행복이라는 어젠다로 넘어가
게 된 것이다. 행복은 일정 수준의 성공을 포함한다고 생각한다.

그러다 보니 '무엇을 하면 가장 행복할까?'라는 것이 중심 질
문이 되었다. 언젠가 한 잡지와 인터뷰를 하면서 에델만 이후에는
6개월에서 1년 정도 쉬면서 무언가 창조적인 일을 하고 싶다고 말
한 적이 있다. 당시에는 요리학교를 다닐까 생각했는데, 이제는 목
공소에서 가구를 만드는 일이 될 것 같다.

마지막으로 직업적인 이유도 빼놓을 수 없을 듯하다. 블로그로
대표되는 개인 미디어 때문에 여론이나 기업에 대한 명성이 형성
되는 과정이 급격한 변화를 겪을 것이다.

특히 위기관리를 하는 입장에서 향후 이러한 미디어와 그로 말
미암은 사회 변화가 위기관리의 패러다임도 바꿀 것이라는 위기
감이 들었다. 이에 대한 연구를 해보고 싶은데, 사장직을 하면서
연구한다는 것이 쉽지 않았다. 그래서 연구할 시간을 확보하기 위

해서는 사장직을 그만두는 것이 좋겠다고 판단했다. 또 하나는 코칭이다. 연 기준으로 적어도 100시간 이상 코칭이나 트레이닝을 해왔지만 좀 더 전문적으로 도전해보고 싶었다.

모든 직장인이 막연히 전직이나 이직 혹은 퇴직을 꿈꾸면서 막상 그 정확한 시기가 언제일지 고민한다. 지금이 바로 변화가 필요한 그때임을 도대체 어떻게 알 수 있었나?

내 경우에 변화는 예상했던 것이고, 다만 시점이 문제였다. 2004년 미국 LA에서 열렸던 에델만 사장단 회의에서, 기자 출신 댄 길모어Dan Gillmor가 와서 시민 저널리즘이라는 주제에 대해 이야기했을 때만 해도 그리고 위키피디아에 대해서 이야기할 때에도 나는 그저 흥미로운 현상으로 보고 있었다. 2006년 6월 워싱턴에서 열린 에델만 전 세계 사장단 모임에 갔을 때 패널의 한 사람이었던 댄 길모어에게 나는 완벽하지도 않은 영어로 개인 미디어와 위기관리의 관계에 대해 질문하고 있었다.

그만큼 그 문제가 나에게 중요한 어젠다로 느껴졌고, 집중적으로 연구해야겠다는 생각을 했다. 환경의 변화보다는 그 변화의 필요성을 내가 얼마만큼 몸으로 느끼는가? 그게 바로 전직이나 이직이 필요한 때임을 알려주는 신호라 생각한다.

그래서 2006년 11월, 내 보스인 밥 피카드Bob Pickard 북아시아

343

사장에게 2007년 회계연도가 끝나는 2007년 6월까지 열심히 일하고 회사를 떠나겠다고 했다. 여기에서 내게 중요한 것 한 가지만 이야기하자. 나는 사장이 되기에 앞서 6개월 정도 전부터 본격적으로 내 보스와 여러 가지를 상의해가며 '승계'를 준비했다.

GE는 수년 이상을 이런 '승계 계획succession planning'을 한다고 들었지만, 우리와 같은 조직에서 6개월은 매우 긴 기간이다. 난 이게 참 멋져 보였다. 내가 회사를 떠날 때도 한두 달 전에 사표를 내기보다는 긴 시간을 두고 에델만이 더 좋은 후임자를 물색하고, 그에 따라 이 조직을 더 좋게 만들 수 있는 준비기간을 주고 싶었다.

그래서 반년이 넘는 기간을 앞두고 사표를 냈고 그 후 최고의 후임자를 찾기 위해 내 보스와 노력했고, 또 그런 분을 찾았다. 사장을 찾는다는 게 금방 될 수 있는 일이 아니기 때문이다. 우리 직원과 고객에게 나의 사임을 발표하는 동시에 더 많은 경험과 경륜이 있는 후임자를 함께 발표해서 다행스럽게 생각한다. 그분과 한 달간 같이 일하며 집중적으로 도울 것이다.

에델만코리아의 한국 대표라는 타이틀에서 가장 좋았던 점과 가장 고역이었던 점은?

PR이론의 아버지라고 할 만한 제임스 그루닉James Grunig 교수가 방한하여 이대에서 강연할 때 갔던 적이 있다. 강의 말미 질의 응답 시간에 "당신의 탁월한 이론은 일반 기업에 PR의 우수성을 설명하고 있는 것 같은데, PR 회사의 우수성을 알려주는 지표에 대한 연구나 혹 당신의 의견이 있다면 무엇인가?"라고 질문했다.

그만큼 일하는 사람도 신나고 성과도 훌륭한 PR 회사를 만들어보고 싶다는 생각을 했다. 그런 생각을 가졌기에 에델만의 사장이 되었을 때 희망을 현실로 만들어볼 수 있겠다 싶어 좋았다.

또한 사장이라는 타이틀, 그것도 요즘 제일 잘나가는 PR 컨설팅사의 사장이라는 타이틀은 잘나가는 사람과 접촉할 기회를 부여한다. 단지 높은 사람이 아니라 자기 나름의 성공을 일구어낸 사람을 만나고 그들에게서 무언가 배울 수 있다는 점이 좋았다.

고역이라···. 난 PR 회사, 특히 에델만에서 인턴으로 시작해 사원, 대리, 과장, 차장, 부장···으로 큰 사람이다. 직원 시절에는 누구나 그렇듯 사장이나 상사 욕도 하고, 일이 끝나면 동료들과 함께 회식도 하곤 했으며, 그게 즐거웠다.

그러나 사장이 되면 일단 직원들과 일정 부분 벽이 생기게 마련이다. 나는 그들의 성과를 평가하고 월급을 결정하는 사람인데, 어느 직원이 완전히 허심탄회할 수 있겠나. 그게 때때로 싫었다. 'Lonely at the top'이라는 말이 무엇인지 알 것 같았다.

직원 앞에서 농담을 할 때 그들이 웃는다고 해서 정말 내가 웃겼다고 생각하면 오산이라고 생각했다. 사장이 농담하면 웬만하면 다 웃어준다. 물론 우리 직원들은 내 농담에 "썰렁하다"는 솔직한 평을 자주 해준 것을 고맙게 생각한다.

다시 돌아가고 싶을 만큼 인상적이었던 한 순간을 꼽으라면?

내가 사장이 되었을 때 코치가 해준 가장 중요한 충고는 "칭찬뿐 아니라, 직원이 개발해야 하는 점에 대해 피하지 말고 직접적으로 이야기해주어야 한다"였다.

사실 난 천성적으로 '노'라는 말을 잘 못 하는 사람이었다. 그러나 사장으로서 회사와 직원을 위해 '노'라고 이야기하기 시작했고, 그들이 개선해야 할 점을 직접적으로 전달하려고 노력했으며, 또한 내가 개선해야 할 점도 들으려 노력했다.

인상적이었던 순간은 직원과 점심을 먹으며 내가 느끼고 관찰한 점을 이야기하자 그가 불쑥 눈물을 쏟으며 "그걸 어떻게 알았는지…, 사실 그것 때문에 고민이었다"라고 말했던 때였다. 그런 점을 한번 바꿔보자고 격려하면서 나와 직원의 진심이 서로 통한다는 것을 느낄 수 있었다. 그는 이젠 에델만 직원은 아니지만 나의 가장 친한 친구처럼 느껴진다.

또 하나는 에델만 창립자인 댄 에델만Dan Edelman이 80대 중반의 불편한 몸을 이끌고 2005년 서울을 방문했을 때다. 서울에 오기 며칠 전까지도 성사 여부가 불투명했지만 결국 왔고, 만 이틀 동안 젊은 사람도 힘든 일정을 소화해냈다.

그의 이화여대 특강을 보좌하러 갔는데, 급한 성격인 댄이 미리 가서 점심을 먹고 천천히 돌아보자고 해서 이대로 향했다. 그가 버거킹을 발견하고는 에델만의 고객사이니 그곳에서 식사를 하자고 했다. 1층에는 자리가 없어 2층으로 올라가야 하는데, 계단의 경사가 젊은 사람도 조심해야 할 정도였다.

그래도 나의 부축을 받고 2층 창가에 앉아 햄버거를 먹으며 단둘이 시간을 보냈다. 1950년대에 에델만이라는 회사를 만들고, 50년이 넘은 지금까지 PR에 대한 열정을 이야기하는 것을 보며 이런 게 진짜 PR인의 모습이 아닐까 생각했다. 앞으로도 댄이 남은 여생을 건강하고 행복하게 보내길 기도한다(1920년생인 그는 2013년 세상을 떠났다).

에델만코리아에서 일하는 동안 당신에게 가장 큰 '위기'는 무엇이었으며 그 위기를 어떻게 '관리'했나?

2005년 말쯤 직원들의 만족도 조사 결과가 나왔을 때가 아닌가 싶다. 여러 분야에 걸쳐 그 이전 해에 비해 만족도가 낮게 나왔다. 내심 충격을 받았고, 이를 어떻게 극복해야 할지에 대해 고민했다. 물론 그 전해 만족도가 아태 지역 1등이었을 만큼 높았던 탓도 있겠지만, 이 일은 경영에 대해 다시 돌아보게 하는 계기가 되었다. 또 노동부에 제출할 사내 규정을 만드는 과정에서 직원들의 동의를 받는 절차가 있었는데, 일부 직원의 불만을 접하면서 직원들과 나 사이에 벽을 느꼈던 적이 있다. 결국에는 세 명만 반대했고 과반수를 훨씬 넘겨 통과되었지만, 그 과정에서 스트레스를 받았고 또 느낀 바도 많았다.

물론 '좀 더 매끄럽게 처리할 수 있었을 텐데…' 하는 아쉬움도 있지만 그 '위기'관리의 과정에서 내가 중시한 것은 투명성이었다. 직원의 처지에서 바라는 것과 회사에서 고려하는 점을 그대로 밝히려고 했고 회사와 직원의 입장 차이를 좁히고자 노력했다. 하필이면 다른 사장이 아닌 내가 이 일을 나서서 해야 했을까하는 생각이 들기도 했지만, 지금 돌아보면 그러한 과정을 밟아낸 것이 의미 있는 성취라고 느껴진다.

앞으로 '절대로 하지 않을 일'을 꼽는다면?

균형 없이 사는 것? 30대에는 80%의 시간을 일에 쏟았고, 이것이 직업적 성공을 가져다주었을지도 모른다. 40대부터는 그런 일은 없지 않을까? 그러나 30대 때 열심히 일한 것에 대해 후회는 없다. 지금까지도 그랬다고 생각하지만, '직title'에 목숨 거는 일은 없을 것이다. '업'에 신경을 쓰다 보면 '직'은 따라올 테고, 또 돈도 따라온다고 믿는다. 이러한 패러다임이 현실에서 작동함을 30대의 경험으로 알게 되었다.

미주

1 "구직자라는 사실을 직시해야 일자리 찾을 수 있죠"(서지영, 중앙일보-조인스, 2019. 3. 11)

2 변환transition은 변화change와 다르다. 이에 대해서는 영향력 있는 조직 컨설턴 트였던 윌리엄 브리지스가 다음과 같이 잘 정리해준다. "우리는 흔히 변화와 변환을 혼용하여 사용하는 경향이 있다 … 변화란 새로운 도시로의 이주, 새로 운 일자리로의 이직, 아이의 출생, 아버지의 죽음, 직장에서 경영자의 교체, 회 사의 합병 등이다. 이처럼 변화는 상황적인 것이다. 하지만 '변환'은 심리적인 것이다. 즉, 변환은 특정한 사건이 아니라 내적·심리적으로 일어나는 새로운 방향 설정 혹은 자신에 대한 새로운 정의라 할 수 있다. 다시 말해 변환은 변화 를 자신의 삶 속으로 받아들이기 위해 겪어야만 하는 과정인 것이다. (《내 삶에 변화가 찾아올 때》, 김선희 옮김, 10-11쪽)"

3 이 대사를 여기에 쓰게 된 것은 30대 직장인 인식 조사를 위해 장유진 대표 (ALT+)에게 의뢰한 조사 보고서에서 가져온 것이다.

4 나는 8개의 역할을 《쿨하게 생존하라》(모멘텀, 2014)에서 "8개의 모자"(35-36쪽) 라고 표현하기도 했다.

5 《어떻게 최고의 나를 만들 것인가》(스몰빅라이프, 2019, 장원철 옮김)

6 《당신의 인생을 어떻게 평가할 것인가》(알에이치코리아, 2012, 이진원 옮김)

7 2018년 5월 경제활동인구조사 고령층 부가조사 결과다.("좋은 성과 내는 곳은 동료 간 대화와 협동 많은 직장" 임아영, 경향신문, 2019. 1. 14)

8 "코로나 이후 가장 두려움에 떨 존재, 그대 이름 '중간관리자'"(조선닷컴, 2020. 5. 4)

9 한겨레, '김호의 긍지', 2014. 1. 13.

10 "지난해 40~50대 '비자발적 퇴직' 5년 만에 최고"(노현웅, 한겨레, 2020. 2. 16)

11 〈대한민국 퇴직자들이 사는 법〉, 하나금융그룹 100년 행복연구센터 생애금융 보고서, 2020. 5.

12 ALT+ 장유진 대표.

13 피터 드러커의 이 말은 윌리엄 브리지스의 《변환관리》(물푸레, 2004, 이태복 옮김) 에서 가져왔다.

14 "교육 면제(?) 받고 사는 홍보인들"(김광태, THE PR, 2014. 8. 18)

15 진동철 부장의 블로그 HRD 4.0 University 참조. https://blog.naver.com/dcjin/221859509537

16 "김아리의 그럼에도 행복: '웃으면 겁이 없어진다'"(김아리, 한겨레 21, 1301호, 2020. 2. 21)

17 관심이 있다면 넷플릭스의 〈브레네 브라운: 나를 바꾸는 용기〉나 그의 테드 강연 영상을 보기 바란다. 그의 책도 여러 권 번역되어 나와 있다.

18 김탁환 페이스북(2017. 8. 16)

19 "Berkshire Hathaway star followed Warren Buffett's advice: Read 500 pages a day"(by Kathleen Elkins, 2018. 3. 27, CNBC)

20 《아프지 않다는 거짓말》(문학동네, 2015, 임지원 옮김)

21 "2018년 생명표"(통계청, 2019. 12. 4)

22 이에 대해 좀 더 깊이 알고 싶다면 정말 추천하고 싶은 글이 있다. 비록 영어지만 말이다. 종양학자, 생명윤리학자이면서 펜실베니아대학의 부총장인 이지키얼 이매뉴얼Ezekiel J. Emanuel이 잡지 〈The Atlantic〉(2014년 10월)에 실은 "Why I hope to die at 75"이다. 이 글은 내가 사전연명의료의향서를 쓰게 된 계기가 되기도 했다.

23 "'You've got to find what you love,' Jobs says"(Stanford News, 2006. 6. 14)

24 이 결과 요약지는 https://www.teammanagementsystems.com/에서 "Paving career student pathways"을 검색하면 확인할 수 있다.

25 더 자세한 내용은 《기브앤테이크》, 《오리지널스》로 잘 알려진 심리학자 애덤 그랜트Adam Grant가 〈Psychology Today〉에 쓴 "Say Gooodbye to MBTI, the Fad That Won't Die" (2013. 9. 18), "MBTI, if You Want Me Back, You Need to Change Too" (2013. 9. 24), 조지프 스트롬버그Joseph Stromberg와 에스텔 캐스웰Estelle Caswell이 복스(Vox.com)에 쓴 "Why the Myers-Briggs test is totally meaningless" (2015. 10. 8)를 참고하기 바란다.

26 《자기 역사를 쓴다는 것》(바다출판사, 2018, 이언숙 옮김). 이 책은 그가 일본 릿쿄대학에서 50세 이상만이 입학 자격이 주어지는 릿쿄세컨드스테이지대학의 '현대사 속의 자기 역사' 강연 내용을 정리한 것이다.

27 《정유정, 이야기를 이야기하다》(은행나무, 2018). 전문 인터뷰어 지승호 씨가 정유정 작가를 인터뷰한 책이다.

28 나라별 척도와 점수는 다음 사이트에서 확인할 수 있다. https://www.

hofstede-insights.com/

29 《마음의 사회학》(문학동네, 2009). 이 책에서는 두 장에 걸쳐 스노비즘snobbism, 즉 속물주의에 대해 이론적인 조명은 물론이고 한국적 현실에서 의미하는 바에 대해 말하고 있다.

30 《나를 지키며 일하는 법》(사계절, 2017, 노수경 옮김)

31 "How Millennials Want to Work and Live?", Gallup(2016).

32 매슈 매코너헤이에 대한 이야기는 다음 책을 참고했다.《나를 발견한 순간》(미메시스, 2017, 김마림 옮김). 제프 베스파가 사진을 찍고 로빈 브론크가 편집했다.

33 《하루 2시간 몰입의 힘Two Awesome Hours》(청림출판, 2017, 박슬라 옮김)

34 "My own life"(by Oliver Sacks, 2015. 2. 19., New York Times) 올리버 색스는 2015년 8월 30일에 사망했다. 이 글은 그가 사망하기 반년 전인 2월에 스스로 죽음을 예감하고 쓴 부고 기사의 성격을 띤다.

35 역사상 가장 많이 팔린 자기계발서 중 하나인《성공하는 사람들의 7가지 습관》(김영사, 1993, 김경섭 옮김)에서 스티븐 코비(1932~2012)가 제시한 두 번째 습관은 '끝을 생각하며 시작하라Begin with the end in mind'였다.

36 "A Campaign Strategy for Your Career"(by Dorie Clark, Harvard Business Review, 2012. 11)

37 은지성, 황소북스, 2016.

38 Ian McAllister의 해당 글은 Quora.com에서 "What is Amazon's approach to product development and product management?"을 검색하면 볼 수 있다.

39 이에 대한 것을 읽어보고 싶다면《성공의 공식 포뮬러》(한국경제신문, 2019, 홍지수 옮김)를 참조하기 바란다.

40 윤종신 씨가 구글에서 한 강연 "How to Maintain My Self Motivation"(Jongshin Yoon, Talks at Google)을 유튜브에서 검색해서 보면 직장인에게도 생각해볼 만한 훌륭한 인사이트를 접할 수 있다.

41 《마인드셋》(스몰빅라이프, 2017, 김준수 옮김)

42 "내 성공 비결은 칼퇴와 빠른 실패"(하대석 기자, SBS 뉴스, 2019. 11. 21)

43 임상심리학인 클레이턴 래퍼티J. Clayton Lafferty 박사와 조직문화 전문가인 로버트 쿡크Robert A. Cooke 박사가 1971년 미국 시카고에 설립한 휴먼시너지스틱스Human Synergistics International의 프로그램.

44 *Prisoners of the White House*, Paradigm Publishers, 2013, 국내 미출간.

45 이에 대한 상세한 이야기는 upfly.me에 들어가 free resources를 선택한 뒤 "온라인 강의로 회사연봉 만들기까지"를 검색하면 찾을 수 있다.

46 조이 이토, 제프 하우 교수 공저, 《나인, 더 빨라진 미래의 생존원칙》(민음사, 2017, 이지연 옮김). 《스티브 잡스》의 저자이자 애스펀연구소 대표인 월터 아이작슨은 이 책을 "읽거나, 뒤처지거나"라고 호평하기도 했다.

47 2016년에는 제이슨 컴리가 설립한 리젝션테라피사를 지아장이 인수하여 CEO를 겸직하고 있다.

48 모튼 한센, 《아웃퍼포머》(김영사, 2019, 이지연 옮김). 경영학자로서 성공하는 직장인과 아닌 사람의 차이를 5000명을 대상으로 연구한 결과다.

49 "'돈 버는 기계일 뿐?'…한국 직장인 행복지수, 전 세계 하위권"(김병수, 연합뉴스, 2016. 12. 2)

50 마셜 골드스미스, 《일 잘하는 당신이 성공을 못 하는 20가지 비밀》, 리더스북, 2008, 이내화·류혜원 옮김

51 이 부분은 다음 글에서 가져왔다. "김호의 쿵후: 성공한 CEO도 사각지대는 있다. 그런데 그 사각은 누가 살펴주지?"(김호, 퍼트리샤 지아노티, 2017년 7월 Issue 1, 228호)

52 "대한민국 시험관아기들의 代父"(김신영, 조선일보, 2013.05.11)

53 "Dee Hock on Management"(By M. Mitchell Waldrop, Fast Company, Oct/Nov Issue, 1996. 10. 31)

54 360도 평가 도구에 대해 물론 비판적인 견해도 존재한다. 최근의 비판으로는 마커스 버킹엄과 애슐리 구달의 《일에 관한 9가지 거짓말》의 6장 "여섯 번째 거짓말: 사람들에게는 타인을 정확히 평가하는 능력이 있다"를 참고하기 바란다. 버킹엄과 구달의 주장대로 사람들에게는 타인을 평가하는 능력이 없을 수 있다. 하지만 나는 두 가지 점을 여기에서 강조하고자 한다. 직장 내에서 나의 전문성이나 태도가 주변 사람들에게 어떻게 인지되는지를 이해하는 데 360도 평가는 도움을 준다. 그리고 객관적 사실이나 평가의 여부를 떠나 사람들이 나를 어떻게 인식하는가는 나의 현실로 작동한다는 점을 지적하고자 한다. 평판 컨설팅 업계에서 유명한 말처럼 "인식은 현실Perception is reality"이기 때문이다.

55 피드포워드에 관심이 있다면 조 허시의 《피드포워드》(보랏빛소, 2019, 박준형 옮김)를 참고하기 바란다.

56 램 차란, 스테픈 드로터, 짐 노엘 지음, 한근태 옮김, 미래의창, 2011.

57 이는 심리학자인 노먼 마이어Norman R. F. Maier의 "Solution Effectiveness

=Solution Quality×Solution Acceptance"로부터 유래된 것이다. (*Creating Constructive Cultures: Leading People and Organizations to Effectively Solve Problems and Achieve Goals* by Janet L. Szumal and Robert A. Cooke, Human Synergistics International, 2019)

58 "Listen with mindfulness"(Daniel Goleman, 2019. 7. 9), https://www.linkedin.com/pulse/listen-mindfulness-daniel-goleman/.

59 2020년 코로나바이러스 사태로 우리는 상당 기간 웬만한 회의를 모두 취소하는 경험을 했다. 역설적으로 그 경험으로부터 많은 직장인은 상당수 회의를 이메일이나 전화로 대체할 수 있다는 것을 깨닫게 되었다.

60 기자이자 작가인 대니얼 코일Daniel Coyle의《최고의 팀은 무엇이 다른가》(웅진지식하우스, 2018, 박지훈 옮김)에서 소개한 내용을 인용했다.

61 "How to present a perfect apology" (by Lorie Puhn, CNN.com, 2010. 10. 12)

62 "Apologies and transformational leadership" (Tucker, S., Turner, N., Barling, J. et al. Journal of Business Ethics 63, 195 (2006). https://doi.org/10.1007/s10551-005-3571-0)

63 "Spending Money on Others Promotes Happiness" (by Elizabeth W. Dunn, Lara B. Aknin, Michael I. Norton, Science 21, Mar 2008: Vol. 319, Issue 5870, pp. 1687-1688 DOI: 10.1126/science.1150952)

64 "Give a piece of you: Gifts that reflect givers promote closeness" (by Lara B. Aknin, Lauren J. Human, Journal of Experimental Social Psychology 60, 2015, 8-16)

65 "The Presenter's Paradox" (by Kimberlee Weaver, Stephen M. Garcia, Norbert Schwarz, 2012 Journal of Consumer Research, Vol. 39, October 2012 DOI: 10.1086/664497)

66 나폴리탄과 교류했던 정치 컨설턴트 김윤재 변호사가 이 문건에 그 이후의 사례 등 상세한 주석을 달아《정치 컨설턴트의 충고》(리북, 2003)라는 책을 번역해 출간했다.

67 "직장에서 툴툴거리는 대신, 이렇게 해보라"(피터 브레그먼, 하버드 비스니스리뷰 2018 7-8호)

68 《폭정》(열린책들, 2017, 조행복 옮김)

69 《지금, 상사가 부당한 일을 지시했습니까?》(클라우드나인, 2016, 전영민, 이중학 옮김)

70 〈2019 한국 워킹맘 보고서〉, KB금융지주 경영연구소.

71 커뮤니케이션 컨설팅사인 컨버선트Conversant가 제시한 내용을 활용했다.

72 이에 대해서는 엘리 핀켈이 쓴《괜찮은 결혼》(지식여행, 2019, 허청아, 정삼기 옮김)과 핀켈이 구글에서 한 강연 "How the best marriages work" (Talks at Google,

2017. 11. 29) 참조.

73 "'내가 아닌 사람'을 연기하다 지치다"(리담, 한겨레, 2020. 2. 29)

74 《불행 피하기 기술》(인플루엔셜, 2018, 유영미 옮김)의 저자 롤프 도벨리가 사용한 정의다.

75 "밀레니얼 직장인 절반 '좋은 직장 조건 1위는 워라밸'"(구자윤, 파이낸셜뉴스, 2020. 1. 2)

76 *You're Not Lost*, A Tarcher Perigee Book, 2018, 국내 미출간.

(언론기사의 경우 일자는 모두 해당 언론의 인터넷 기사의 일자를 기준으로 적어놓았다.)

직장인에서
직업인으로